子どもの音感受の世界

心の耳を育む音感受教育による
保育内容「表現」の探究

無藤 隆 監修　吉永早苗 著

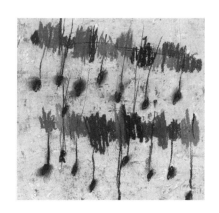

萌文書林
Houbunshorin

「まえがき」

　3歳の息子と散歩していたときのことです。弧を描いて流れる小川のせせらぎがよく聞こえる場所で、彼は二つの箇所を行ったり来たりし始めました。何をしているのか見ていると、しばらくして「あっちとこっちと音が違う」と言い始めました。近づいてみると、流れる水の速さが変化しており、たしかに聞こえる音が違っていました。並んで歩いていても、聴こうとしなければ聞こえない、わずかな音の違いです。水の音が、流れの速さや場の形状によって変わるのを当然のことと思っていた著者には、それはまるで気づかなかった音の違いだったのでした。

　近頃、「幼児は多くの音を聞いてはいても耳を澄ませて聴いていない」、「聴くことに向かおうとする姿勢が失われ、身のまわりの音への気づきも少なくなっている」という指摘が散見されるようになっています。この指摘のような、自然音や生活音を感受することへの無頓着さというのは、子どもたちを取り巻く環境が変化したことによるものではないでしょうか。小松は、著書『みんなでできる音のデザイン』のなかで「現代社会の公空間には『音の選択肢』が少ない」のだと指摘しています。それは、騒音やメディア機器（テレビや携帯音楽機器）からの音が避けがたく耳に入ること、人の注意を引くための音源（商業宣伝の音など）が過剰な音量で再生されること、建築環境が様変わりし、屋外から入ってくる音が減少したことによるものです。言い換えると、私たちの耳に入ってくる音の多様性が屋内・屋外ともに減少したために、子どもたちの音感受（おとかんじゅ）が無頓着になったというだけのことであって、音を感受する力が、それ自体として衰退しているというわけではありません。

　本書は、子どもが楽音（楽器音や歌声）や身のまわりの音を聴き、それについて何らかの印象を持ち、共鳴し、何らかの感情を体験し、連想が豊かに展開するといった、子どもの音感受の実態を、観察調査と実験を介し、実証的に確かめたものです。そのうえで、幼児期の音楽表現の指導法について、音感受教育の視点から具体的に提言することをねらいとしています。

2015年12月

吉永早苗

まえがき —— iii

Part 1 子どもと音感受

序章 音感受を視点として子どもを観るということ …………… 2
- 音はどう聞こえるか —— 2
- 音の情報としての豊かさと心地よさ —— 3
- 声と言葉がもつ音楽性の芽生え —— 4
- 身体リズムの発生 —— 4
- 声調からメロディーへ —— 5
- 音の種類から音色へ —— 5
- 楽器という発明 —— 6
- 文化財としての音楽 —— 7
- 音楽を与えられることとつくり出すことと体を動かすこと —— 7

第1章 音感受とは何か ………………………………………… 8
1 音を「聴くこと」の意味 —— 8
- 「聴く」行為とその対象 —— 9
- 音楽教育メソッドに見られる「聴く」活動の位置づけ —— 12
- 環境音を聴く活動を取り入れた音楽教育メソッド —— 15
- 幼児期の音楽教育としての「聴くことの教育」について
  ―音感受とは？ —— 18
2 なぜ音の感受なのか —— 20
- 子どもの音楽表現と音環境 —— 20
- 子どもの音楽表現 —— 24
- 子どもの「音感受」とその対象 —— 26

- ●幼児期の音感受教育の目的 ── 32
- ●幼児期の音感受教育への提言のために ── 33

第2章 モノの音の感受 …… 39

1 音感受のできる保育室の音環境を考える ──騒音調査にもとづいて── 40
- ●音環境の現状と物理的改善の実際 ── 40
- ●保育者の配慮がつくり出す静けさ：子どもの活動と騒音測定の調査 ── 43
- ●音感受のできる保育室の音環境を考える ── 53

2 モノの音の感受の実際 ──サウンドスケープの知見から── 58
- ●サウンドスケープとサウンド・エデュケーション ── 59
- ●サウンドスケープにおける音の感受 ── 65
- ●子どもの音感受 ──身のまわりの音をとらえた表現から── 67
  - **事例1** 擬音表現に見られる音の感受 ── 67
  - **事例2** 楽器の音の軌跡を辿る行為に見られる音の感受 ── 68
  - **事例3** 微細な音の違いの感受 ── 69
  - **事例4** 自分がつくり出す音の感受 ── 70
  - **事例5** 演奏のふり遊びの姿に見られる音の感受 ── 71

3 響きの異なる場における子どもの前音楽的表現の調査 ── 72
- ●モノの音を介した表現 ── 72
- ●場の音響特性からアフォードされる子どもの前音楽的表現：Y園での調査 ── 73
- ●各観察場所の音の響き方の違い ── 75
- ●観察場所における音をともなう行動の種類 ── 77
- ●行動の種類を視覚と聴覚によるアフォードに分類すると ── 87
- ●場の音響は除去するのではなく，設計されるべき ── 88

第3章 人の声の感受 …… 93

1 乳幼児の成長に対する語りかけ・歌いかけの大切さ ── 95
- ●乳幼児に対する語りかけの特徴 ── 96

- ●子守唄の歌唱における音声特徴 ── 98
- ●女子大生による子守唄の歌唱実験 ── 100

2 声を読む子ども
　── 10種類の「ハイ」に対する声色（こわいろ）情報の感受── ── 104
- ●保育者の「ハイ」を子どもはどうとらえるか ── 104
- ●音声サンプル「ハイ」の作成 ── 105
- ●調査A：保育者・小学校教諭は「ハイ」をどのように認識したのか ── 108
- ●調査B：子どもは「ハイ」をどのように認識したか ── 116

Column 音声情報解読の発達 ── 124

3 音声表現の手がかりとなる会話の抑揚
　── 6種類の「おはよう」に対する感情判断── ── 126
- ●音声表現と音楽の表現 ── 126
- ●この調査で明らかにしたいこと ── 127
- ●調査はどんなふうに行われたか ── 128
- ●こんな結果になるのではないかという予測 ── 132
- ●学生と子どもの音声判断の実際 ── 132
- ●この調査からわかったこと ── 135
- ●調査のまとめと課題 ── 139
- ●語りかけ・歌いかけの大切さ ── 140

Column 保育者の声に対するイメージ!? ── 141

Part 2　音感受教育がひらく子どもの音楽表現

第4章　音楽の感受の実際と表現のアイデア
　──音感受していますか？── ── 148

1 幼児期の音楽表現における音感受の実際
　──幼児期のマーチングバンド活動への取り組みの調査から── ── 149
- ●子どものマーチングバンド活動の背景 ── 150
- ●マーチングバンド活動に取り組む目的とその検討 ── 152
- ●幼児期のマーチングバンド活動の指導についての検討 ── 161
- ●幼児期のマーチングバンド　──活動の意義を問い直す勇気を！── ── 166

2 歌遊びとそのアイデア ——————————————————— 167
- ●子どもと歌唱 ——— 168
- ●歌声づくり —声の音高探検遊びのためのアイデア— ——— 169
- ●「会話」を「歌」につなぐ ——— 176

3 楽器遊びとそのアイデア ——————————————————— 178
- ●子どもにとっての楽器 ——— 178
- ●身のまわりにあるモノの音で遊ぶアイデア ——— 179
- ●楽器遊びのアイデア ——— 181

4 音感受を「ねらい」とする音楽表現 —小学校学習指導要領音楽科の[共通事項]を参考にした学びの連続性— ——— 184
- ●音楽表現の「ねらい」のあり方 ——— 184
- ●小学校学習指導要領音楽科の[共通事項]を参考にした教材研究 —音楽教育から展開する保幼小連携— ——— 186
- ●「音感受」に着目した音楽表現指導プラン例 ——— 189

5 「擬音語」の表現遊びのアイデア —感性のつむぎ出す言葉として— ——— 196
- ●サウンド・エデュケーションとしての擬音化表現 ——— 196
- ●感性の言葉を歌う ——— 200

Column バス停に「フェルマータ」！
—音楽用語のルーツに読む音感受のヒント— ——— 206

第5章 音感受教育のすすめ —子どもの「耳」を取り戻そう— ……… 210

1 音環境を考えてみよう ——————————————————— 210
- ●音感受教育としての音環境 ——— 210
- ●自然の音に出会う環境 ——— 211
- ●表情豊かな声に出会う環境 ——— 212
- ●自分の動きがつくり出す音に出会う環境 ——— 213
- ●楽器の音色に出会う環境 ——— 214
- ●心のなかの音に出会う環境 ——— 215
- ●感性の言葉に出会う環境 ——— 216

2 子どもの耳をもってみよう —保育者の音感受を高める「音の記録」— ——— 216

音の記録❶ サウンドウォーク —後楽園を耳で歩く!?— ——— 218
- ●サウンドウォークの方法 ——— 219

- ●サウンドウォークの結果と考察 ——— 221
- ●サウンドウォークのまとめ ——— 232
- ●耳で楽しむことって，こんなにもおもしろい ——— 234

音の記録❷ 音日記 —大学生による「一週間の音日記」の実践— ——— 235
- ●音日記の目的 ——— 235
- ●音日記の方法 ——— 236
- ●分析A：記述音の分析結果と考察 ——— 238
- ●分析B：聴き方や意識の変容についての結果と考察 ——— 242
- ●「一週間の音日記」の意義 ——— 250

あとがき ——— 256
索引 ——— 257
付録データのダウンロード方法（「付録1　音声ファイル」「付録2　幼保連携型認定こども園教育・保育要領（抄），幼稚園教育要領（抄），保育所保育指針（抄）」）——— 261
監修者・著者紹介 ——— 262

Part 1
子どもと音感受

序章 音感受を視点として子どもを観るということ

　音から音楽へ。音感受の獲得の流れを基本としつつ，幼児期の音楽の教育・保育を考えるべきである。言うまでもなく，音楽は聴覚という感覚を元に，人が世界にかかわるあり方をつくり出している。音楽は，音を人間に心地よいように組織化したものであり，その文化を鑑賞し，つくり出すためにも，まず音の感受があるに違いない。しかも，保育（幼児教育という意味での保育。以下，同）において，子どもにとっておもしろく有益な活動として，音とのかかわりには大きな可能性が生まれている。

　以下に，その流れの大筋を整理したい。

●音はどう聞こえるか

　人間にとって聴覚器官がつねに働いている以上，意識しないまでも音はいつでも聞こえている。まわりから，遠くに近くに，音が響いているに違いない。その逆に，体内からも音は響いている。さらに，本人が動けばそこに接触が生まれ，何がしかの空気の振動となり，聴覚器官に達して，音として聞こえる。

　音の響きは，3種類に分けることができる。ちょうど光が直進するものと反射して散乱するものがあるように，音や声も直進しつつ，広がり，反射する。

　第一は「届く音」である。人から人へと声を届かせる。音源から聞き手へと音が届く。音に直進する特性があり，人は音がどこから来たかを把握する。この性質があるから，声はコミュニケーションとしての機能を担い，音楽は一つのまとまった音として感じられる。

　第二は「返る音」である。音は直進し，ものにぶつかり，跳ね返って戻ってくる。音波を使った探知機はその原理を利用している。跳ね返る程度の違いや時間がごくわ

ずかでも，我々はそれを感受できるようである。たとえば，視覚障害者は杖で歩道などの地面を叩き，その音の周囲への反響音で道の広がりや曲がり方をわかるそうである。これは，実際に目をつぶって試すとすぐにわかる。廊下の曲がり方や広いところに出た，狭いところに入ったなどは，風の流れとともに音の響きでわかるものである。

第三は「包む音」である。音は空気の振動としてまわりに広がっていき，それが距離の異なるさまざまな形の物質に反射して，一つの音は残響をもちつつ，その空間全体を埋め尽くす。だから，その空間のどこにいても，人は同一の音を聞いたと感じられるのである。同時に，音は特定の音源から届くとともに，四方八方からやってきて，一つの音としてのまとまりをもつ。それは，あたかも音に包まれたような感覚をもたらす。とりわけ，音楽的体験とは，そうした感覚を基礎に置いている。

以上のように分析してみると，音の感覚を育てることが音楽性の基礎を養うことであることがわかる。その基礎は，まさに乳幼児期の発達の主となるべきものなのである。

● 音の情報としての豊かさと心地よさ

音は，単に"聞こえる"だけではない。音が種々の生物や物体から発せられること，空間のあり方に応じて響くということは，音そのものが情報としての価値をもつことを意味している。人は外部からの情報を得る場合，その多くを視覚に頼っており，現代文明もそれを強化しているが，同時に聴覚にもよっている。たとえば，自動車の音が後ろから聞こえると，それを思わず避けようとする。これは，近頃のハイブリッド車のエンジン音が静かすぎ，歩行者などが気づきにくいため，あえて疑似音を加えようとしていることでもわかる。

◎せせらぎの音を聴く子どもたち　©奈良市立大宮幼稚園

音はそれぞれに個性をもち，その人の声であり，その物体の音である。それがどのくらい離れており，近づいているのか，離れていくのかなども我々は感受する。音は大小，長短，高低，組み合わせ，距離によるわずかな変化など，たくさんの特性をもっていて，それが音の固有なあり方を構成しているのである。

　そのなかで，ある種の心地よさをもった組み合わせを，我々は"音楽"と伝統的に呼んでいる。だが，音の世界はそれを越えて，はるかに広い個性と情報を提供する。たとえば，ある一人の人の独自性は，その姿形や動き方とともに，その声の個性と切り離すことはできない。たとえば，遠くから声が聞こえるだけで，その声が誰であるかがわかる。そしてその判別は，すでに乳児期から可能となっている。

●声と言葉がもつ音楽性の芽生え

　音楽の発生と発達において，声と言葉の独自の響きが重要となる。声は，人が操作してたくさんの種類の音を産出することができ，さらに対話を可能にするという顕著な特徴をもっている。声を出し，それを自らが聞きとる。次に相手が声を出す。それを聞きとる。声が重なっても，音源の種類と場が大きく異なるために区別ができる。同時に，似た音声があると，それを感じとることもできる。これが乳児期に始まる原初的な「対話」の芽生えである。

　その声は自分の声としても聞こえ，親しい相手も声を出すので，声はその人間の個性と一体となる。声の微細な響きにより，それぞれの感情を表すことも可能であり，それはおそらく生得的，ないしそれに近い結びつきであろう。喜びの声，嫌悪の声，悲しみの声，怒りの声，驚きの声，などがある。

　そういった声を組み合わせていくことは，対話を通して可能となる。それが一つの音楽の始まりともなるのである。

●身体リズムの発生

　音楽が音楽として成り立つ要素に，リズムやメロディー，音色などさまざまなものがある。そのなかで，とりわけ子どもの発達過程を考える際に重要になるのが「リズム」である。リズムとは，基本的には同種の刺激や行動の繰り返しによって感じとられるパターンである。それは音に限らず，視覚でも，動作そのものでも成り立つ。

　一つのことを1秒前後の若干の間を置いて繰り返すことは，多少の初歩的記憶力によって乳児でも十分可能である。さらに，そこに音の強弱や高低や長短，間の時間のわずかな変化などが起こると，リズムは複雑化する。このリズムはおそらく，感覚器官とその神経系の原始的な機構によっており，すべての活動において基本をなすも

のであろう。だから，このリズムは単に音楽として重要だということを越えて，深い適応的な意義を行動に付与するものなのである。

　一つは主体側にとってである。繰り返しとその微妙な変化による調整は自分の音・声であれ，相手のそれであれ，その吟味を可能とする。その意義を明確にするとともに，リズムが進むことにより，注意喚起と意味処理を進めるのである。

　もう一つは対話としてである。リズムは，最も単純な対話のあり方となる。それらが身体の種々の部位の間の対応をつくりやすくし，動作としての安定性と複雑性を可能にしていく。

　対話としてのリズムはとくに声において明確となるが，動作においてもあり得る。それは同時に出す場合と交互に出す場合とがある。コミュニケーションとは一方的に語ることではなく，相互に意思疎通をすることである。そのための基盤となることは，交互に語るという交代にある。その交代は，何かの行動を一方がとって，もう一方がそれに似たことを繰り返し，という連鎖を引き起こす。その際の似たこととは，ほぼ同時に行動が両者で生起し，それが対応していることを感じとるなり，一方が刺激となって似た行動を即時に喚起することで可能となる。似た音・声を相互に繰り返すことで呼応関係が成り立つ。それが自他がともになって，音を音楽へと編成する一つの始まりとなる。

●声調からメロディーへ

　声にはまた，独自の声調が起こる。声調は，音の強弱，大小，高低，長短などの連なりが一つのまとまりをもつ。そもそも，単語や文の音の面での始まりは，そういった音の連なりが特定のパターンとして安定することにある。その音の継起が一定時間でまとまりのある独自のパターンをつくり出すとき，メロディーなどの曲としての構成が生み出される。

　そうだとすると，言葉を発することは，音楽の始まりと音として重なる面がある。おそらく，言葉が意味とつながるところで音楽とは独立の発達過程をたどり，文法が入ることで，言葉はまったく独自の筋道を進む。音楽は音の段階にとどめ，そこでのパターンの構成を複雑化していこうとする。先述したように，それが複数の人の間で交わされ，それらが全体としてまとまりをもつときに，社会的に意義を担う音楽へと踏み出していく。

●音の種類から音色へ

　世界は，いろいろな独自の個性のある音で満ちている。静かな世界などはあり得な

い。ものが存在し，動いている以上，その動きは振動をともない，空気を揺さぶるからである。そのなかで，際だった音そのものが印象づけられることがある。そういった一つひとつの音の個性が音色となっていく。

一つの音は個性をもった情報となる一方，独自の感情を含んだ印象をつくり出す。それは単なる合図としての音の意味を越えて，独自の音そのもののあり方である。そういった個性をもつ音が身のまわりにあふれており，子どもも大人もそれを聞き分けている。

その特定の音を，たとえば心地よさをもたらすからということで再現しようとすれば，それは音楽の始まりとしての音単体の魅力をつくり出す。多種多様な音の世界がそこには生まれており，それを音として味わうという姿勢が音楽へとつながるのである。

● 楽器という発明

音を個性のある際だったものにする重要な文化的発明が，楽器である。楽器は，独自の個性ある音をつくり出す部分とその音を拡大する部分で構成されている。楽器はその楽器固有の音をつくり出すのではあるが，それは決して，もっと広い生活全般における音のあり方と切れたものではない。とりわけ打楽器は，モノとモノが接触してつくり出す音を精選し，拡大するものだ。

小さな子どもにとっての楽器は，音の個性を音楽の世界へとまっすぐに連れ出す装置だ。子どもは逆に，楽器にふれることで，身のまわりに存在する個性ある音の魅力に気がつくだろう。

◎ウクレレの伴奏で歌う子どもたち

●文化財としての音楽

　乳幼児にとっての音楽を考えるとき，音から音楽へという流れとともに，現代社会では，子どもにかなり高度な音楽が曲として与えられているということを無視できない。子どもは，テレビやCDその他で絶えず音楽に接し，幼稚園・保育所などでも曲や歌を保育者とともに鑑賞したり歌ったりし，また子どもたちだけで機器を操作して，曲を聴き，またそれに合わせて踊ったりするだろう。そこでの曲としての音楽は素朴なレベルの民謡に類したものから，最新の流行の曲，古典的な高度な技法による音楽に至るまで，実に多種多様である。それが子どもの個人差はあるにしても，その耳を肥やし，観賞の力を以前に比べて飛躍的に高めたことも確かである。

　だが，その動向は，音楽をつくり出す力をかならずしもともなってはいない。高度な水準に進むには，さらに専門的な訓練が必要になるからである。とはいえ，誰にもそういった訓練を幼稚園・保育所で行うべきだとは思ってはいないだろう。

　大量の文化財としての音楽の子どもの生活への流入に対して，音の世界の側から育まれるべき発達が結びついていないのかもしれない。そうだとすれば，そういった高度な音楽への常時の接触は，子どもが元々もっているであろう音，そして音楽への感受性を引き出し損なっているのかもしれないのである。

●音楽を与えられることとつくり出すことと体を動かすこと

　音を音楽に展開し，また音楽を受けとめることからつくり出すことへと広げていく。そのための一つの重要な契機は，体を動かすことにあるのではないか。たとえば，音楽に合わせて単なる手本どおりの当て振りを越えて，独自の身ごなしを含めて踊るなら，そこに新たな総合的な音楽の可能性がつくり出されるかもしれない。音に対して拍手する動作をともなわせていくと，まとまった音楽的パターンとなるだろう。音を立てることを，動作することによって拡大していくと，新たな音との結びつきが生まれていくだろう。

　多種多様な音楽が大量に与えられる現在，音から音楽へという道筋を大事にすることが音感受の教育である。既存の音楽をつくり替え，総合的な活動にしていくことが子どもの音楽の可能性を拡大する。音，音楽，身体，そしてそれらが人と人のつながりのなかで発展していくのである。

第1章 音感受とは何か

　音や音楽に耳を傾けるというのは、私たちの生まれつきの特徴である。音や音楽が氾濫している今日の環境において、日常、私たちはどのように聞くかということよりも、どのように聞かないかを選択している。音に対する子どもの気づきに関し、4〜6歳児の自然音や生活音への認識が10年前と比較してかなり低くなっているという報告[1]がある。たしかに、音に対する子どもたちの反応について、「園外散歩に出たとき、虫や鳥の鳴き声にまるで興味を示さなかった一方で、"ピピピ"と電子音が聞こえた瞬間、ほとんどの園児がその音の鳴った方を向いたので驚いた」と、ある保育士から聞いたことがある。

　しかし、自由に遊ぶ子どもたちの姿を見ていると、身のまわりの音や人の声のまねをして表現したり、偶然に生じた音の響きやリズムを遊びのなかに取り入れたりするなど、音への気づきや聞き方が鈍っているようには思えない。

 ## 1　音を「聴くこと」の意味

　「聴くこと」の教育や音の感受は、幼児期の音楽教育において、どのように理解され、位置づけられているのだろうか。

　一般的な音の感受について、武満[2]は「私たち（人間）の耳の感受性は衰え、また、怠惰になってしまった」と述べている。彼は、「消える存在である」という音の性質（本質）に現代人は気づいていないと言い、「今の私たちの生活環境は、音というもののその大事な本質を見失わせるような方向に、極端に進んできてしまっている。

音は消えるという，最も単純な事実認識にたちもどって，もう一度，虚心に（音を）聴くことからはじめよう」と呼びかけている。

「消えていく音を追う，内なる耳の想像力などは，もはや音楽創造（作曲）には必要とされていない」という彼の意見は，日本の伝統音楽やその楽器，あるいは世界のさまざまな民族音楽やその楽器と，機能和声にもとづく西洋音楽との融合を図る作曲の過程で得られたものであり，民族によってそれぞれ違う音や音楽のとらえ方（聴き方）を十分に考えての論である。こうした考えは，ジョン・ケージ（John Cage）から大きな影響を受けたものであり，マリー・シェーファー（Murray Schafer）のサウンドスケープの思想とも共通している（後述）。そのうえで彼は，音の性質に気づくというのは「容易なことではなさそうだ」とつけ加えている。

では，武満の言う「耳の感受性」，あるいは「内なる耳の想像力」とは，どのような「聴き方」を意味しているのだろうか。ここでは，「聴く」ことが意味する内容について考察し，幼児期の音楽教育に導入される既存のメソッドのなかに「聴くこと」がどのように位置づけられているのか，大まかに概観する。

●「聴く」行為とその対象

❶さまよい歩く耳　―環境の音を聴く―

外からの情報のインプットは，瞼を閉じることで視覚的に遮断される。しかし，音がして目が覚めることがあるように，私たちの耳は，24時間360度にわたり，外に開かれている。聴覚について大橋[3]は，「視覚とは対照的に，人間個体の意識や意志などいわゆる主体性のバイアスを超越して環境全体をあるがままにモニターし続ける働きを発揮する傾向が強い」と述べ，「音―聴覚系は，より環境に忠実なリモートセンサーといえるのではないか」と指摘している。

忠実なリモートセンサーである聴覚だが，日常的な環境音（身のまわりの音）については，聞こうとしなければ聞こえないというのがほとんどである。足をとめ，音の世界と対話しようとすれば，それまで気づくことのなかった音が聴こえてくる。このとき，私たちは身体が外の世界とつながっているように感じる。耳には外界を物理的に遮る瞼のような部位はないが，意識的に聴こうとしないと音の知覚は寸断される。身のまわりの音がよく聞こえているというとき，身体と外界とのつながりを感じとるだけではなく，認識の次元でもまた，私たちは外の世界とつながるのである。

環境音の聞き方について中川[4]は，歩くことと聞くことの類似性についてのヴィンクラーの説を引用している。その説とは「"歩くこと"と"座ること・横たわること"との間には，環境に対する姿勢が根本的に違う。立って歩くというのは，感覚を地面から離し，対象から距離を保つことだ。他方，座る，横たわるというのは，地面

に身を捧げることで，行為からは離れる。そういう意味で，視覚は聴覚とともに"歩くこと"に近い。しかし，もちろん互いに異なっている点もある。眼差しはさまようこともできるが，耳はさまようことしかできない。つまり，視覚は固定した対象に，聴覚は流動した対象にふさわしい。耳は本質的にさまよい歩く性質をもつ」というものである。音は，動き消えていくものである。傍らに音を聞くためには，私たちは音のする方へと歩いて行かねばならないのだし，聴覚が「歩く」ように自在にあちらこちらを移ろい，あるいは一定の方角に据わるということもある。ようするに音は対象を追う性質をもっている。

　環境音は，いろんな方向から絶えず私たちの耳に入り，時間の経過とともに静寂へと移ろっていく。環境音を聞くというこのような行為を，ヴィンクラーは「さまよい歩く」ようだと呼んでいる。では，ある一定の方向から聞こえてくる音，そして，音の連続が意味をもつ音楽という芸術を，私たちはどのように聴くのか。

❷集中と没頭　―音楽を聴く―

　音楽は，聴覚芸術である。学校教育において学習指導要領音楽科の内容が「表現」と「鑑賞」で構成されるように，「聴くこと」は学習課題の一つとして位置づけられている。音楽をどう聴くかというこの課題について，アドルノ[5]は「音楽の積極的な経験とは，ポンポン叩いたり，ギコギコこすったりすることにあるのではなく，事柄に相応したイマジネーションにある。受動的に作品に聴きふけり，そうした没頭によってその作品をはじめてふたたび成立せしむるような聴き方にあるのである」というように，聴くことそれ自体が，積極的な音楽経験になることを指摘している。いいかえれば，「鑑賞」はもちろんのこと，「表現」することもまた音を聴くことで成立しており，音楽の聴き方が学習の達成度を決定づけているのである。

　今日では，街のいたるところでBGMが流され，多くの人がイヤホンから流れる音を聞きながら路上を歩き，買い物をしたり，作業したり，運動したり，勉強をしたりしている。イヤホンから流れる音は，集中してそれを聴くこともあるだろうが，四六時中聞こえてくる音を聞き流すといったことも少なくはない。音楽を聞いていながら耳から入ってくる音に注意を向けないでいることを，アドルノは**「聴き方の退化」**と呼んでいる。彼は「聴き方の退化」をもたらす原因について音楽マスメディアの役割に言及する。音楽マスメディアは「積極的イマジネーションを計画的に育て上げ，そのもてる力を役立てて，適正に，すなわち構造的に聴くことを聴取者集団に教えるべき」[6]であるというように，その役割を明らかにしている。また，よく音楽を聴く耳は「ごく幼いときから，家庭で，必ずしも常に充分に"理解しながら"でなくともよいが，無意識の知覚の対象として，論理の明快な優れた音楽を聴くこと」[7]によって育まれると指摘している。よく聴くことで，私たちは音楽のもつ美的な価値に気づく

ことができる。音楽を聴くとき，その形式や音楽的要素を分析的にとらえていなくとも，聴くことに没頭している場合には，その美的価値に気づき，感動を抱くのである。

❸ 質感を聴く ―日本人の音感受―

　武満[8]は，日本の音楽と西洋音楽のあり方の違いについて，「西洋音楽では，旋律，リズム，それにハーモニーが加わり，この三つは音楽をつくる上では欠かせない要素ですが，日本の音楽はそれとは違って，旋律より，むしろ音色を大事に考えている」と指摘している。彼は，尺八音楽での「一音成仏」という概念をあげ，日本人の音色観について「一音によって仏になるというのは，一つの音の中に宇宙の様相を見きわめるというような音のあり方を示している。世界全体の響きを一つの小さな雑音の響きの中に感じ取る」というように説明をしている。その音色観とは，楽器の音にとどまらず，身のまわりの音の聴き方にまで及ぶものである。俳句にも詠まれるように，蟬の声に象徴されるような噪音（そうおん）のなかに音の響きの複雑さを味わい，楽しみを得るというのが，日本人の音の聴き方である。

　また西村[9]は，武満と交わした往復書簡のなかで音楽と人との関係に言及し，伝統音楽の聴き方を取りあげ，「ひとつのまとまりを持って形作られた"音楽"の全体像の中の，"部分"の連続を聴くのではなく，一瞬一瞬の響きの"質感"とでも言うべきものにこそ耳を傾けたのではないか。そして人々はその"質感"の持つ，宇宙ともたとえうる響きの世界とつねに同化していたのではなかったか」と，「音の質感を聴く」という表現を用いている。そして，それに重ねて「だからこそ，部分を部分ならしめるような，機能和声法や対位法(*1)を育てることなく，それにかわって一瞬一瞬の豊かな響きの世界が求められた」と，一つひとつの「音の質感を聴く」ことが日本人特有の音の聴き方であり，その聴き方が西洋音楽とは違った音楽の構造をもたらすということを指摘している。

　武満の言う日本人の音色観も，西村の「質感を聴く」ことと同義である。さらに，西村は「"質感"を聴くとは，ただ単に響きを"聴く"ということにとどまらず，響きの匂いを"嗅ぎ"響きを"味わい"，響きの光輝を"見つめ"，響きに"触れる"という，五感統合的な感覚であったのではないかと思います。耳というひとつの感覚器は，"聴く"だけではなく，あるいはこうした五感機能のすべてを秘めているのではないでしょうか。人間の五感はそれぞれバラバラに機能しているのではなく，脳の内部で生理的に結びつき，そのことを反映して，各感覚器の生理には，他のすべての感覚器の性質が内包されているのではないかとも思います」と，聴覚とそれ以外の感覚とのつながり＝共感覚についても言及している。

＊1　機能和声法，対位法はともに作曲の技法。機能和声とは，和音の連結法。対位法とは，複数の旋律を，それぞれの独立性を保ちつつ互いによく調和させて重ね合わせる技法。

❹五感で聴く ―「音にふれる」という感覚―

　西村の記述にあるように，音を感じる感覚は聴覚だけではない。聴覚や視覚に障害をもつ者が「音にふれる」といった言い方をすることがある。

　打楽器奏者のエヴリン・グレニー[10]は，8歳で聴力を失い始め，11歳から補聴器を使うようになった。彼女は「補聴器をはずしてみてわかったの。耳から聞こえる分は減るけれど，身体を通して聴く分は増えると」と語っている。あるとき彼女は，大太鼓を打つ聴覚障害をもつ少女に「もっと身体を楽器に寄せて」と演奏指導したのだが，するとまるで「聴こえる」を実感したかのように，少女の表情は一変した。大太鼓の響きと振動とが，直接身体に伝わったのである。自分の身体を共振器として使うことにより音にふれた，というわけである。

　また，4歳で光を失った三宮[11]は，「音は大いなる世界に触れる手段である。色彩や景色の細部はわからなくても，音を通じた実感は数万の言葉を駆使した説明に勝る」と言っている。実は，音を感じる器官は聴覚だけではないのである。音に対してほかの感覚が一緒に開いていくなら，より深く音を感じることができる。相対的に弱い感覚を補うための諸感覚の遠心的な統合の作用とは，モノの本質となっている「目に見えない大切なもの」を，心の瞳に映し出す想像力のことなのかもしれない。

　こうした諸感覚の遠心的な統合をともなう聴き方を，オリヴェロス（Pauline Oliveros）[12]は「ディープ・リスニング」と呼んでいる。ディープ・リスニングとは，聴くことを通じ，自分が環境のなかへと溶け込んで行くような体験をいう。自ら聴いていると同時に，環境もまた自らを聴いているというような，相互作用的な意識のやりとりをもたらす音の聴き方のことである。サウンドスケープにおける音の聴き方（後述）も，西村の言う「質感」を聴くといった聴き方も，これと同じことである。

●音楽教育メソッドに見られる「聴く」活動の位置づけ

　メソッドとは，哲学的な理念を備えた独創的で系統的な教授法のことである。19世紀後半から20世紀にかけて，ヨーロッパを中心に，個性的な音楽指導メソッドがいろいろと開発され，世界各国の教育現場に導入されながら発展した。代表的な音楽教育メソッドを三つあげると，ダルクローズ，コダーイ，オルフによるものがある[13]。ここでは，それぞれの特徴を紹介し，これらのメソッドに「聴く」活動がどのように位置づけられているのか，概説する。

❶ダルクローズ（Dalcroze, E.J., 1865～1950　スイス）

　ダルクローズは，「音楽を表情豊かにするもの，音楽をいきいきとさせるものは，聴覚と筋肉の感覚によって同時に聴き取られるリズムのニュアンスである」という理

念にもとづき，身体運動を通じ，音楽のあらゆる要素（リズム・メロディー・ダイナミクス・ハーモニー・形式など）の知覚・表現・理解を，子どものなかに発達させていくことをめざした。このねらいを実現させるために，音楽と聴覚および身体運動とを内的に連関させることに重きを置く独創的なプログラムが開発された。今日それは，リトミックとして定着していて，幼稚園や保育所の教育現場にも導入されている。

一般にリトミックは，音楽と身体表現の融合と理解される。音楽と身体表現の融合は，内的聴感覚（inner hearing）が育成され，心的なイメージが創り出されることによって実現するとされている。いうなれば，心的なイメージとは「聴く―感じる―考える」ことであって，これが運動感覚を介し，身体の動きとその表現へと発展する。彼は，聴くことや歌うこと，および読譜・記譜のそれぞれと身体的反応とを結びつけたテクニックを駆使することによって内的聴感覚を育成し，音楽と身体表現とを融合させようと意図した。

ダルクローズのメソッドにおいて基礎となる楽器は耳であり，何を聴いたかは，子どもの行った身体運動を通して解釈される。幼児期のトレーニングのはじめの部分には，音楽を聴き，それに合わせて動くことを学ぶための，短くて単純な訓練が含まれている。そこでは，リラックスした聴き方と，集中的で分析的な聴き方とが経験される[14]。

❷コダーイ・ゾルターン（Kodaly, Z., 1882～1967 ハンガリー）

コダーイ・メソッドとは，イギリス由来のハンドサインやイタリアのソルファ法，ダルクローズのソルフェージュ法などを，子どもの認知や表現の発達に合わせて系統的に組み合わせた教育システムを指して言う。

コダーイは，幼児期の音楽教育について，次の四つの原則をあげている。

○ 自民族の文化・伝承から出発する
○ 子どもの音楽活動は歌うことから始まる

第1章 音感受とは何か

○音楽は，早くから教育されなければならない
○音楽教育をすべての人に

　コダーイは，子どもの音楽的発達に即して音を系統的に配列することにより，音楽的リテラシーが着実に獲得されていくことをめざした。そこでは，最終的な目的として，内的聴感覚の育成が設定されている。コダーイ・メソッドでいう内的聴感覚とは，「目で見たものが耳でわかる」こと，つまり，楽譜を見て音楽をイメージすることができるようになることを指す。このメソッドの目的は，おもに読譜ができるようになることであり，幼児期において内的聴感覚は，歌うことや音楽を聴くことを中心とした活動のなかで育成される。

　コダーイ・メソッドでは，歌うことをすべての音楽学習の基礎に位置づけている。清潔に歌うこと，すなわち，正しい音程で歌うことが第一の目標とされていて，幼児期には，正しい音程による歌唱と，音高に対する意識を育てるために相当数の時間が充てられ，コダーイ・メソッドにおける重要なカリキュラムの一部となっている。

　具体的には，無理のない音域や音構成による短いフレーズの模倣唱（同じフレーズを歌い返す）や応答唱（異なるフレーズで歌い返す），わらべ歌の歌唱が行われる。模倣唱や応答唱では，教師の声をよく聴いてその音の高さに合わせることが重視される。また歌唱の際には，音の高低を識別する，声や手拍子・足音の大小を聴き分ける，声やモノの音を注意深く聴いてその違いを答える，といった内容が，ゲーム形式で教授される[15]。

❸カール・オルフ（Orff, C., 1895〜1982　ドイツ）

　オルフは，ダルクローズの掲げる理念に魅せられた者の一人である。彼は1925年に，仲間とともに音楽と体育の学校を創設し，ダルクローズの唱えた理論にもとづいた創造性と即興性を重視する音楽教育を行った。

　代表作『カルミナ・ブラーナ』[*2]に見られるように，オルフは，音楽と踊りを根源的に結びつけることをめざした。「音楽→動き→より創造的な動き→より創造的な音楽」というサイクルは，太古の音楽体験の姿を反映するものである。メソッドの基本となっている原初的な音楽や楽器の使用は，即興性に富み変幻自在であり，さらにその先へと発展して行く可能性をはらんでいる。音楽と動きとが一体になることをめざしたオルフの

アプローチは，美しい音色を備え，奏法がやさしく，つくりのしっかりしたオリジナルの楽器を次々と生み出すことになった。

その教育場面において最も重要な楽器とは身体や声であり，音を発するものすべてが楽器となり，聴こえる音すべてが音楽の創造へと結びついていくのである。たとえば，手拍子，指鳴らし，足踏み，膝打ちから生まれるリズム音は，異なる空間レベルにある4種類の音を表現する楽器になったが，これがボディーパーカッションの原型である。音をつくり出す身体はただ一つでありながら，音色はどれもみな異なっており，そのため，ボディーパーカッションでは，違った音色の組み合わせや音の強弱を存分に楽しむことができる。チャンティングや歌唱と身体の動きを組み合わせた表現も，オルフ・シュールベルク（子どものための音楽作品）の重要な演奏形態である。特定の言葉をリズミカルに唱えたり，それらをもとに歌ったりすることにより，子どもは，単純な日常のフレーズが音楽の旋律やリズムをつくり出す要素であるということに気づく。

このように，オルフのメソッドの根幹にあるのは，身体の発する音や声，オリジナルの楽器を用いた合奏である。合奏の対象としてオルフの作品が用いられることもあれば，即興的に表現されるような合奏もある。合奏の際には，タイミングを合わせたりバランスをとったりするために，他者が表現する音に集中して耳を傾けることが必要となる。このように，身のまわりの音を用いながら「音の探究」を深めていくことが，オルフの音楽教育の特徴である。

以上述べたメソッドのすべてに，音楽表現の根幹として「聴く」活動が位置づけられており，その内容や目的はそれぞれ異なる。大まかに分類するならば，ダルクローズは「聴く→感じる→考える→身体表現」の連鎖を重視し，コダーイは，「正確に歌うための聴く」を重視し，オルフは「拍・リズム・テンポ・ダイナミクス・フレーズ・音色といった音楽的要素を聴く」ことを教育の根幹に位置づけているといえる。「聴く」ことを通じ「内的聴感覚」が育成されると主張する点も共通しているが，ダルクローズのメソッドは身体運動を通して，コダーイ・メソッドは歌唱を通して，オルフのメソッドは楽器を用いた活動を通して，その獲得をめざすのである。

●環境音を聴く活動を取り入れた音楽教育メソッド

ダルクローズ，コダーイ，オルフのメソッドで聴かれるのは基本的に音楽であり，

＊2　19世紀はじめにドイツ南部で発見された詩歌集にもとづいて，オルフが作曲した舞台形式のカンタータ。「楽器群と魔術的な場面を伴って歌われる，独唱と合唱の為の世俗的歌曲」という副題がついている。

音素材は楽音としての声や楽器なわけであるが，オルフのメソッドには，ボディーパーカションや身のまわりの音，「楽器の音色」が取り入れられている。近年の幼児教育現場では，楽音（楽器音や歌声）とともに，身のまわりの音をその教材として用いるようになってきており，それらの音質やリズムを探究すること，すなわち「聴く」ことの教育が重視されている。

❶モンテッソーリ教育（Montessori, M., 1870〜1952　イタリア）

モンテッソーリは，医師であり教育者でもあった。彼女は自由と秩序を理念に掲げ，乳幼児期の感覚教育をとくに重視し，その実現のために多くの教具を発明した。彼女は，大きさ，色，形，手触り，味，音など，身のまわりの現実を構成する特性を知覚する能力が，感覚教育の場で育まれることの必要性を忠実に教具に反映させた[16]。聴覚教具としては「サウンドシリンダー（雑音筒）」や「音感ベル」が知られていて，おのおの，音色と音の高低を識別する目的で使用される。

モンテッソーリ教育は静けさと集中を重視し，環境音や人の声に意識を集中して聴く活動を「**耳のおすましっこ**」と呼ぶ。また，彼女の掲げる理念にかんがみ，楽器は音に秩序を見いだす教具として活用される。たとえば，サウンドシリンダーは，音素材の異なるものがそれぞれペアで用意され，同じ音を見つけて整理することをその活動目的としている。また音感ベルは，ベルの音を音階の順に並べ替えることを活動目的としている。このとき子どもが，音を聴き分けるために音に集中しているというのは確かなことである。しかし，たとえば触覚のための感覚教具について見ると，

◎雑音筒と音感ベル

この教具はふれて感じとる活動のみに用いられるために，その音を聴いて正しく素材を見分けた子どもがいたとしても，その行動を誤った教具の使い方と見なすような制約があり，音の自由な探究が限界づけられることのないように配慮されることが必要である。

❷ サウンド・エデュケーション（Schafer, M.R, 1933〜 カナダ）

マリー・シェーファーは，「騒音公害は人間が音を注意深く聴かなくなったときに生じる。騒音とはわれわれがないがしろにするようになった音である」[17]と述べ，環境音について積極的に研究するプログラムを提唱した。彼はその際，「サウンドスケープ」という造語をしたのであるが，「世界のサウンドスケープを改善する方法はごく単純だ，と私は信じている。聴き方を学べばよいのである。聴くという行為はひとつの習慣になってしまっていて，私たちは聴き方を忘れてしまっているようだ。私たちは，自分たちをとりまく世界の脅威に対して耳を研ぎ澄まさなければならない。鋭い批判力をもった耳を育もう」[18]と述べてもいる。サウンド・エデュケーションとは，このようなサウンドスケープの思想を，教育現場へと応用したものである。

彼は，音環境を改善するために，学校でイヤー・クリーニングを実践することに尽力した。イヤー・クリーニング（耳のそうじ）とは，音をはっきり聴き分けることを指し，そこでは透聴力[19]の涵養が目指される。透聴力とは，環境音に対する高度の聴取能力を指す。彼は，1960年代の終わり頃から音楽教育にかかわるようになり，1980年代前半には，音に関する100の課題を集めた『サウンド・エデュケーション』，1990年代中頃には子どもが実践するための『リトル・サウンド・エデュケーション』を世に問い，感覚と感性のための訓練や，声を使った音の表現ゲーム，身近な音や声を使った音楽づくりなど，数多くの提案を行った。

オリヴェロスの『音の瞑想』[20]は，シェーファーの提案したサウンド・エデュケーションと，よく似た活動を含むものである。環境との対話に意識を集中させて聴く課題など，音と耳に関する25のエクササイズを含んでいるのである。また，耳の感性を研ぎ，創造性を高めるための音楽教育法として，若尾[21]は，自然の音や環境の音を音楽教育の出発点に置いた西ドイツの教科書，視覚—聴覚の結びつきを追求したマルグリット・キュンツェル・ハンゼンの仕事，シェーファーのサウンドスケープ論を学校教育プログラムに定着させようと試みたイギリスのジョン・ペインターの『創造

的音楽学習』，音を使ったクリエイティブな遊びについて記したトレヴァー・ウィシャートの『サウンド・ファン』などをあげている。

❸コンプリヘンシヴ・ミュージシャンシップ（Comprehensive Musicianship）

　コンプリヘンシヴ・ミュージシャンシップとは，音楽学習のすべての側面が統合され関係づけられるべきだという理念にもとづいた，音楽指導や学習に関する概念である。1965年，音楽教育に関するこのアプローチは，北アメリカのノースウェスタン大学におけるセミナーで誕生した。この概念は，音楽の「共通要素」「音楽的役割」「教育法」の三つによって定義づけられる。

　共通要素には，「振動数」「音価」「強さ（大きさ）」「音質」など，音の特質があげられているが，それらの要素の前提にあるのは，音楽は音（sound）であるという客観的な事実である。このうち「音質」には，さまざまな音源から生み出される音が含まれる。音楽的役割としては，「演奏」「分析」「作曲」があり，教育を受ける者は，聴き手として分析的に聴くことが求められる。幼児期の教育では，「音質」としての音に注意を向けることに重点が置かれ，与えられた音の音源をつきとめるサウンド・ボックスというゲームが行われる。ゲームではたとえば，ボルトとワッシャー，乾燥した木の葉，米やマカロニをプラスティックの瓶に入れたもの，古い歯ブラシやたわしでものをこする，紙を破く，硬貨をじゃらじゃらいわせるなど，さまざまな音が使用される。そして，それらの音を，強い・弱い，長い・短い，高い・低いというように表現することで，分析的に聴くことが試みられるのである。

　また，1970年の全米音楽教育者協議会（MENC）に際して作成されたプログラムには，学校教育最初の数年間の音楽体験の望ましいあり方が示されている。その最初に記された幼稚園のプログラムには，「器楽・声楽・周囲の環境から音やリズムを発見する」というように明記されてある[22]。

●幼児期の音楽教育としての「聴くことの教育」について―音感受とは？

　ジョン・ケージ，マリー・シェーファー，武満徹に共通する見解として，現代人は耳の感受性が衰え，聴くことを怠っているという論がある。たしかに，音や音楽の氾濫する現代においては，音に逐一注意を向けていたのでは生活していかれない。音楽教育においては，アドルノが指摘するように，子どもが音や音楽に集中して耳を傾け，それらを分析的に聴くように導くことが，子どもの音楽経験の質を高めることにつながる。ダルクローズ，コダーイ，オルフのメソッドにおいても，注意深く聴くことが共通して求められ，「内的聴感覚」の育成が最終的な目標となっている。

　しかしながら，耳がとらえるものは楽音（楽器音や歌声）だけではない。武満らが

指摘するのは，生活のなかで遭遇する多様な音に対し，感受性が衰えているという事実（無感性化）である。教育の現場においては，モンテッソーリ教育やサウンド・エデュケーションのようなメソッドが導入され，コンプリヘンシヴ・ミュージシャンシップのような教育カリキュラムが開発されるようになった。これらは，身のまわりの音を注意深く聴いたり，それらの音を音楽表現に取り入れたりすることを意図して工夫されたものである。

　本書は，「聴くこと」にいっそう意識的になり，身のまわりの音や音楽を注意深くとらえる感性を大切にしたい。聴きとった音が何であるか認識したり，音の大きさや高さといった音の物理的な差異を識別したりすることに重きを置くのではなく，「『聴くこと』によって子どもが感じ受けた内なるもの」を大切にしたいと思う。なぜならば，表現活動のなかで子どもは，彼らの内面に記憶されたさまざまな事象や情景を思い浮かべ，それらを新しく組み合わせながら，想像の世界を行き来することを楽しんでいるのだからである。想像の世界を構築するプロセスに，「音」の感受が介在している。

　さまざまな音や，複雑な響きを経験しながら，子どもは音のインプットを増やしていく。インプットが増えるにつれて連想の枝葉も増えていき，その増大を受けて，想像の世界は豊かになる。だがしかし「音」は，音楽にかかわる活動をしているときだけに存在するものでもない。子どもたちは，絵画を見たり物語を聴いたり，あるいは身体を動かしたりする営みのなかで，その子らのそれぞれに固有な感性を働かせ，かならずしもその場には存在しない「音」をも感じ取っているのだからである。そうしたなかで生起する数々のイメージを，ときには自分なりな「音」に置き換えながら，楽しんでいるのである。したがって，本書では，楽音（楽器音や歌声）や身のまわりの音に集中したり，それらを分析したりするような注意深い聴き方のみを「聴くことの教育」の対象とするのではなく，音を発する素材にふれた感触やその様子を視覚的にとらえたりするなど，聴覚と他の感覚とを統合して音を感じること，あるいは，音に耳を澄ませながらあたかもその響きのなかに溶け込んでいくかのような，相互作用的な感覚に注意するなどといった，いろいろな聴き方を大切にしたい。

　現代人は，耳の感受性が衰え，聴くことを怠っているというように武満らは指摘するのだが，そのことは本当に子どもの音感受についてもあてはまるのだろうか。まえがきに紹介した小川のせせらぎを聴く著者の息子の姿から，子どもは，大人が聞き逃してしまいがちな音に気づいてその性質をとらえ，認識しているということがわかる。また，保育実習を経験する学生に「身のまわりの音を聴く行為に注目して乳幼児を観察する」という課題を与えたところ，「幼児が『いま，ピーポーピーポーきたな』と教えてくれたことで，遠くを走る救急車の音に自分がはじめて気づいた。そして，幼児はどちらの方向から音が聴こえるのかも感じとっていた」「空き缶，皿，ボウル，

コップなどを叩いて音の違いを喜んでいた幼児が，空き缶でも大きさが違うと音の異なることを不思議そうにしていた。そしてコップを空き缶の上に置いた場合と地面に置いて叩いたときの音が違ったことを保育士にうれしそうに教えていた」などといった事例がいくつも報告された。これは，子どもが，モノの音を敏感に感受して楽しんでいる事実を示す例である。このように，子どもは園庭や園舎内の音をさまよい歩く「耳」に感受し，ひとたびおもしろいと感じると，その音に聴き入ったり，いろいろな鳴らし方を試しながら音の違いを聴き分けたりするなど，集中した聴き方をしている。子どもたちが聴いているものは音の質感であり，このとき，彼らは音の響きの複雑さを味わっている。さらに，子どもたちは，友だち同士で自分たちの気づきを確認し合ったり，まわりにいる保育者などに伝えたりしながら，音に関する気づきを分かち合って楽しんでいるのである。

　現行の幼児教育の問題点は，保育者が，子どもたちのこういった音感受に気づいていないことにある。「表現」という領域が「感性と表現」の領域であることを再認識し，音楽表現を音楽の再表現活動と見なすだけでなく，素朴な音への気づきや，音の表出行為に注意を向けるならば，上記の学生の記述のように，子どもの音感受に気づくことができるようになる。そして著者は，子どもたちの音感受に共感することや，子どもたちが音に何を感じているのか見取ることが，幼児期における「聴くことの教育」を形づくる基礎になると考えている。

 ## なぜ音の感受なのか

　本書では，感受の対象を，子どもを取り巻く環境の音素材とする。なぜ，音楽ではなく，「音」そのものを感受の対象素材とするのか。ここでは，「音感受」の意味内容を明示するとともに，音感受教育がめざす内容について説明する。

●子どもの音楽表現と音環境

❶音楽表現における音感受の素材

　音楽表現は，音楽をインプットした結果，生まれるものであることは言うまでもない。音楽を聴いて，つまり，音楽をインプットして感じることで，表現が生じるというのは一般的な定説である。加えて本書では，前節でも述べたように，自然や人の声などの身近な環境音もまた，インプットされるべき対象と見なし，そうした音素材の感受を重視する。幼児期においては，身近な自然環境とかかわり合いながら多様な音

にふれ，音がモノに対してもつ関係を理解したり，自分のつくった音に気づいたりすることで，音のインプットを増やして行くことが大切である。なぜならば，子どもの内に蓄えられた音のイメージが，音楽表現の創造につながり，音をいかに表現するかを試行錯誤する体験が，楽音（楽器音や歌声）の質感を見いだしていくことにつながると考えられるからである。子どもは，多様なインプットの体験を積み重ねることで音の表現に関して総合的な判断を行うようになり，それが「感性」の育成につながっていくのだと考えられる。

ここで確認しておくべきなのは，音楽表現へとつながるインプットの素材が，「音」だけではないということである。色彩感や明暗感や透明感など，視覚情報からのインプット，凸凹感や湿度など，触覚情報からのインプット，土臭さや花の香りといった嗅覚情報からのインプットなど，さまざまな感覚器官からのインプットが考えられるからである。特定のモノについて生じるすべての感覚を統合する根源的な感覚能力を，アリストテレスは「共通感覚（sensus communis）」と名づけた[23]。カントはこの共通感覚を一種の判断能力と位置づけ，「知的判断力よりもむしろ美的判断力の方が共通感覚と呼ぶにふさわしい」[24]と述べている。「感性」にはまた，「感覚レベルの感受性ではなく，それらの情報が統合された複合的な判断」[25]という定義がある。子どものなす音楽表現に表された感性もまた，ある種の美的判断であり，五感を通して収集された多様な情報がその表現のもととなる。また佐野[26]は，「眼は限定され自立した働きを持っているが，耳は実は耳のみでなく全身で聴かれるという特性を持ち，この非限定性，非自立性が他の低次とみなされている感覚への通路をつくり」，「聴覚世界は視覚・言語などの高次な知覚・知能とみなされている世界と，味覚・触覚・嗅覚・運動感覚などの低次の知覚・知能とみなされている世界の中心に位置している」というように，聴覚が共通感覚の性質を強く帯びていることを指摘している。

喜びや悲しみといった感情体験のインプットもまた，音の質感や音楽の表現に影響を与え，それらを変容させる要因となる。つまり，音楽表現につながるインプットは，音楽とかかわっている時間のみに限定されるわけではなく，子どもの生活を取り巻く環境や出来事のなかに，あらゆるインプットの機会が存在しているのである。いいかえると，子どもにとって望ましい音環境とは，モノや人との感性的な出会いが豊富にある環境のことだといえるのではなかろうか。

❷子どもと音環境

では，子どものなす音楽表現に，環境音や人の声はどのようにかかわっているのだろうか。視覚表現としての描画においては，身のまわりの自然環境からインプットされた色のもつさまざまな個性が，絵具やクレヨンを使うことで表される。楽器音や人の声を用いて表現を構成しようとする音楽の場合においても，身のまわりの環境音の

インプットがイメージの源となるのはごく自然なことである。身のまわりの音がそれ自体、音楽表現を構築する素材となっているのは確かなことなのである。

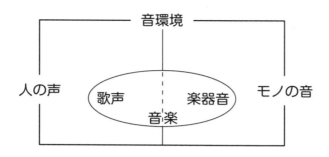

図1　子どもの音環境を構成する音素材

　子どもを取り巻く「音環境」が含む音素材の範囲は、音楽を構成している音素材のみにとどまるものではない。身のまわりの音を構成する音素材をも含んでいる。身のまわりの音を構成する音素材とは、自然の音や機械音、生活音や人の声といったように、モノや人がかかわって生み出される個々の音を指していう。音楽を構成する音素材とは、個々の楽器音やめいめいの歌声を指していう。本書においては、音素材と音環境の関係を図1のようにとらえることとする。さらに、音響（その場の音の響き具合）といった要因もまた、「音環境」を形づくる一部にほかならない。本書においては、身のまわりの音を「**モノの音**」と「**人の声**」の二つに分類し、子どもの「モノの音（音響を含む）」に関する感受の実態は第2章において検討し、子どもの「人の声」に関する感受の実態は第3章において検討することとした。

　本書では、音楽のみを感受の対象と見なすことはしない。子どもの、音素材そのものに対する感受を対象とする。このことを音の質感の感受といいかえてもかまわない。前節において、日本人の音の聴き方の特徴は「質感を聴く」ことであると述べたわけであるが、子どもたちもまた、モノの音や人の声を聴いてその響きを味わい、楽しんだりおもしろいと感じたりしているのではなかろうか。なお、人の声については、音声のイントネーションという非言語的な情報を、子どもがいかに感受するのかを検討する。

❸環境音と音楽の関係

　今日、学校教育や地域社会などで、日常生活を送るなかで聴く音の意味を振り返り、音を重視した日常生活の意味を問い直し、音と共存する新しいスタイルの生活の創造が試みられている[27]。このような、人間と環境音との関係について考える試みを

唱えた先駆者の一人が，サウンド・エデュケーションの項でも述べたマリー・シェーファーである。

シェーファーの考えに大きな影響を与えたのは，J.ケージの音楽作品「4分33秒」（1957年発表）であった。この作品は，単に一つの休符が引き延ばされているのに過ぎないという内容であり，ピアニストが登場するものの，4分33秒の間ピアノ椅子に座るだけ座り，何の音も出さずに帰っていく。「聴衆がその間に会場内で聞いたすべての音」が音楽作品だったのだからである。その背景には，「音には，記譜された音とされない音とがある。記譜されない音は，記譜された音のなかでは沈黙となって現れるが，外界にたまたま生ずる音に対して門戸を開いている」[28]というケージの新しい音楽観があった。それは，「楽音＝一定の測定しうる高さと深さを持った音」のみに音素材を限定した，西洋近代の伝統的音楽観への挑戦であった。

ケージのこの演出について，小川[29]は次の2点を指摘する。1点目は，音楽を構成する音素材の種類が，広い範囲に拡大し増加したこと。4分33秒の間，聴衆の一人ひとりがとらえたすべての音素材が，まさにそれそのもので「音楽」なのである。

2点目は，音楽を媒体としたコミュニケーションのあり方に変化がみられたこと。「完成された作品」を作曲者の意図を汲みつつ聴くという，西洋古典音楽の考え方の伝統が覆されたのである。この作品で聴き手が参画するのは，まさに「生成されつつある過程」である。ケージは，楽音が物理的に鳴っていなくとも，聴く耳さえあれば，聴き手はどこにでも音楽を発見し得るのだと主張しているのである。

ハンスリック（Hanslick）[30]が「自然の中には何ら音楽がない」「自然のすべての表現は単なる噪音」「自然の音生活におけるもっとも純然な現象たる鳥の歌でさえも，人間の音楽には何ら関係がない。鳥の歌は我々の音階に合わないのだからである」と述べるように，環境音は音楽に含まれないと見なすのが伝統的な音楽観というものである。

他方，ケージやシェーファーがもっぱら意識を集中させたのは，音がそこに鳴っているという状態，そのものに対してであった。そうした新たな試みが，音楽家にとって音楽の放棄になりはしないかという危険性を踏み越え，「音楽」と「自然」の間に有機的な関係を築こうと摸索することで，伝統的な音楽観に風穴を開けようとしたのである。つまり彼らの主張は，音楽と環境とを融合させる試みなのである。

水野[31]が「音楽は環境音そのものから生まれ，その後もそれとともに展開してきた。とすれば，今日でさえ，楽音と環境音がこうして連続性を保ち，互いに融合するのは，ごく当然な現象なのである」と指摘するように，子どものなす音楽表現や前音楽的表現（次項に述べる）には，遊びや生活のなかの環境音から，日々感受するものの影響が大きいのである。

●子どもの音楽表現

「表現する」とは，感じたことや考えたことが主体にとってもつ内容を表出することである。子どもの自己表現というものは，幼稚園教育要領解説にも明言されてあるとおり，きわめて直接的で素朴な形で行われることが多い。そのことを無藤[32]は「芽生え部分」と呼んでいる。音楽においての芽生え部分は，音楽表現としては未熟であり，著しく未分化な形態をとるものである。本書は，音楽表現の芽生え部分を「前音楽的表現」と称することにする。

❶「子どもの音楽表現」のとらえ方

子どもの音楽表現は，既成の音楽を再現することのみを意味するものではない。1989（平成元）年に改訂をみた幼稚園教育要領では，新たに「表現」という領域が設けられた。従来，音楽活動を企画する保育者たちの意識は音楽を再現する技術の指導に偏っていたのだが，その意識を，子どもたちの音と接する姿へと向け変え，「表現する」という視点から，子どもと音楽との関係をとらえ返そうとしたのである。子どもたちはある日突然，楽譜を見て歌を歌ったり楽器を演奏したりするわけではない。本書は，音楽を再現する以前の「前音楽」的な表現にかかわる子どもの姿にまで視野を広げ，幼児期の音楽表現について検討していく。

子どもの前音楽的表現とは，白石[33]の示す「幼児のすべての行為と音楽表現活動の包含関係の図」（図2）のうちの，破線部の範囲に相当する行為である。前に述べた二件の保育実習生の事例が示唆するとおり，素朴な音とかかわる子どもの音楽的活動のありようにまなざしを向けるなら，前音楽的表現の意味するところが理解されることであろう。子どもの見せるこうした表現には，意図的になされるものばかりでなく，無自覚に表れたと見なせるものもある。それらを表現というよりも「表出」として区別するならば，こうした表出というものが，意図的・自覚的な表現へと向かい連続的に変容していく過程こそ，幼児期の音楽的発達なのだといえるかもしれない。

白石[34]は，表れ出た行為に意味を認め，受けとめてくれる人が身近にいること

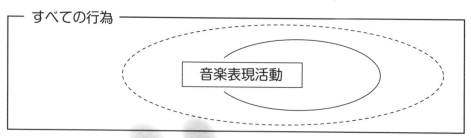

図2　子どものすべての行為と音楽表現活動の包含関係

で，子どもの行為は表現性を帯びてくると述べている。既述のように，子どものなす前音楽的な表現に気づくことで，保育者の幼児理解が深まるとともに，保育者自身もまた，サウンドスケープの基本である「幼子のような感覚」[35]で音を感受するようになる。保育者の音感受が豊かなものになっていくならば，子どもを取り巻く音環境のなかに聴覚的な気づきを得ることで，そこに新たな音素材を加味したり，それを形づくる条件をより的確に設定したりすることが可能となり，その結果，子どもの音感受の機会はより多様なものへと発展していくであろう。

❷ 音楽表現の生成過程

次に，「前音楽」を含めた音楽表現の生成過程を示す。表現とは，感じたことや考えたことを表出する営みである。幼稚園教育要領は「感性と表現に関する領域」について「表現」と銘打っているが，「感じたことや考えたことを自分なりに表現することを通して，豊かな感性や表現する力を養い，創造性を豊かにする」というように記してもいる。「感じる・考える」という過程があって，表現もまた生まれるというわけであるから，表現が生成する過程を図3のように循環的に示すこともできよう[36]。

感じる営みは「気づいたり感情を抱いたり」することを指し，考える営みは「想像したりイメージしたり」することを指す。音楽表現はその性質上，演奏発表という形態で練習の成果が伝えられるものであるため，アウトプットをよくする方法論にのみ，注意が向けられがちである。しかし，インプット（「感じる・考える」）のない表現活動（アウトプット）はあり得ない。「感じる」営みは，その時点までに経験されてきたあらゆる種類の感性的インプットによって育まれる。さらには「考える」営みを介し，人は感性的インプットを連想的に組み合わせようとする。音楽表現の具体的なイメージは，そうした連想（「考える」ということ）から生まれ出てくる。音楽における創造とは，このような内的過程のことを意味している。そして，そこになされる表

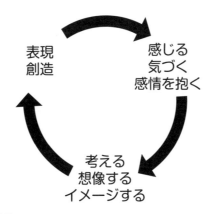

図3　音楽表現の生成の循環

現活動から,さらに「感じる・考える」営みが生み出され,図のような三つ一組の循環が成立するのである。循環を形成する三つの過程が,ほとんど同時に生じるという場合もあれば,無意識になされた表現が手がかりとなり,何かを感じたり考えたりしていることに気づくという場合もある。

このようにたどってくるならば,幼稚園教育要領解説「表現」[内容の取扱い](3)に示された「表現する過程を大切にする」という記述は,単に音楽をアウトプットする方法論についてのみ言及したものではなく,「感じる・気づく・感情を抱く」営みと「考える・想像する・イメージする」営みとを結びつけたときに成立する循環について統合的に言及するものであるということになる。そして,この三つの過程が循環的に展開することこそ,「表現を工夫する」ということであり,このことは,ダルクローズがその成立をめざした,「心的なイメージ(聴く―感じる―考える)」生成の過程とも一致する。

●子どもの「音感受」とその対象

幼稚園教育要領解説領域「表現」[内容](1)には,「幼児は,生活の中で様々なものから刺激を受け,敏感に反応し,諸感覚を働かせてそのものを素朴に受けとめ,気付いて楽しんだり,その中にある面白さや不思議さなどを感じて楽しんだりする。そして,このような体験を繰り返す中で,気付いたり感じたりする感覚が磨かれ,豊かな感性が養われていく」というように記述されている。本書は,ここに記述されたような,表現を支える内的な働きを「感受」とみなす。そして,これまで行ってきた考察と「感受」を総合し,子どもの「音感受」を,「子どもが楽音(楽器音や歌声)や身のまわりの音を聴き,それについての印象を形成し,共鳴し,何らかの感情が生起し,さまざまな連想が引き起こされる」過程であると定義する。

ここでは,この「音感受」という概念が,従来の音楽教育のなかにどのような位置を占め,従来の音楽教育にとってどのような意味をもつものであったかということについて考察した上で,幼児期の音感受を研究することの意義を示したいと思う。

❶音楽教育における感受の意味

「感受」の辞書的な定義には,「外界の刺激を感覚器官によって受け入れる」,「印象などを感じて心に受けとめる」といったものがある。すなわち音楽教育における「感受」の意味とは,「音楽を構成する聴覚刺激を感覚器官によって受け入れ,印象などを感じて心に受けとめる」ことである。心理学や哲学では「外界の刺激を感覚器官によって受け入れる」ことを「知覚(perception)」と称し,「感覚器官への刺激を通じてもたらされた情報をもとに,外界の対象の性質・形態・関係および身体内部の状態を

把握するはたらき」[37]というように説明する。知覚にはイメージがともない，何らかの感情が経験されるが，衛藤と小島[38]は，「音楽教育では知覚に伴うイメージや情緒の働きを『感受』としてとくに名づけて重視し，音楽教育では『知覚』は『感受』と一組にして扱われる」と解説したうえで，「人間の音楽経験の本質は感受の面にある。知覚・感受したことを基に，子どもは表現を工夫していく」というように，音楽表現の工夫の源は感受にあるのだと述べている。

また，小学校学習指導要領解説音楽編の記述に「『音楽に対する感性』とは，音楽的な刺激に対する反応，すなわち，音楽的感受性を意味している」とあるように，感性と感受性は同じ意味に用いられている。そしてこれに続けて，「この音楽的感受性とは，音楽のさまざまな特性に対する感受性を意味している。具体的には，音楽を感覚的に受容して得られるリズム感，旋律感，和声感，強弱感，速度感，音色感などであり，表現および活動の根底にかかわるものである」と，解説を加えている。

一方，感性を意味する「美や善などの評価判断に関する印象の内包的な意味を知覚する能力」という辞書的定義から考えてみると，小学校教育における「音楽的感受性」は，音楽のさまざまな特性から感じとれる印象だけでなく，感受した内容が音楽的にどんな意味をもっているのか知覚する精神の働きを意味しているといえよう。

小学校音楽教育において感受されるべき音楽のさまざまな特性については，2008（平成20）年の学習指導要領に［共通事項］として新たに明記され，音楽の表現や鑑賞を手段に用いながら，1年次から指導されることになった。その内容は，「音楽を特徴付けている要素（音色，リズム，速度，旋律，強弱，拍の流れやフレーズ，音の重なり，音階や調，和声の響き）と，音楽の仕組み（反復，問いと答え，変化，音楽の縦と横の関係）」から成っている。笹野[39]は，楽曲を形づくるこうした諸々の要素を知覚し，それらの要素が醸し出すよさや美しさを感受することで音楽が認識され，快・不快を含めた楽しい・おもしろい・満足といった情動が喚起される，という意味のことを述べている。つまり，音楽の引き出す情動は，音楽を形づくる要素を知覚し，感受することにより，導かれるのである。

このように，小学校の音楽科教育は，楽音として演奏ないし歌唱されるような音楽をその感受の対象とし，その構成要素や仕組みを知覚し感受することが目指される。当然のことだが，私たちは生活のなかで，「音」や「声」といった身のまわりの音環境を構成する音素材の感受を行っている。それゆえ私たちは，楽音としての音楽を感受するというのと同様，身のまわりの音や人の声を聴いて印象を感じとり，その内容がもつ意味を心に受けとめて感情を起こしたり，イメージを描いたり，何かを連想したりしているのだと考えられる。では，こうしたモノの音や人の声に対する幼児期の感受に関しては，どのようなことが明らかにされてきたのであろうか。

❷ モノの音の感受

　子どもの音感受に関する研究は，そのほとんどが音の構成要素（リズム，調性，音高，テンポなど）を対象としている[40]。なぜならば，伝統的な音楽観において，音楽と自然の音ははっきりと区別されるため，たとえ作曲家が自然の音に音楽的なインスピレーションを感じたのだとしても，自然のあやなすすべての表情は，単に噪音だというに過ぎないのだからである。それゆえ，自然の音や自らがつくり出す音，生活音といったモノ・人の音を対象とした研究はほとんど見られないが，音の営みに注意を向けることを提唱したケージやシェーファーに影響を受け，最近になってようやく環境音の感受をとりあげる教育が実践されるようになった。

　音楽教育界に見られるこのような潮流のなかで，ディーンズ[41]らは4歳から6歳の子どもを対象とし，サウンドウォークや創造的活動プログラムを実践することで環境音の感受に関する調査を行い，子どもが身のまわりの音を聴き取る際に，その場にある音の種類を明らかにしたり，子どもの初期体験を記録したり，音に関する子どもの理解の程度を明らかにしたり，その場にある音を探求するよう子どもを動機づけたりすることで，彼らが身のまわりの環境といっそう深いつながりをもつようになるという報告をしている。一方，スーザン[42]は，聴取スキルの有り無しが学校教育や人生の成功を左右する要因であり，このスキルを涵養（かんよう）することこそ，音楽教育の礎（いしずえ）であると述べている。彼女は，子どもが身のまわりに聞いた音に似せてつくり出す音を保育者がまねる楽しみのうちに，子どもの聴覚的な気づきを探り，その際に彼らが発する声を探究する工夫を提案している。そしてその工夫のなかで，アイコンタクトや身体表現をも加え，「音の対話」を行うよううながしている。対話のナレーションは，長い／短い，高い／低い，ひっかくような／なめらかな，速い／遅い，大きい／やわらかい，というように逐次調整され，子どもの聴取スキルを補強する。また，ケイトとビル[43]は，古来音楽が自然界に存在する音を比喩的に描写してきたという事実に着目し，動物の鳴き声や風の鳴る音がはたして音楽的といえるかという問いを投げかけ，音楽のなかに，そうした自然の描写があるのだと認識することが，自然についての考えを練りあげ，自然の保護価値をよりくっきりと意識させることにつながると述べている。だが，彼らが想定した感受の対象はあくまでも音楽の音であって，環境音の感受を音楽教育に取り入れようとする発想を彼らが本当に抱いていたかは多分に疑問である。

　すなわち，海外における子どもの自然音感受研究が対象とするのは，結局のところ，音楽によって擬似的に表現された自然であるに過ぎない。スーザンにせよ，その研究の趣旨は音の属性を識別する聴取スキルの育成であり，聞くという行為が，それそのもので目的化しているというのに過ぎない。

　それとは対照的に，日本の子どもの音感受研究では，その場その場にたえず生成し

つつある子どもの心的イメージについても考察がおよんでいる。たとえば香曽我部[44]は，日常的な遊びのなかで子どもが音とかかわる様子を分析することにより，素材の物理的特性から導き出される音の種類を子どもが予測していることや，見たりふれたりして得た知覚情報や，いま行われている遊びの文脈と結びつけることで，音の心理的な属性を決定していることを見出した。

また立本[45]は，手作り楽器を鳴らしてみたり，好みの中身を容器に入れてどんな音がするか確かめてみたりする活動と，子どもの好奇心（新奇なモノに遭遇したときの行動特性）の程度との関連性を調査し，子どもにおいては，よく音を聴くかどうかという程度と，音楽表現がどれほど豊かかという程度とが，好奇心の強さと関連しているということを見出した。そして，「耳を傾けて聴き，音の刺激を受けた幼児は，その音を通して，何らかのものを感受し，何らかの手段を使って表現したいという欲求が生まれると考えることは極めて自然だろう」と述べる一方で，現代の子どもの生活の実態を見てみるならば，「聞くこと（自然に耳に入ってくること）は日常生活の中で多く経験していても聴くこと（意識して耳を傾けること）はあまり経験していないように見受けられる」と指摘し，意識を集中させて聴くことの大切さを訴えている。

さらに金子[46]は，「現在の子どもを取り巻く生活環境は，音に溢れているが，氾濫し過ぎた反動のためか，子どもは音に対する鋭敏さを欠き，小さな音に耳を澄ませてよく聴こうとしたり，ある音や音楽を通じて意味を汲み取ろうとする態度が失われているように思える」と述べ，「感情の入らない音楽をつねに浴びているような日常が，意図するとしないとに関わらず溢れる音の洪水の中で，聴こえてくる音を注意して聴く，聴こえた音から想像して考えるという，自ら"聴くこと"に向かおうとする姿勢が失われつつあるのではないだろうか」というように懸念している。そして，聴くことに向かう姿勢が「日常の生活の中で，自分自身の内面を深く考えたり，周囲をよく洞察したりという態度に影響してくる」と金子も述べているように，子どもの身のまわりのモノの音の感受について研究をする場合，日本におけるその検討の対象は，音の物理的な特徴を聴取し識別できるかということだけでなく，注意深く音を聴くことと，想像したり考えたりすることとの関係をも含んでいて，前節の武満や西村の主張にあるような日本人固有の音色観に通じるものがある。

❸ 声の感受

子どもの人の声に対する感受については，近年とみに研究が進み，数多くの知見が集積されるようになった。それらの多くは情動の解読に関する知見であり，情動の解読とは，他者の心情を汲みとるコミュニケーションとして機能するような感受のあり方を指す。ルソー[47]が，「抑揚は言葉よりもいつわることが少ない」と述べているように，音声を介してなされるコミュニケーションは，多様な感情の織りなす微妙な

ニュアンスを映し出す鏡とも言え，情動伝達の効果的な手段であることを私たちは経験的に知っている。ジュスリンとラウッカ[48]によれば，「赤ん坊が養育者の感情を理解する際には，その人物のイントネーションが手掛かりの一つになっているのではないか」とダーウィンが指摘しているのにもかかわらず，音響刺激から情動を解読する能力の発達については，その後，あまり研究されてこなかった。しかしながら，コンピューターを用いた音声分析技術の著しい進歩のおかげで，最近では，音声感受に関する数多くのデータが示されるようになってきており，音声の表す情報は，顔の表情よりもさらに重要な情動の予測因子であることが明らかとなった[49]。

ハーグリーブス[50]によれば，生後11〜12週の乳児は人間の声とそのほかの音とを識別しており，人間の声をより好み，生後14週くらいの乳児は母親の声を最も好むという知見が，愛着や親子関係の研究で明らかにされている知見と一致することから，音に対する反応は，初期の社会的発達のほかの側面と次第に協応するようになってくるということがわかる。志村[51]は，乳児に語りかける大人の音声が含む非言語情報を用いた一連の実験のなかで，大人たちの音声には特徴的なパターンがあり，乳児はそれらのパターンを選り好みする傾向があるということ，乳児にはそうした音声を模倣する能力があるので，言語能力が発達する以前の6か月児でも，感情性情報を含む音声を発声できるということを見いだした。

またフェルナルド[52]は，意味内容を聴き取ることができないように加工を加えた音声素材であっても，それらが禁止や容認を意味するメッセージだという場合，聞き手はそのイントネーションによって，メッセージの内容を判別しているということを明らかにした。発話の意味内容と音声の感情情報とをちぐはぐに矛盾させた発話を刺激音声とした研究では，モートンとトレハブ[53]が，4〜19歳までの160人を対象に，「うれしい」と「悲しい」の意味内容の文章を各々10問ずつ用意して，発話者の感情を問う実験を実施した。その結果，認知的な矛盾があるという場合に，若者は，話者がどんな気分で話したのか（周辺言語）で判断するが，8歳以下の子どもは，何が話されたかによって話者の気分を判断し，9〜10歳は両方に割れる，ということを見いだした。つまり，4〜8歳の子どもは，発話者の心情を判断する際に，音声の感情情報よりも意味内容を優先していたということになる。なお，アン・カープが「幼児が顔より声を好む傾向は幼稚園くらいまで続くものの，成長するにつれて逆転していく。4歳になる頃は，すでに耳に頼る時と目に頼る時とを使い分けている」[54]と報告するように，発達の過程のなかで視覚情報が優位になるにしたがい，声の具合から発話者の心情を判断するような感受が衰えるということも，一応考えられはする。しかし，同時に彼女は，「子どもが他の子どもの声から感情を読む力は，幼児期から思春期にかけて確かさが増していく。ところが，声の解読が苦手な子どもは，小学校に上がる前から子どもの間で人気がなく，つきあいにくい子どもと見なされているのがわかった。

逆に，声を読むのが上手い子どもは，対人関係で不安を感じることが少なく，批判に対しても神経質になりにくい」[55]と述べていて，人の声から意味内容とはまた別物の（それ以上の）感情情報を感受することが重要であると主張している。

❹子どもと「音」の感受 —なぜ「音」なのか—

本書では，子どもの音感受の対象は「音楽」だけではなく「音」でもある。そして，その素材は音楽を構成する「楽音」だけではなく，子どもを取り巻くモノの音や人の声である。なぜ，「音楽」ではなく「モノの音や人の声」に着目するのか。

これまで概観したように，モノの音に関する幼児期の音感受研究のほとんどは，音楽の音を扱うものであった。楽音以外の音は，非音楽的であると見なされ，小鳥のさえずりなどに音楽的インスピレーションを感じることはあっても，その音自体はノイズであるとするのが，西洋音楽文化の伝統であった。しかし，前節で述べたように，日本人は，楽音以外の音にも質感を味わい，それらの音のもつ意味を感じとり，芸術的表現へとつながっていくインスピレーションを感受する，というような音色観をもっている。とりわけ，音楽表現の芽生えともいえる前音楽的な表現では，子どもを取り巻く環境に存在するあらゆる音素材が，音感受の対象になっていると考えられる。

また，人の声の感受について，子どもを対象に調べた先行研究の知見によれば，音声に含まれる感情情報の獲得は乳児期に大きく発達するが，可視的な情報が優位となり，発話内容の理解に，感情をともなった音声情報よりも言葉の意味（可視的な情報）が優先するようになる幼児期を経て，声の含むメッセージを読みとる正確さは，年齢とともに増大していく。語彙が著しく増加する幼児期においては，音声情報による感情判断よりも，言葉の意味による感情判断が活発なのである。

本書においては，単に言葉の意味の伝達だけを目的としないやり取りについて扱う。具体的には，音声情報主体の応答（「ハイ」「おはよう」といった応答）について扱う。それは，言葉の意味内容からの感情判断が優先する幼児期にも，声のもつ音響的特徴からいろんな感情を抱いたり，さまざまに連想を広げたりというように，子どものなかで，豊かな思考が展開されているのではないかと予測されるからである。

楽器の音を聴き，何の楽器が鳴っているか同定したり，音程の違いを聴き分けたりする場合にも，「聴く—感じる—考える」という過程がそこにあることは明白である。一方，モノの音や人の声の音感受に含まれる「感じる・考える」過程は，人やモノの音響的な特徴を同定し，識別するプロセスだというだけではない。声色から話者の感情を感じとったり，動物の鳴き声からその動物がどのような欲求をもっているか想像したり，風の音に寒さを感じたりするような，精神の働きを指すものでもある。本書は，子どもに見られる日常生活上の思考や想像，子どもの感情の育ちをうながすと考えられる音感受が，幼児教育を行う上で大きな意味をもつという立場をとる。

●幼児期の音感受教育の目的

　著者は，本書のPart2『音感受教育がひらく子どもの音楽表現』で，幼児期の「音感受教育」について具体的な提言を行う。「音感受教育」とは，「音感受」の質をあげていくことである。音感受の質をあげるとは，はじめはきわめて素朴なものでしかなかった音感受が，何度も繰り返し試みることで，豊かで意味深いものへと変容することである。そのためにも，保育者が鋭敏な感性をもっていること，豊かな音環境が整えられてあることが不可欠である。

　保育者の感性とは，素朴な音に対する子どもたちの気づきを的確にとらえ，彼らのなす音の表出行為に耳を澄ますことのできるセンスであり，それは子ども理解の度合いと深くかかわっている。前節の末尾で紹介した保育実習生の記述のなかには，「音楽の再現が音楽活動だと思っていたため，どうしても音楽の活動ばかりに目を向けてしまっていたが，0歳児の音自体を素朴に楽しむ姿にもっと注目できていれば，より子どもの心に寄り添って子どもの世界を感じることができただろう」といったような，すぐれて内省的なものもみられた。

　子どもの内に，素朴だが確かな「音感受」を発見した瞬間，保育者は，子どもが「そこに何を感じていたのか」，自らに問いかけざるを得なくなる。そうして自らに問いかけることで，子どもの音感受への共感が芽生え，保育者自身の「音感受」が研ぎ澄まされていく。そうなれば，子どもを取り巻く音環境への配慮が行き届くようになり，音への多様な気づきが育まれる環境の整備がよりいっそう進むであろう。保育者が子どもとともに自らの音感受を研ぎ澄ましていく過程において，音環境と子どもと保育者，という三者の間に，音感受の質を向上させるような相互作用が働く（図4）。循環していくそのサイクルを，本書では**「音感受教育」**と呼ぶ。

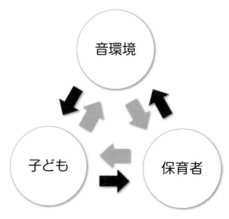

図4　音感受教育における相互作用

音感受教育のねらいには,「子どもの音環境を構成する音素材」として図1に示したように（p.22参照）,楽器の音や歌声や音楽に関する内容について共感的に学習することも含まれる。なぜならば,音楽の音を感受する営みにおいても,これとまるで同様の関係が成立するのだからである。すなわち,子どもが楽器の音や歌声の質感を感受し,音楽を聴いて印象を形成し,共鳴し,感情が起こり,さまざまな連想が引き起こされるという営みにおいて,素朴な音の感受における相互作用とまったく同じ関係が成立するのだからである。

●幼児期の音感受教育への提言のために

　本書の目的は,環境音や音楽に対する子どもの音感受状況の実際を,観察調査と実験による検証を通じて明らかにし,幼児期の音感受教育について具体的な提言を行うことである。本項では,ここまでの論考と,我が国の幼稚園教育要領に明記された音楽表現活動のねらいをふまえながら,音感受力を涵養する試みを教育実践に反映するための三つの観点を提示することとする。

❶ 保育者の感受性

　幼稚園教育要領において,「表現」は「感性」と関連づけて記されてある。表現を楽しむとともに,豊かな感性をもつこと,感じたり考えたりといった表現の過程を大切にすること,生活のなかでイメージを豊かにすること,などというように,さまざまに明記されてある。身のまわりの音の感受に関しては,［内容］の（1）および（2）項において,「生活の中で,身近な人の声や語りかけるような調子の短い歌などに心を留め,刺激を受け,敏感に反応し,おもしろさや不思議さなどを感じて楽しむこと,また,生活の中で自然や社会のさまざまな事象や出来事と出会うこと」の大切さが記されてある。つまり,「聴く」という言葉こそ使われていないが,「感じる」という言葉が用いられていることから,子どもに対し,環境からの音感受に意識を向けるよう求めているのだと読みとることができる。

　小池[56]は,幼稚園教諭を対象とした質問紙調査を実施し,子どもの音楽表現の質と保育者の音楽的感受性との関係を調べた結果,「生活,遊び,イメージ,リズム,音,身体,仲間,物など視聴覚を通して感受すること,あるいは子どもの言動を通して感受することを基盤とした多様で創造的な音楽活動を,保育者が展開することによって,子どもの音楽的な表現が高まるということ」を見いだした。幼稚園教育要領にも,「幼児のイメージの豊かさに関心をもってかかわりそれを引き出していくようにすることが大切である」と記されてあるわけであり,保育者の感受が外界の多様な刺激に対して豊かに開かれていること,音感受の状態を示す子どもたちの言動に気づ

き，共感する感性をもつということが，保育者に対する音感受教育の立場からの願いである。

　武満が「私たち（人間）の耳の感受性は衰え，また，怠惰になってしまった」と強調し，アドルノが「聴き方の退化」と呼んだような音感受の衰微が，本当に日本の教育現場を覆い尽くしているというのなら，保育者が自ら進んでサウンド・エデュケーションを体験し，聴こえてくる音を五感でとらえ，その質感に没頭することを実感しなくてはならないというのが，本書の立場なのである。

❷子どもの音感受の実態の把握と環境の構成

　幼稚園教育要領の［内容］の（4）では，感じたことや考えたことを音や動きなどで表現するよう述べられている。本章では，既存の音楽を再現する以前の，音楽表現の「芽生え」ともいえる「前音楽」にかかわる姿にまで視野を広げ，子どもの音楽表現をとらえることを述べてきた。幼稚園教育要領解説には，子どもは，自分なりの表現が他から受けとめられる体験を繰り返すなかで，安心感や，表現の喜びを感じるとある。子どもの素朴な表現を受けとめるには，子どもが，自ら感じたり考えたりしたことを，音を介し，どのように表現するのかということや，子どもの表情や声や身体の動きに，どんな音感受の実態を読みとることができるのかということを理解する必要がある。

　また，［内容］（5）には，「いろいろな素材に親しみ，工夫して遊ぶ」と記されてあり，「自分なりの素材の使い方を見つける体験が創造的な活動の源泉である」とされている。この記述の内容には，オルフのメソッドやサウンド・エデュケーションの活動と共通するものがある。音との感性的な出会いが豊かに用意された環境のなかで，子どもたちは，音を出してイメージを膨らませたり，リズムや音色をどんなふうに組み合わせて音遊びをしようかと考えたりすることに没頭できる。出会う音を「図」とするならば，その音に集中することができるための「地」となるべき，静かな環境の整備が大切になってくる。

❸音楽の感受について

　音楽表現が楽しい活動であるということは，そもそもの前提である。幼稚園教育要領の［内容］（6）にも，「音楽に親しみ，歌を歌ったり，簡単なリズム楽器を使ったりなどする楽しさを味わう」とある。さらには，「正しい音程で歌うことや楽器を上手に演奏することではなく，幼児自らが音や音楽で十分遊び，表現する楽しさを味わうことが大切で，必要に応じて様々な歌や曲が聴ける場，簡単な楽器が自由に使える場などを設けて，音楽に親しみ楽しめるような環境を工夫することが大切である」というように記されてもいる。

これらの記述の意味するところは子どもの発達の観点からもきわめて重要と考えられるが，楽しい表現活動のなか，音楽や楽器の音や歌声を，子どもたちは本当に「音楽」として感受しているのであろうか。

　保育の研修会では，子どもの歌唱表現における「怒鳴り声」が問題としてあがることがある。また，「行事に向けて歌詞を覚えるだけ」の歌唱活動になってはいないかとの問いに対しては，多くの保育者がそのとおりだと述べている。子どもの手の届くところに用意したつもりの楽器も，むやみやたらとガチャガチャ音を立て，振り回すだけの活動にしかなっていないという指摘も散見される。その一方で，マーチングや音楽発表会を成功させたいというだけの，子どもの思いに寄り添うことのない行き過ぎた技術指導が行われている幼稚園・保育所もまた，枚挙にいとまがない。

　前音楽的表現から垣間見える子どもの豊かな音感受は，音楽表現活動を実践するにしたがい，よりいっそう活性化されるというのが，元来の目的のはずである。しかし，それが十分に機能していないというのは，日本の保育制度における教材選択や教育内容選定の自由なあり方に保育者がとまどい，音楽活動の方向性を見失っていることが要因の一つではなかろうか。まさに，このような保育者の自由裁量の広すぎる選択幅こそ，場あたり的に流行を追いかける教材があふれかえり，音楽訓練の過度な規律的マニュアル化がはびこる要因なのである。領域「表現」は，その本来の意義からして感性と表現を豊かに涵養するために記されたのであるから，保育者は，音や音楽を聴いた子どもが感じたり考えたりできるよう配慮する視座を，活動の指針の中心に据えなくてはならないはずである。著者は，十分な表現活動を成立させるのに「感じる・考える」がなくてはならない過程であることを，「音感受」の視点から指摘していくつもりである。

引用・参考文献

1) 水野智美・徳田克己・里見幸子「発達的視点からみた自然音・生活音の認識の実態－10年前の結果との比較を通して－」『日本保育学会第55回大会発表論文集』2002　pp.610-611．水野らは，2001年の4歳児の正答率は，風の音48％，海の波14％，秋の虫5％であり，これらは10年前の正答率よりかなり低い値だったと報告している。
2) 武満徹『武満徹著作集3』新潮社　2000　pp.38-39.
3) 大橋力『音と文明－音の環境学ことはじめ－』岩波書店　2003　p.11.
4) 中川真「小さな音風景へのノート」；中川真編『小さな音風景へ－サウンドスケープ7つの旅』時事通信社　1997　pp.228-229.
5) Th.W.アドルノ；渡辺健・高辻知義訳『音楽社会学序説－十二の理論的な講義－』音楽之友社　1970　p227.
6) 同上書　p229.
7) Th.W.アドルノ；三光長治・高辻知義訳『不協和音－管理社会における音楽－』音楽之友社

1971　p.26.
8 ）武満　前掲書 2 ）　pp.27-28.
9 ）武満　同上書　p.42　往復書簡による西村朗の記述より．
10）エヴリン・グレニー『Touch the Sound』（DVD）ポニーキャニオン　2007.
11）三宮麻由子『目を閉じて心開いて－ほんとうの幸せって何だろう－』岩波書店　2002　p.151.
12）アメリカの女流作曲家であるP.オリヴェロスが用いた言葉である．藤枝は，こうした聴き方によって，自分の扱ってきた音が，表現の素材という枠から解放され，まさに自分と世界とを繋ぐ存在に生まれ変わったと述べている．藤枝守『響きの生態系－ディープ・リスニングのために－』フィルムアート社　2000　pp.8-9.
13）「聴く」活動が重要視されているメソッドとしてはほかにも，たとえばシュタイナー（Steiner, R., 1861～1925　オーストリア帝国＝現クロアチア）は，音楽に超感覚的な世界を見いだし，音の性質を身体の動きで表現するオイリュトミーを開発している．日本のスズキ・メソッド（鈴木慎一：1898～1998）では，母国語を獲得していくように，すなわち話し方を学ぶように弦楽器の奏法を習得することが目指され，最初の段階では読譜の学習が含まれない．鈴木は，演奏技術の発達よりもむしろ子どもの生活における音楽の感受性の重要性を強調している（ドロシー・T・マクドナルド＆ジェーン・M・サイモンズ；神原雅之・難波正明・里村生英・渡邊均・吉永早苗共訳『音楽的成長と発達－誕生から 6 歳まで－』溪水社　1999　pp.208-209.）．
14）L.チョクシー・R.エイブラムソン・A.ガレスピー・D.ウッズ；板野和彦訳『音楽教育メソードの比較－コダーイ，ダルクローズ，オルフ，C・M－』全音楽譜出版社　1994　p.223.
15）バコニ・パール＆サバリ・イロナ；コダーイ芸術研究所訳『ハンガリー保育園の教育プログラム』明治図書　1974　pp.229-248.
16）マリーン・バロン＆松浦公紀『感じる・目覚める・育つ－モンテッソーリ「感覚」教育の新たなる実践－』学習研究社　2009　p.41.
17）R.マリー・シェーファー；鳥越けい子・小川博司・庄野泰子・田中直子・若尾裕訳『世界の調律－サウンドスケープとはなにか－』平凡社　1986　p.22.
18）R.マリー・シェーファー；鳥越けい子・若尾裕・今田匡彦訳『サウンド・エデュケーション』春秋社　1992　p.5.
19）R.マリー・シェーファー　1986　前掲書　p.22.
20）ポーリン・オリヴェロス；若尾裕・津田広志訳『ソニック・メディテーション－音の瞑想－』新水社　1998.
21）若尾裕「耳の教育・耳の思想」；小川博司・庄野泰子・田中恵子・鳥越けい子編著『波の記譜法－環境音楽とはなにか－』時事通信社　1986　p.270.
22）L.チョクシーほか　前掲書　pp.157-167, pp.266-270.
23）中村雄二郎『共通感覚論－知の組みかえのために－』岩波書店　1979　pp.7-9.
24）カント；篠田英雄訳『判断力批判（上）』岩波書店　1964　p.232.
25）三浦佳世　感性認知「アイステーシスの実証科学として」三浦佳世編『現代の認知心理学（1）知覚と感性』北大路書房　2010　p.17.
26）佐野清彦『音の原風景－日本から世界へ－』雄山閣　1996　p.15.
27）山岸美保・山岸健『音の風景とは何か－サウンドスケープの社会誌』日本放送出版協会　1999　p.165.

28）ジョン・ケージ；柿沼敏江訳『サイレンス』水声社　1996　p.25.
29）小川博司『メディア時代の音楽と社会』音楽之友社　1993　pp.14-16.
30）ハンスリック；渡辺護訳『音楽美論』岩波書店　1960.
31）水野信男『地球音楽紀行』音楽之友社　1998　p.10.
32）無藤隆『幼児教育の原則－保育内容を徹底的に考える－』ミネルヴァ書房　2009　p.113.
33）白石昌子「乳幼児の音楽表現」；保育音楽研究プロジェクト編『青井みかんと一緒に考える幼児の音楽表現』大学図書出版　2008　p.28.
34）同上書　p.23.
35）小松正史『サウンドスケープの技法－音風景とまちづくり』昭和堂　2008　p.208.
36）吉永早苗「子どもと音楽」；無藤隆・清水益治編著『保育心理学』北大路書房　2009　p.113より改変．
37）広辞苑　第6版　岩波書店．
38）衛藤晶子・小島律子「音楽授業において知覚・感受を育てる方法論としての比較聴取－表現の授業の場合－」；『大阪教育大学紀要第Ⅴ部門』第54巻第2号　2006　pp.29-44.
39）笹野彩「知覚・感受したことをもとに思いをもって表現する力を育てる音楽科指導の研究－小学校低学年における音色と音色の変化に着目させた器楽の授業づくりの工夫－」；『教育実践研究』上越教育大学学校教育実践センター　第22集　2012　pp.165-170.
40）知覚＝perceptionの研究対象は音楽＝musicおよび音楽を構成する要素であり，soundのperceptionは聴覚に障害をもつ子どもの聴知覚にかかわる研究となっている。また，thinkingの対象も音楽の形式や，調性と情動との関係の研究である。
41）Deans,J., Brown,R.& Dilkes,H.　A place for sound: Raising children awareness of their sonic environment Australian Journal of Early Childhood Vol.30-4　2005　pp.43-47.
42）Susan Snyder　Developing musical intelligence : Why and how　Early Childhood Education Journal Vol.24-3　1997　pp.165-171.
43）Kate Turner & Bill Freedman　Music and environmental studies　The Journal of Environmental Education Vol.36-1　2004　pp.45-52.
44）香曽我部琢「幼児期の遊びにおける音の概念形成モデルについての質的検討」；『音楽表現学』第5巻　2007　pp.23-32.
45）立本千寿子「幼児の音の聴取・表現力と行動特性－「聴く・つくる」活動を通してみる幼児像－」；『教育実践学論集（兵庫教育大学大学院連合学校教育学研究科）』第12号　2010　pp.113-125
46）金子弥生「思考する人を育てる音環境」；『音楽教育実践ジャーナル』第4巻第2号　2007　pp.18-21.
47）ルソー；今野一雄訳『エミール（上）』岩波書店　2007　p.117.
48）Juslin,P.N.& Laukka,P.　Communication of emotions in vocal expression and music performance: Different channels, same code? Psychological Bulletin Vol.129-5　2003　pp.770-814.
49）Planalp,S. Communicating emotion in everyday life : Cues, channels, and processes. In P.A.Andersen & L.K. Guerrero（Eds.）, Handbook of communication and emotion New York: Academic Press　1998　pp.29-48.
50）D.J.ハーグリーブス；小林芳郎訳『音楽の発達心理学』田研出版　1993　p.73.

51）志村洋子『乳児の音声における非言語情報に関する実験的研究』風間書房　2005.
52）Fernald,A. Intonation and communicative intent in mother's speech to infants: Is the melody the message? Child Development Vol.60　1989　pp.1497-1510.
53）Morton,J.B. & Trehub,S.E.　Children's understanding of emotion in speech　Child Development Vol.72－3　2001　pp.834-843.
54）アン・カープ；梶山あゆみ訳『「声」の秘密』草思社　2008　p.77.
55）同上書　pp.161-162.
56）小池美知子「保育者の音楽的感受性が幼児の音楽表現に及ぼす影響」；『保育学研究』第47巻第2号　2009　pp.164-173.

第2章 モノの音の感受

　「音環境」をいかにとらえるかは，環境機械論と環境意味論のいずれの環境観にもとづくかによって異なる[1]。前者は「その中に住む主体とは無関係に存在する周囲の物理的状況であり，それが主体に対して一定の刺激として作用する」という環境観であり，後者は「環境は主体によって意味づけられ，構成された世界である」という環境観である。一般に「音環境」というとき，その環境観の根底にあるのは，環境機械論にもとづく考え方であり，そこに存在する音は「デシベル（dB）」や「ヘルツ（Hz）」といった物理学的単位で定量的に評価される。

　これに対し，マリー・シェーファーの考案したサウンドスケープ思想の根底にあるのは，環境意味論にもとづく考え方であり，音環境を「聴覚的な出来事」として論じるのが，その思想的本旨だということから，そこでの「出来事」は，人々の聴く行為のなかに成立するものとされる。そのため，たいへんに主観的な性格を帯びている。

　子どもの音環境について考察するというとき，このような二つの環境観をともに考え合わせることは，避けて通ることのできない思考の必然である。なぜなら，保育室に鳴る騒音（物理的大音量）は，当然，子どもの健全な聴覚や情緒の安定に影響するのだからであり，それはちょうど，労働環境における騒音レベルの安全基準が，労働基準法によって定められてあるという成人の一般的事実からしても，妥当な根拠である。他方，子どもたちの自然な笑い声や友だちへの声援ならば，たとえ大音量であっても，決して不快ではないというのが，一般に受け入れられるべき良識だからでもある。

　オーケストラや吹奏楽，あるいは和太鼓などの大音量の演奏は，私たちの気持ちを驚きと感動のこみあげる心境に包み込んでくれる。音の引き出す感情が，快いかそうでないかは，デシベル値の程度や周波数分布の度合いのみで決まるのではない[2]。

したがって，保育室の音環境を考えるときには，音がどれくらいの大きさで鳴っているかという「量」に加え，音がどのように聴こえたかという「質」をも分析する必要がある。

1 音感受のできる保育室の音環境を考える
―騒音調査にもとづいて―

●音環境の現状と物理的改善の実際

❶騒がしい保育室とその問題

　社会のそこかしこにさまざまな音が氾濫している今日，私たちの耳は好むと好まざるとによらず，休むことを知らない。私たちの音をめぐる環境がそのようであるならば，私たちは音を聴くというよりも，むしろいかにして必要のない音を遮断するか，つまり，どのようにすればなるべく音を聞かないで済むかということを学んでいかざるを得ない。こうした音環境というのは，私たちにとって，端的に不快である。このことは，感性を育む時期にある子どもたちにとってはなおさらである。

　遊園地やおもちゃ売り場などのBGMが，必要以上の大音量で流れるといったことから，子どもを取り巻く音環境が過剰であることは周知の事実であるが，幼稚園や保育所の音環境も，まさに騒がしい街頭と同程度の状態にあり，瞬間的に計測されるその音量は，列車通過時の高架下の轟音程度にまで達することがある[3]。今日では，すでに生後数週間から，保育所などで集団生活を送っている乳幼児も数多くいる。その時間の長さは，保育所では1日の3分の1（8時間）以上にまで，幼稚園では1日のおよそ6分の1（4時間）以上にまでおよんでいる。このように，子どもの生活時間のかなりな部分をしめる幼稚園や保育所の，室内での音環境の実態は，一体どうなっているのであろうか。

　幼稚園や保育所の音環境に関しては，まわりの住環境への配慮から，運動会や園庭などでの騒音が問題となることが多かった。そのようななかで，日常の保育における音環境を調査した志村の研究[4]は，保育室の音環境について，子どもを主体としてなされたものであり，保育の質の向上をめざした試みとして注目される。志村は，都内の私立幼稚園年長3クラスの保育室天井中央に騒音計マイクを設置し，通常保育が行われている時間の「時間変動測定」を行った。その結果，「学校環境衛生の基準では，中央値が50〜55dB以下，上端値は65dB以下が望ましいとされているものの，実際の保育室内の音圧レベルは，一斉に活動が行われない場合で70〜80dB，音楽を伴う活動（歌・体操・演奏など）や，走り回るなどの活発な遊びが行われる場合で

は，90〜100dBに達するほど大きいものであった」と報告している。80dBとは交通量の多い道路程度，90〜100dBは電車の高架下程度の騒音に相当する。また，担任保育者の環境音暴露測定量は，約85dBで推移していたという。作業環境における騒音障害防止のためのガイドラインには，一般に，85dB以上に達する場合は，人体を保護する措置を取るよう示されている。なお，聴力の正常な耳が聞きやすいと感じる会話は，50〜60dBである。保育室の音環境は，子どもと保育者の双方にとって，音響的に劣悪なのである。

　このように，保育室が高い騒音レベルにあることは，子どもの聴力の低下をもたらしたり，感性の発達を妨げたりするのではないかと心配される。聴力に関しては，成人では，等価騒音レベルが85dB以上の職場で働く労働者に，労働安全衛生規則588条が適用されており，騒音性難聴をはじめとした人体への悪影響に対し，予防対策が取られている[5]。さらにアメリカの環境保護庁の調査・研究[6]によれば，1日平均70dBの騒音に30年間さらされると，かなりの確率で，永久性の騒音性難聴となる。騒音性難聴は，感音性難聴の一種であり，一度障害を受けると回復は見込めない。志村の調査結果が示す騒音レベルは，成人に対する労働安全基準値を超えるレベルにまで達しており，そうした音環境の早急な改善が望まれる。

　騒音は，イライラやストレスを引き起こしたりする原因になるだけでなく，騒音のレベルが上昇すると，それに反比例して音を聴く力も低下する[7]。したがって，騒音レベルの高い保育室においては，微細な音や声に気づいたり，音や声の微妙なニュアンスの違いを聴きとったりすることがむずかしくなる。こうした保育室の音環境では，保育者が子どもに聴こえるよう，大声を張りあげているというのが現状であり，その声に倣うように子どもの声もまた，大きくなる。

　保育室内が静かであるということは，保育者と子ども，あるいは子ども同士が交わす，微細な音声コミュニケーションを成立させるための条件である。志村[8]は，子どものコミュニケーションを支えるために，保育室を静かにしておくことの重要性を，「周りの音に惑わされず集中して遊び込んだり，大声を張りあげなくてもやり取りが出来たりすることは，子どものコミュニケーション行動を支え，援助する基盤となる。子どもが落ち着いて考え，お互いの言葉や小さな声で口ずさむ歌を聴き合い，お互いにやり取りが出来ることは子どもの活動を更に展開させるものである。保育者にとっても，一人ひとりの子どもの声を聴き，また更に子どもにはたらきかけるためには，お互いの声が当然に聞きとれる音環境でなければならない」と述べている。それでは，こうした音環境の現状をどのように改善すればよいのであろうか。

❷静けさを保障するための物理的改善

　ストックホルム（スウェーデン）の保育所において，同様の騒音測定を行った志村[9]

は，日本の結果と比べて，それが10〜30dBも静かな状況であると報告し，それぞれの音環境の違いについて，「保育者の担当する子どもの人数」「子どもの年齢」「保育室の形状・形態」「吸音素材の使用」の4点をあげている。

日本の保育室に静けさをつくり出すために，どのような改善が可能であろうか。ここでは，物理的な工夫について，三つの視点から検討をしてみよう。

(1) クラスの人数と年齢構成

ストックホルムでは，一クラスの子どもの人数は20〜24名程度で，3名の保育者がそれぞれ8名程度の子どもを担当している。一クラスの年齢構成は3〜5歳までの縦割りであるため，遊具の使い方や遊び方が多様になり，活動において発生する音が均一にはならない。それが騒音レベルを小さくしている要因の一つであると考えられる。これらの配慮は，保育内容の「質」の改善ということからも，非常に重要なポイントとなる。

(2) 形状・形態

志村によれば，ストックホルムの保育所施設のほとんどは，中心となる大きめの一つの部屋に2〜4室の小部屋が付属し，一個の保育室となった形状・形態である。それでは，日本ではどうなのか。

関沢と佐藤[10]は，幼稚園・保育所の空間構成を，N＋P型，Np型，Pn型の三つの型（N＝保育室，P＝遊戯室，n＝保育エリア，p＝遊戯エリア）に分類し，それぞれの音環境の特徴を，次のように分析する。

N＋P型では，保育室と遊戯室とが分離されており，音の相互干渉はない。Np型は，室相互の音の干渉は少ないが，保育室と遊戯室とが一体となっているため，同じ室内で静的活動と動的活動が同時に展開される場合の相互干渉は大きく，騒音の問題もまた，生じやすい。これらの多くは，1950年代から1960年代に設計され，それ以降は，これらの空間的欠点を補いあうPn型が多く設計されるようになった。

Pn型は，保育空間に自由度をもたせることで，多様な形態の保育に対応できるよう，設計されている。しかし，生活空間が廊下やほかの部屋とつながり合い，園全体が一個の部屋を形成しているようなオープンプラン型（Pn型）では，複数の保育室間が共有する開放部側からの音の流れ方によって，室内の音環境に悪影響がおよんだり，個々の保育室の雑多な音が混ざり合う状況が生まれたりして，相互の環境音レベルを相乗的に大きくしている。

こうした騒音問題に対して，イギリスにおける学校施設などの建築計画実施の指針[11]には，室内ごとの騒音レベルや残響時間，床衝撃音レベル，隣室間の音圧レベル，空間の空気音遮断性能の下限値など，細かい指示がある。さらに，オープンプラン型の

教室に対しては，音声の了解度（音節を聞いて聴き取れる音を明瞭度で表したもの）についての基準もある。我が国においても，明確な奨励基準の設定や，音環境の調整を行うための建築材料（吸音材など）選定についての指針が，なるべく速やかに示される必要がある。

(3) モノの配置

野口ら[12]は，大人と子どもとでは，目線の高さの違いからモノの見え方が大いに異なるのと同様，耳の高さの違いによって，取り巻く音場は大いに異なるのではないかという仮説を立て，受音の「高さ要因」に着目した測定を行っている。子どもが話したり聴いたりする高さに配慮し，保育室の音響性能を測定したところ，「受音高により，反射音の到来方向に大きな違いがあり，幼児の聞く高さでは床面と後方からの反射音の影響が大きい」ことや「活動形態によって音環境も大きく異なり」，保育者は「活動の中で立ち位置を調整しており，幼児とよりコミュニケーションを図りやすい場づくりに努めている」と報告している。

保育室での活動は多岐にわたるため，同じ空間を多目的に使うことに特徴がある。ストックホルムの保育施設の設計のように，それぞれの活動に応じた部屋を別個に用意するというところまではいかなくとも，間仕切りを置くなど，モノ的環境を工夫することで，一定程度，静けさの確保された音環境をつくり出すことはできる。さらには，響きの豊かな環境，自分の動きの生み出す音が遊びの動機づけとなる場など，多様な可能性を備えた環境をつくり出すことができるのである。

●保育者の配慮がつくり出す静けさ：子どもの活動と騒音測定の調査

志村の調査結果から，日本の保育室の騒音レベルは非常に高いということがわかる。しかしながら，日本においても，それほど騒音を感じない幼稚園や保育所が，まるで無いわけではない。それらの園には，例外なく物理的な配慮が施されているのであろうか。あるいは，建物の物理的な構造だけではない，保育者の音環境への配慮もまた，静けさをつくり出す要因の一つになっているのではないか。

本書ではこの仮説の検証を目的とし，静けさを感じる幼稚園の保育室内の騒音レベルを測定するとともに，子どもの活動を観察することにより，保育者の音環境への配慮と騒音レベルとの関係を明らかにしていく。

❶ 測定の方法

騒音測定は，騒々しさがあまり感じられない岡山県のA園と広島県のB園において，2003年3月に行われた。A園は，「静けさ」を重視したモンテッソーリ教育を実

践しており，B園は，運動会のBGMをやめたり，生活発表会での大人数による打楽器の合奏をやめたりするなど，いずれもが音環境に対して配慮のある幼稚園であると思われる。A幼稚園では，年長クラスを4日間，モンテッソーリ教具で自由な遊びを行う「子どもの部屋」での年中児のクラスの活動を1日，測定した。B幼稚園では，年少クラスを1日だけ，測定した。

測定を実施したA幼稚園の各クラスの人数構成と保育室の床面積を表1に示しておく。これは，対象年齢（年長児）と人数（28〜30名），保育室の床面積（65㎡前後）の三つの条件に関し，志村（1998）の調査とほぼ同じである。B幼稚園の保育室の面積は約49㎡（7m×7m）であり，天井には吸音材（商品名「ソーラトーン」）が使用され，床には厚さ約5mmのコルクが貼ってある。

表1　A幼稚園の各クラスの人数構成と保育室の床面積

クラス	男児（人）	女児（人）	計（人）	床面積
a	11	18	29	65.7㎡
b	11	19	30	67.5㎡
c	11	19	30	69.6㎡
平均	11	19	30	67.6㎡

測定機器には，普通騒音計（リオン社NL-21）を用い，A特性での騒音レベルを測定した。A特性とは，人間の耳の感度のように，著しい低音や高音に反応しにくくなる聴感覚補正回路のことである。騒音計は，部屋の隅に置かれてある棚の，子どもの耳の高さ（床から約100cm）に設置した。騒音計は，空のティッシュケースに入れ，側面に穴をあけて機器の先端のマイクだけを外部に出し，子どもの注意が向かないように目立たない工夫を施した。

測定で得られた結果を，①A，B各幼稚園の保育室における5分ごとの等価騒音（騒音のエネルギーの平均値）の推移，②A，B各幼稚園の保育室における子どもの活動内容と騒音レベルの変化，③A幼稚園の「子どもの部屋」の騒音レベルの変化，として図示し，志村の調査結果との比較を行う。

❷保育室内の等価騒音レベルの推移

A幼稚園の年長クラスでの，保育室における5分ごとの等価騒音の4日間の推移は，図1-1のようになった。等価騒音レベルは60〜80dBで推移しており，昼食時やいっせい活動を行う場合においても，80dBを超えることは少ない。これを志村[13]の結果（図3）と比較すると，全体として，差し引き10dBあるいはそれ以上低い騒音レベルである。また図2-1は，B幼稚園の5分ごとの等価騒音の推移と子どもの活動

について示したものであるが，こちらも90dBを一度超えた（屋外の鶏のけたたましい鳴き声が影響したと思われる）だけであり，A幼稚園と同じく60〜80dBの間を推移している。これらの結果から，A，Bの幼稚園ともに，保育室内の音環境が「騒音障害防止のためのガイドライン」の示す管理規準値である85dB以内であり，筆者が静けさを感じていたとおり，保育室の騒音レベルは低いということがわかった。

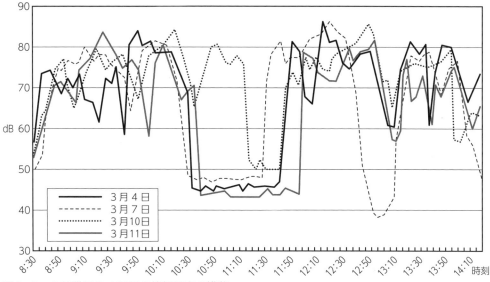

図1-1　A幼稚園の4日間の等価騒音の推移

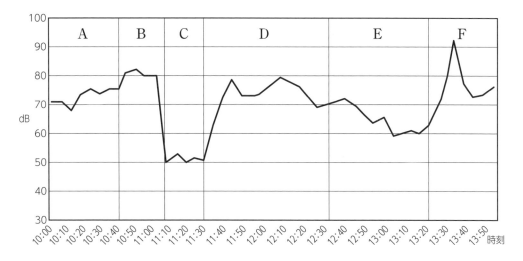

図2-1　B幼稚園における騒音レベルの推移

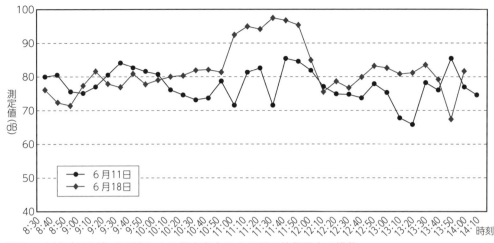

図3　志村(1998)の測定による保育室内の2日間の等価騒音の推移

❸子どもの活動内容と騒音レベルの変化

　子どもの活動の内容により，騒音レベルがどのように変化するかを検討するため，測定結果をそれぞれ，子どものおもな活動内容ごとに区分して示す。図1-2～5がA幼稚園の，図2-2がB幼稚園の結果である。

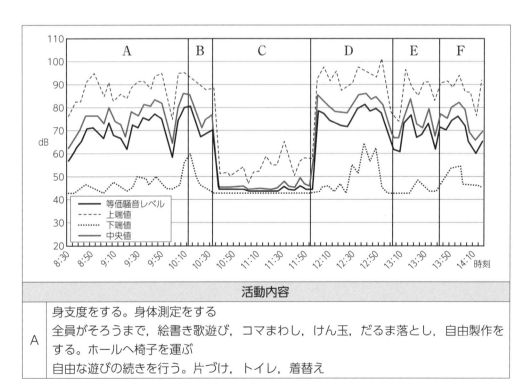

	活動内容
A	身支度をする。身体測定をする 全員がそろうまで，絵書き歌遊び，コマまわし，けん玉，だるま落とし，自由製作をする。ホールへ椅子を運ぶ 自由な遊びの続きを行う。片づけ，トイレ，着替え

B	話を聞く。声を出して卒園式の練習をする。移動
C	ホールで卒園式の練習をする
D	椅子を持って部屋に戻り，食事の準備をする。弁当を食べ，片づけ，歯磨きのあと，自由な遊びをする
E	返事の練習。絵本を見ながら話を聞く。祈り
F	順次降園する

図1-2　A幼稚園における騒音レベルの推移と活動内容（3月4日）

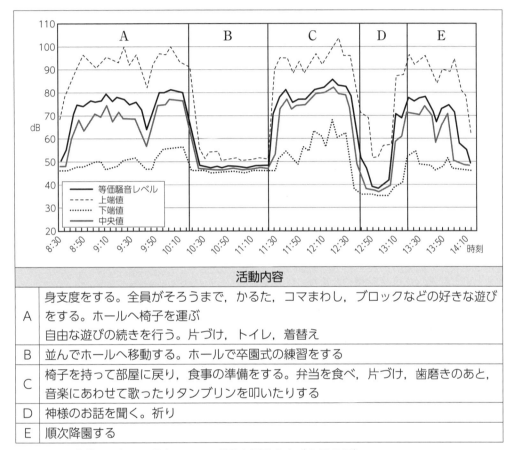

	活動内容
A	身支度をする。全員がそろうまで，かるた，コマまわし，ブロックなどの好きな遊びをする。ホールへ椅子を運ぶ 自由な遊びの続きを行う。片づけ，トイレ，着替え
B	並んでホールへ移動する。ホールで卒園式の練習をする
C	椅子を持って部屋に戻り，食事の準備をする。弁当を食べ，片づけ，歯磨きのあと，音楽にあわせて歌ったりタンブリンを叩いたりする
D	神様のお話を聞く。祈り
E	順次降園する

図1-3　A幼稚園における騒音レベルの推移と活動内容（3月7日）

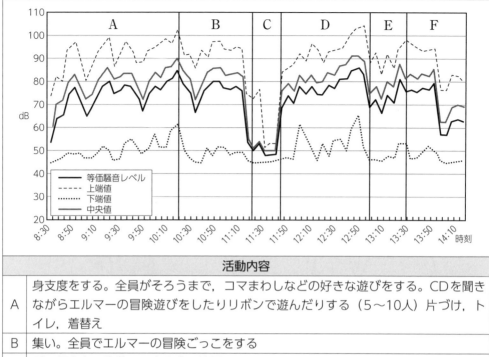

	活動内容
A	身支度をする。全員がそろうまで，コマまわしなどの好きな遊びをする。CDを聞きながらエルマーの冒険遊びをしたりリボンで遊んだりする（5〜10人）片づけ，トイレ，着替え
B	集い。全員でエルマーの冒険ごっこをする
C	別の保育室に移動して卒園式の練習
D	机・椅子を設定し，食事の準備をする。手話を見てまねる。弁当を食べ，片づけ，歯磨き
E	絵本を見ながら話を聞く。祈り
F	順次降園する

図1-4　A幼稚園における騒音レベルの推移と活動内容（3月10日）

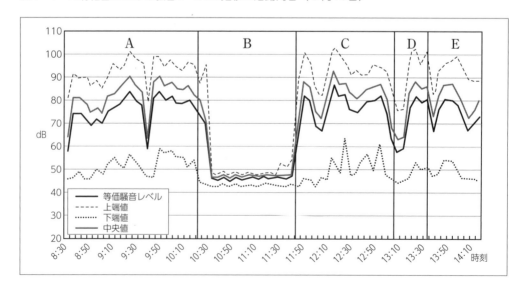

	活動内容
A	身支度をする。テープレコーダーの音に合わせて手話を行う ホールへ椅子を運ぶ。自由な遊び（テープレコーダーを聞く，紙飛行機飛ばし，戦いごっこ，外遊びなど）をする 片づけ，トイレ，着替え
B	並んでホールへ移動する。ホールで卒園式の練習をする
C	食事の準備をする。弁当を食べ，片づけ，歯磨き，帰りの身支度をする
D	絵本を見ながら話を聞く。祈り。帰りのあいさつをする
E	順次降園する

図1-5　A幼稚園における騒音レベルの推移と活動内容（3月11日）

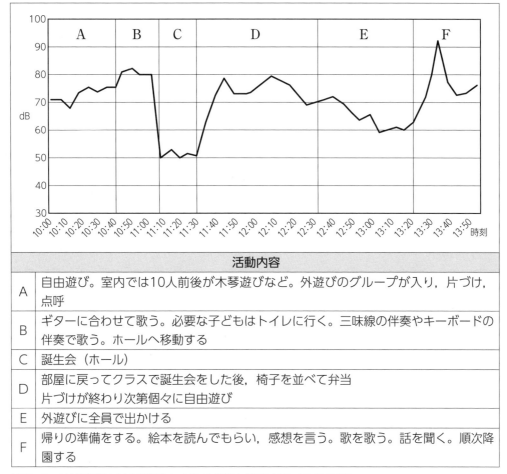

	活動内容
A	自由遊び。室内では10人前後が木琴遊びなど。外遊びのグループが入り，片づけ，点呼
B	ギターに合わせて歌う。必要な子どもはトイレに行く。三味線の伴奏やキーボードの伴奏で歌う。ホールへ移動する
C	誕生会（ホール）
D	部屋に戻ってクラスで誕生会をした後，椅子を並べて弁当 片づけが終わり次第個々に自由遊び
E	外遊びに全員で出かける
F	帰りの準備をする。絵本を読んでもらい，感想を言う。歌を歌う。話を聞く。順次降園する

図2-2　B幼稚園における騒音レベルの推移と活動内容（3月5日）

　志村[14]は，音圧レベルの大きくなる活動として，(1) 音楽やピアノの音を伴う活動や楽器演奏，(2) 給食前の準備とその片づけ時を，1位・2位にあげている。本調

査でも、これらの活動時の騒音レベルは、他の活動に比べ、高くなっていた。しかしそれらの活動時も、等価騒音は、どれも80dBを少し超える程度か、ないしは一時的に90dB程度に高くなったりすることがあったものの、志村の結果（図3）を下回るものであった。このような差が生じたのはなぜなのか。

　A幼稚園の結果（図1-2〜5）を見ると、昼食時の騒音レベルが最も高く、その他の活動では、等価騒音レベルが60dB程度にまで下がる場面が断続的に見られる。これは、保育者が、子どもたちに活動内容に関する何らかの指示を与えている場面である。このことから、活動時には音量があがっていても、保育者の指示は静かに聴いていることがうかがえる。A幼稚園で行われているモンテッソーリの「静粛の訓練」は、単に教具を用いて感覚を研（みが）くというだけの訓練ではない。静かに歩く、椅子をそっと置く、物音を立てないよう気をつけて道具を運ぶ、会話をする際には保育者も子どもも必要以上の大きな声を出さないなど、子どもの日常生活の随所に静けさをつくり出す決まりごとが散りばめられているのである。「静けさ」や「集中」を重視したモンテッソーリ教育のねらいが、生活のいたるところに配置されているように思われる。

　また、B幼稚園においては、ゲームや歌唱などの一斉活動の際（図2-2のBおよびF区分）、一時的に等価騒音レベルが80dBを超える時点があるが、このような活動においても、大部分の等価騒音レベルは70〜80dBである。これは志村の指摘するところと大きく異なる結果である。志村によれば、こうした活動時、騒音レベルは90〜100dBまでに達するという。しかし本測定では、保育者が、ピアノや電子オルガン、ギターなど、伴奏楽器を使い分けることにより、このような結果が得られたのではないかと考えられる。つまり、子どもの活動目的に合った音色や音量の楽器を採用することで、騒がしくなりがちな活動時の騒音が回避されたのである。保育者は、歌を伝えたいときには子どもと向き合ってギターを弾き、変化に富んだリズム遊びにはピアノを用い、気持ちよく歌わせたいときには電子ピアノのやわらかい音質を選んで弾いていた。また、手遊び歌の『げんこつ山のたぬきさん』の伴奏楽器には、保育者自らが組み立てた三味線が使用されていた。三味線の音色はこの手遊び歌のメロディーやリズムにふさわしいものであり、子どもたちがその音色にしっかりと耳を傾けて歌っている様子が観察された。

　B幼稚園の園長は、「音楽の基本は静けさであるはずなのに、静かであることが不自然だと感じられるほど習慣化されるということは怖いことである」と、音環境に対し、強い懸念を語っている。園長の教育方針は、今回の観察調査によく表れていた。たとえば、保育者は号令や大きな声での指示を出さない。観察時において、子どもの金切り声や叫び声は一度も聞かれなかった。片づけをうながすときには、保育者はまわりにいる子どもたちに「片づけようか」と静かに語りかけ、手渡すような声のリレーがまるで湖面に波打つ水紋のように、園内の子どもたちの間へと広がっていくのである。

ホールへの移動をうながす際も、号令をかけて整列させてから移動するのではなく、子どもたちは誰からともなしに移動を開始し、ホールに入るやいなや、静かに座って待っているのであった。静かに整然と動くことで、その後の楽しい遊びの時間がより多く確保されるということを、子どもたちは日頃の生活から学んでいるのだと言う。笛や楽器の音を合図に行動するのではなく、手渡すように子どもの心に語りかけることで、子どもたちは保育者の声を、耳を澄ませて「聴く」ようになるのである。

◎B幼稚園の保育室

❹A幼稚園の「子どもの部屋」における騒音レベルの推移

A幼稚園の「子どもの部屋」の等価騒音レベルは60dB前後を推移しており、ほかに比べ、10～20dB低い値であることがわかった。10時までは異なる年齢の子どもた

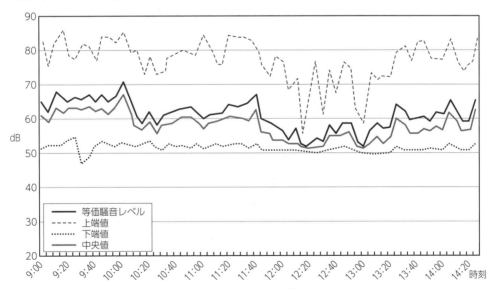

図4　A幼稚園の「子どもの部屋」における騒音レベルの推移

ちが自由に出入りし，10時過ぎに担当者によってベルが鳴らされ，一時的に70dBとなったが，線上歩行の活動時も60dB前後が維持されている。10時40分頃に，年中組の25名が入室し，それぞれが自分で選んだ活動を行った。その後，子どもは昼食のため各教室へ戻り，昼食後13時10分から再び自由に入室して，思い思いの活動を行っている。「子どもの部屋」に誰もいない時間帯の等価騒音レベルが，誰もいない時間のほかの保育室の等価騒音レベル（図1-2～5）よりも高いのは，この部屋が外部の道路側に位置しているために，車の走行音が聞こえたり，子どもたちが移動する際，廊下がざわめいたりしたことが影響したのだと考えられる。

「子どもの部屋」では，モンテッソーリの教育理念にもとづく感覚教育のための活動を子どもが自ら選択し，独立して行うことが慣例となっている。室内は領域ごとに秩序立てられ，このことにより，子どもは，自分だけにあてがわれたスペースで自らの活動に没頭することができる。活動への没入が静けさをもたらし，それがしっかりと確保されることで，子どもたちはさらに集中した活動を次々と引き起こすというわけだ。この結果から，子どもたちが活動に没頭できるように保育室の形状・形態を整えることが，望ましい音環境づくりと深くかかわっているということがわかった。

調査結果は，本書の仮説（＝保育者の音環境への配慮は，静けさをつくり出す要因の一つになっている）を裏づけるものであった。人間の耳にとって安全な騒音レベルは，80dB程度までである。そこを超えると，心理面に影響するというだけでなく，生理反応である自律神経系にも何らかの影響があるといわれている。子どもの心身の健全な成長を願うならば，保育者の音環境に対する意識の向上は，まさに急務であるといえる。

なお，この仮説を厳密に実証するのであれば，クラス，場所，活動内容，時期，保育者の人選などを，すべて同一の条件のもとに揃えた上で，騒音レベルを測定するの

◎A幼稚園の「子どもの部屋」

が理想である。また，本測定のA幼稚園と志村（1998）の測定とについては，どちらも年長児を対象としているものの，測定を行ったのが6月と3月なので，時間的に約9か月の開きがあることを考慮に入れなければならない。9か月もあれば，子どもたちは精神的に大きな成長を遂げ，人の話を注意して聴いたり，友だちと静かに話したり，活動に集中したり，できるようになるのだからである。

●音感受のできる保育室の音環境を考える

　人の声の微細なニュアンスを聴きとったり，身のまわりの音に聴き入ったりすることが可能な音環境とは，環境機械論的には，騒音レベルが基準値以下の静かな環境のことである。しかし，それは子どもたちを押し黙らせて成り立つ静寂を意味しない。子どもたちにとって，幼稚園や保育所というのは，元気に声をあげ，大きな声を気持ちよく出すことのできる場でなくてはならない。今回の測定においても，子どもたちは決して，最初から最後までつねにおとなしくしていたというわけではなかった。二つの幼稚園の保育室内の音環境が，ほぼ一貫して，「騒音障害防止のためのガイドライン」が示す管理基準値（85dB）の範囲内に保たれていたというだけのことである。85dB以上の音を長時間続けて聞いていれば，内耳の蝸牛管が永久的な損傷をきたし，回復不能になるといわれている。また，70dBという低いレベルでも，毎日16時間，音にさらされていると聴力損失は十分に起こり得る[15]といわれている。志村の調査結果（図3）では，等価騒音レベルが70dBよりも下がることはほとんどない。一方，A幼稚園では，70dB以下を示す値がしばしば見られる。このような違いは一体どこから来るのであろうか。

　志村の指摘のように，保育室の音環境を整備するにあたり，壁や床に吸音素材を用いたり，ストックホルムの保育所のように，活動目的に合致した保育室の形状・形態を整えたりするといった，ハード面における対応も重要である。たしかに，B幼稚園の年少保育室の天井には吸音材が使用され，床にはコルクが貼ってあり，そのことが静かな環境の創出に寄与していることは，本調査の測定結果に表れているところである。しかしながら，物理的な環境が整っていない場合でも，保育者が音環境によく配慮することで，保育室に静かな音環境が実現することが明らかになった。本調査の結びとして，保育室内に，子どもたちが人の声やモノの音を感受し，集中して聴くことのできる音環境をつくるために必要な配慮を提案していくこととする。

❶活動に集中できる環境設定への配慮

　「子どもの部屋（モンテッソーリ教育）」における騒音レベルが示すように，活動内容ごとに領域を区切ることで，子どもたちは，自分のスペースで自らの活動に集中できる

ようになる。静けさが、子どもたちのなかに自らのする遊びへの集中力を生み出す。A幼稚園には、このような活動のための保育室が特別に設けられているのだが、日常用いるオープンスペースの保育室の一隅にも活動目的に応じたコーナーを設けるといった間仕切りの仕方の工夫により、子どもたちが活動に没頭できる空間を確保している。

❷声に対する配慮

保育者や子ども同士の会話もまた、保育における音環境の一部である。A幼稚園では、「相手に声が届く距離で話す」、「声に集中できるように小さな声で話す」など、話し方・聞き方についてのルールづくりが行われていて、保育者に話しかけるとき、ほかの仲間を飛び越して声をかけるというのではなく、保育者の隣に行って話すよう、取り決めてある[16]。このことは、歓声をあげたり元気よく話したりすることを禁じているというわけではない。不必要に大きな声を出さないというのは、静けさを尊重するモンテッソーリ教育の理念にもとづき、秩序を形成するための大切な約束である。一方、B幼稚園でも、「言葉は手渡すように」という心がけを保育者が遵守することで、声の出し方に注意が払われている。

高い騒音レベルにある保育室では、保育者が子どもの声を制し、ついつい大声で話すようなことになってしまう。そこでは、保育者の大声に反応し、子どもたちの声もつられて大きくなるといった声の伝染（共振）が生じてしまっている。保育者が声の出し方に注意を払うことは、静かな音環境を保つために不可欠なことであるとともに、互いの声を自然に聞くことができるような音環境において、子どもが保育者の声からいろいろな感情を感じとることを可能にする。

❸自らがつくり出す音への配慮

床面にコルク材を貼り合わせたり、椅子の足に騒音防止のクッションをつけたりするような物理的配慮が、騒音防止につながるというのは確かなことである。だが、自分の動作によって生じる不快な音に気づくというのもまた、大切なことである。がさつな動きが粗くて雑な音へつながると感じるなら、私たちは、静かに歩く、椅子をそっと置く、物音を立てないように気をつけて道具を運ぶなど、自分の動きに意識的な注意を向けることができる。

B幼稚園は、年少児の保育室の床面にコルク材を貼り合わせていたが、年長児の保育室の床面には貼り合わせていなかった。年長児になれば、自らのつくり出す音に気づき、動作をコントロールできるようになるからである。また、音環境が穏やかであればこそ、自分の体の動きにともなう音の大きさに気づきを得たり、それらのリズムをおもしろがったりすることができるからでもある。

ある保育所では、乳児保育に際し、「赤ちゃんの耳はどこにある？」と、園長が保

育士たちへ問いかける姿が見られた。静穏な音環境をつくるには、保育者が自分たちのつくり出す音を自覚し、ていねいな動作をするように心がけることが大切である。シェーファーが言うように、騒音とは、私たちがないがしろにした音のことなのである。サウンド・エデュケーションは、「お父さんとお母さんに、家の中でどんな音がきらいか聞いてみよう。もしかしたら、そういう音のいくつかは、あなたのせいかもしれない。きっと、部屋のドアを大きな音でバタンと閉めたり、ラジオを大きなボリュームでかけたりしているんじゃないかな。もしあなたがそういう音に気をつけると約束したら、家の中はもっとやすらいだ場所になるよ」[17]というように、身のまわりの音に気づかせるための課題を意図的に設けている。このように言葉かけすることで、子どもにも自らがつくり出す不用意な音に気づくよう、うながすことができる。

❹ 音楽表現活動における配慮

音楽表現の活動は、子どもたちにとってたいへん興味深く、感性の育ちに直接結びつくものでもある。だが、子どもたちが、音楽やピアノの音をともなう活動や、楽器演奏の練習に際し、90～100dBというような高い騒音レベルに常時さらされるのは、感性を育む表現活動とはいえないのではないだろうか。B幼稚園の音楽表現では、歌の特徴や表現内容に合わせて、ピアノ、ギター、電子ピアノ、手づくり三味線といった伴奏楽器が使い分けられていた。歌唱活動に際し、かならずしもピアノを用いないといけないということはないのだし、ピアノ伴奏をするにしても子どもの歌声を掻き消すような強さで弾かないよう心がけるとよい。子どもの歌唱に対しては、歌声が怒鳴り声にならないよう、適切な言葉かけをしていきたいものである。

また、B幼稚園では、子どもたちの手の届くところに、響きの美しい楽器が置かれている。子どもたちはそれらを自由に手に取り、気ままに鳴らして遊ぶ。ドアの開いた保育室からほかの保育室に楽器の音が届くと、音に気づいた子どもたちが数人集まり、自然発生的に合奏遊びを始めた。自由に手に取ることのできる楽器も、響きの美しさあればこその表現遊びである。楽器の響きが感受できる静かな音環境であるとともに、音の質にも配慮することで、本格的な音環境づくりがスタートするのである。

❺ よく「聴く」ことへの配慮

「静粛のレッスン（モンテッソーリ）」のなかの一つに、「お耳のおすましっこ」[18]というものがある。これは、近くの音（隣室のざわめきなど）や遠くの音（往来を行き交う車の音や小鳥のさえずりなど）を聴く、教師が無声音で子どもの名前を呼ぶ、といったように、子どもがゲーム感覚で静けさを体験していく遊び方のことである。このレッスンの拠りどころとは、マリー・シェーファーの唱える「耳のそうじ（イヤー・クリーニング）」[19]と共通していて、沈黙を尊重する聞き方についての学習である。彼

は，音を出すのをやめ，他者が出した音に耳を澄ませる，環境音に耳をそば立てる，といった内容の課題を多数開発し，それらを用いた実践をしている。否応なしに音にさらされ続ける私たちの耳は，自らの機能にフィルターをかけ，不必要な音を選択的に除外しながら働いている。さまざまな騒音の氾濫する今日，無意識のレベルで働く聴覚のこうした機能は疲れ切り，なまくらになってしまっているのではないだろうか。モンテッソーリやシェーファーが提唱するような，「よく聴く」ことの習慣づけが幼児期においてとくに重要なのは，このような現状ゆえのことなのである。

❻ 主体的な聴き方を導くために

B幼稚園の子どもたちが，ホールで催される誕生会の部屋移動の際，保育者の指示が無くても自然と順に並び，整然とホールに移動し，次の活動を静かに待っている光景を見て，著者はとても驚いた。「聴き方」のレッスンを特別に行わなくとも，次に予定された活動を十分に楽しむため，するべきことが何なのか，子どもたちはよく考えて行動しているように映った。そこで，B幼稚園において，2007年10月22日（月曜日），年長児クラスの帰りの集いにおける騒音レベルの測定，ならびに保育者の語りかけの観察調査を行うこととした。騒音レベルの推移を図5に示す。

図5は，自由な遊びを終えて保育室に戻ってくるタイミングから，出席確認までの10分間の測定結果である。横軸が時間，縦軸が等価騒音レベルを表している。a～eの時点における子どもの活動と，保育者の語りかけの内容を次に示す。

測定開始時のa～bでは，集いの始まる雰囲気を察した子どもたちが三々五々，保育者の前に集まり始めた。話が始まると，後方の子どもたちが一人ひとり，前へ前へとにじり寄っていく。保育者の話に引き込まれていく子どもたちの様子が，矢印の示

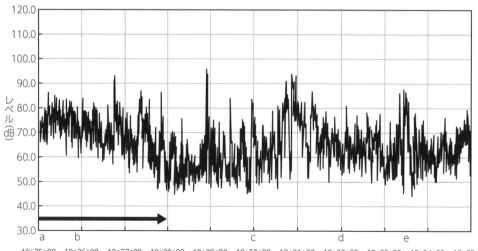

	子どもの活動内容と保育者の語りかけ
a	子どもは自由な遊びを終えて，保育室に戻ってくる
b	保育者は，「はい，みんないいですか。おはようございます」とあいさつをしたあと，風呂敷包みを見せる。「お弁当みたい！」と子どもから声があがる。保育者は中身が何かと問いかけ，しばらくして「贈り物。これは何だろうと考えながら見ることがおもしろい。○○ちゃん，何でくれたん？」と語りかけることで，午前中の活動を振り返る
c	保育者は，どんぐりの入った袋を見せて，「何個入ってるかな？ 数えてないけれど1……200はあるかな？」と問う
d	子どもは，どんぐりの芽に注目する。保育者は「これ生きとるけえねえ」と言って芽の出たどんぐりの絵を描き始め，どこから芽が出るのかを3択で問い掛ける。子どもの答えを聞き，自宅で確認することを促し，「明日，教えて」と言う
e	保育者は「名前呼んでもいいですか？」と語りかける。子どもは保育者と顔を見合わせて，リズミカルに応答していく

図5　B幼稚園の年長児の帰りの会における保育室の騒音レベル

す騒音レベルの減衰によく表れている。集いでは，保育者が話すたびに子どもたちの歓声があがったが，すぐに静粛が戻り，次に続く保育者の話に耳をそばだてる子どもたちの様子は，ほかの部屋の活動の音声が聞きとれるほどに静かなものであった。その変化の様子は，グラフの騒音レベルの数値からもはっきりと見てとれる。

　保育者は，「子どもたちが主体的に話を聴こうとする話題を提供する」と言う。常日頃，生活のなかでの子どもの活動をよく観察し，その関心がどこにあるのかよく把握しておくことで，子どもが話の続きを期待し，もっと「聴きたくなる」話が語られるようになるのである。保育者の指示で「聞かせる」のではなく，主体的な聴き方を導くことが大切である。

◎帰りの会，どんぐりの話に聞き入る子どもたち

著者は，このB幼稚園が運動会でのBGM（バック・グラウンド・ミュージック）を鳴らさない試みを始めたという情報を聞き，観察にうかがうようになった。運動会のBGMというのは，大体のところ，勇ましい音楽，人を急き立てるような音楽となりがちである。この傾向に対し，園長は「我々が普段の保育のなかで大切にしているのはむしろその逆で，子どもたちをゆったりと見守ろう，叱咤激励ではなく，自分で考え，自分で判断する時間を保障しようということです」と述べる。さらに，自然環境を楽しむことを意図した施設に不必要なBGMを流したり，学校での休憩時間中，「情操教育」の名のもとに音楽を放送したりという事例に対しては，「これらは，音楽を自らがかかわる楽しみとしてではなく，何となく聞き流しの習慣をつけさせること。つまり，無意識化させる行為でしかありません。無意識化というのは『考えなくていいよ』ということなのです。音楽の基本は静寂であるはずなのに，静寂が不自然だと感じられるほど習慣化されるということは怖いことです」と批判的に述べる。この発言から，音楽や音環境に対する園長の意識がかなり高いものであることがうかがえる。

　今日，家庭における子どものテレビ視聴時間が，1日あたり2時間44分であるということが指摘されている[20]。家庭においても，子どもたちはメディアから一方的に流される合成された音のなかでの生活を余儀なくされているのである。このような現状であればなおさら，保育室の音環境はそうした喧噪とは別物であるという必要があるだろう。そして，乳幼児期という，感性を方向づける重要な時期の保育に携わる者には，音を聴き分けたり，微かな音に耳を傾けたりする機会を，子どもに対し保障することが強く求められる。

2 モノの音の感受の実際
　　—サウンドスケープの知見から—

　前節では，保育室の音環境の現状について分析し，子どもの音感受を保障するような保育室内の静けさを確保するため，モノ的な工夫や，音環境に対する保育者の配慮が必要だと述べてきた。保育に必要な静けさは，外界の音から隔離された空間によってではなく，静けさを感受できる穏やかな世界によって確保される。そのような世界を保育者が用意することで，子どもの音感受はよりよく進むのである。そうしたなかで，人の声や環境の音に耳を澄ませ，「聴覚的な出来事」を実感するということが大切である。「聴覚的な出来事」を実感できる音環境とは，日常の生活空間にあるいろいろな音に気づき，それらに心を動かされて楽しんだりできるような，気づきの豊かな環境である。それが，子どもにとって望ましい音環境の理想の姿である。

　しかし，同じ時間，同じ環境にいて，同じ活動をしていたにしても，音による気づ

きは人によってまちまちである。子どもの身近な音への関心や，それらを感じとる心の育ちには，保育者の援助や配慮が欠かせない。そのためには，保育者自身が，今そこにある音環境の状態に対し，意識的でなければならない。保育における音環境の静けさは，子どもが身のまわりの自然音や生活音に気づき，コミュニケーションの細かなニュアンスを感じとり，何かに集中して取り組んだりするために必要である。子どものこうした行為は，彼らの知性を活性化させ，情緒・情動に働きかける。子どもにおいては，こうした行為は音と直結していて，気づかないうちに大きな影響をおよぼしている。大橋[21]は，「音は四方八方から私たちに届いており，聴覚は，その情報から忠実な写像を得て，常に音空間の全体像を脳内に生成し続けている。耳から脳の高次構造に至る間にあるリレーの数は，視覚の構造に比べてだんぜん多い。リレーする度にいろいろフィルターをかけて情報を精緻に分析している。聴覚の音意識は，自分の意識が届かないところで，視覚以上の選択がなされている」と述べ，耳の機能を十全に活用することの重要性を説いている。

　そこで，子どもにとって「聴覚的な出来事」を実感できる音環境とはどのようなものなのか，マリー・シェーファーの「サウンドスケープ」の知見を手がかりに考察していく。サウンドスケープという言葉を現代社会に提起したシェーファーは，前章でも紹介したように，「騒音公害は，人間が音を注意深く聴かなくなった時に生じる。騒音とは，われわれがないがしろにするようになった音である」と言う。この発想は，騒音というテーマについてのネガティブな批判を，サウンドスケープ・デザインというテーマを探求することへと，ポジティブに転換したものである。サウンドスケープは，思想としての性格からみても，音（音楽）に対してだけではなく，周囲の人や環境に対して心を開いてかかわろうとする積極的な姿勢をも含むものなのである。

●サウンドスケープとサウンド・エデュケーション

❶サウンドスケープの思想

　「サウンドスケープ（soundscape）」というのは，風景の視覚的側面を意味する「ランドスケープ（landscape）」をもとに，シェーファーが造った新語であり，「音の風景」（風景の聴覚的側面）を意味する。それは，ランドスケープのように，野外のみに限定されるものではない。1995年の来日講演にて，彼は，「サウンドスケープとは，聞こえてくる全てのものである。世界中の聞こえてくるもの全て，場合によっては，それを地球や宇宙といった範囲にまで拡大して理解することもできる。一つの大きな音楽作品として捉えることができるサウンドスケープとは，私たちがそれを聴く聴衆でもあり，それの演奏者でもあり，パフォーマーであり，コンポーザーでもある。ゆえに，私たちは，その音楽作品としてのサウンドスケープを，醜いものにしてしまう

こともできるし，美しいものにしていくこともできる」[22]と説明している。

　第1章で述べているように，サウンドスケープの目的は，これまでの「音楽芸術」の構造をその根底から支えてきた音楽表現のあり方を積極的に取り払うことにより，すなわち「測定しうる人工の音」から「測定できない自然の音」を区別する音楽表現のあり方を積極的に取り払うことにより，音楽の世界を新たに築きあげる[23]ことにある。そして，聴覚だけでなく，すべての感覚を研ぎ澄ますことに努力した作曲家としてのシェーファーは，すべての感覚の統合をめざす作品[24]を制作したのであった。

　シェーファーのサウンドスケープの思想は，音環境が人間の活動にどのような影響をおよぼし，音環境が時代や文化によってどのように異なるのかを調査・研究し，そのうえで騒音の問題を解決することへと広がっていった[25]。彼は，音を単に物理的な音響としてとらえるのでなく，人がどのように聴くのかという視点から音をとらえる。この概念は，音楽思想の範疇にとどまらず，現代における環境思想の一部を形成するまでになっていくのである。

❷サウンドスケープの解析原理と方法

　サウンドスケープ研究では，どのように音をとらえ，それをどのように分析するのであろうか。ここでは，解析の原理と方法について，日本におけるサウンドスケープ研究の第一人者である鳥越の考察[26]を中心にまとめておく。

(1) 音のとらえ方

○**部分から全体へ**：音を個別に扱うのではなく，それらが組み合わされた音環境全体，すなわち個別の音がどのように組み合わさって一つの景観，あるいは風景を形成しているか，という視点でとらえる。たとえば，景色を見晴らすように，音の聴こえる状態を把握する。このような把握の仕方は，我々の実際生活における音のとらえ方，音との出会い方に近い。ある個別の音を扱う場合も，その場の音環境全体，さらには環境全体との関係において，その音を問題にする。

○**音響体と音事象の概念の導入**：音のとらえ方に関しては，「**音響体（sound object）**」と「**音事象（sound event）**」という二つの概念が提唱されている。音から発生の際のさまざまな文脈を捨象し，純粋な音響的対象としてとらえたとき，それは「音響体」として位置づけられたことになる。一方「音事象」とは，それ自体の音響的性格からの意味と同時に，その社会的・環境的な文脈による意味を担う。たとえば「教会の鐘の音」という場合，鐘それ自体の音響的性格というのみならず，「教会で鳴る鐘の音」という社会的・環境的性格からの意味があり，その総体を「教会の鐘の音」という音事象とみなす。

　ある音が「音響体」か「音事象」であるかは，音の把握のされ方や取り扱われ方に

よって決まる．「音響体」としての音は，「音事象」との関連のもとに，有効な情報や知見を与える存在となる．このように，「聴覚的な出来事」として音環境をとらえるのがサウンドスケープの特徴であり，このことが環境意味論に立脚するといわれるゆえんである．

○ソノグラフィー：聴覚的な「音事象」を視覚的に表記する方法として，「ソノグラフィー（sonography）」が開発された．環境から音をいかに切り取るかの違いによって，表記の方法にはおもに三種類のものがある．**「音のプロフィール地図」「音のイベント地図」「等音圧地図」**（環境音の騒音レベルを等高線状に表記した地図）の三つである．等音圧地図は，「音響体」を記入するものでありながら，「部分」としての特性をある地域のランドスケープという「全体」に関連づけて描く．したがって，それは単に環境騒音のレベルを測定する作業とは異なる，独自の視点を提供するものである．

(2) 地と図の理論

サウンドスケープによる解析には，**「基調音（keynote sounds）」「信号音（sound signal）」「標識音（soundmarks）」**という三つの音カテゴリーが設定されている．

基調音は，視覚的知覚における「地」に相当し，すべての音の知覚ベースとなり，意識的に聴かれるほどの必要性はないが，決して見逃せない音である．

信号音は，聴覚的な「図」として意識的に聴かれるすべての音を指す．シェーファーの場合，聴覚的環境を客観的にとらえるのではなく，背景となる基調音を地としながら，聴く人の注意を引く信号が，図として浮かびあがることによって成立する音風景として，音環境をとらえるということが重要な点である．何が地となり何が図となるかは，聴く人の意識のありようと密接な関係をもつため，基調音と信号音という地と図の関係は，聴く人ごとの重みづけの個別性のいかんによって，つねに反転しうるものである[27)]．

音風景は，ある程度文化的な背景が似ており，地域コミュニティーを同じくする人々の間に共有されるものであって，それらの人々の存在様態の文脈から切り離された客観的なものではない．そこで，信号音のなかでもとりわけ現地のサウンドスケープを顕著に特徴づけ，その音響的生活に独自性を与える音として，あるいはその共同体の人々によってとくに大切にされ，注目されるような特質をもった音として，「標識音」が設定されている．たとえば，教会や寺の鐘の音などがそれに相当すると思われる．標識音とは，「ランドマーク」からの造語である．

(3) 環境のとらえ方

サウンドスケープの思想からとらえた環境には，三つの特徴がある．

一つには，**「意味づけられた環境」**である．シェーファーのスウェーデンのスクルー

ヴにおける信号音の調査[28]）においては，村の「共同体信号音」として，汽笛や工場のサイレンや教会の鐘などが観察された。村民たちはその到達範囲について，工場のサイレンよりも物理的に測定される音量の少なかった教会の鐘の音のほうが，より遠距離に響くのだと評価した。このことは，共同体の象徴としての鐘の音を大切にする，村民たちの思いがもたらす結果なのだと解釈できる。

　二つには，「**記憶としての環境**」である。音の風景の図像化を可能としているのは，聴き手の記憶であり，聴き手のイメージにおける記憶の再構築である。サウンドスケープの全体像は，一瞬のうちに把握されたものではなく，時間の経過のなかで絶えず立ち現われては消えていく現象としての，音の記憶の集積を表現するものである。それはときに，記憶のなかに刻まれた「今は聴こえない音」を蘇らせることでもある。

　三つには，「**プロセスとしての音**」である。サウンドスケープは基本的に，環境を生成変化していく一つのプロセスとしてとらえる。そのことは，一見すれば静止画像のように感じられる見た目の音環境も，実は時々刻々と姿形を変える景観なのだという普遍的な事実を，私たちにあらためて認識させてくれる。

❸サウンド・エデュケーション

　シェーファーは，よく聴くことがサウンドスケープを改善する方法であると述べている。第1章でも紹介したように，彼が「聴くことの教育」として開発したサウンド・エデュケーションは，子どもを音に対する豊かな気づきへと導く教育手法である。

　アリストテレスの時代から，五感の教育ほど，教育のなかで基本的なものはない。なかでも聴覚の教育は，最も重要なものである。シェーファーは，子どもに集中力が求められるよう，問題の立て方を工夫した。その工夫とは，徐々に制限を増やしていくような発問の仕方である。彼自身が発する問いの典型例[29]）を以下にあげる。

（1）沈黙はとらえがたい。それを発見しよう。
（2）聞こえる音をすべて書け。
（3）おもしろい音を見つけること。
（4）鈍いドスンという音に甲高いさえずりが続くような，おもしろい音を見つけること。
（5）きみのそばを南西から北東に通過する音を見つけること。
（6）5個の音を2分間生かそう。
（7）沈黙の深いうつわにただ一つの音を置け。

　シェーファーが，子どもの創造的エネルギーを解放し，森羅万象についての知覚を分析する心（意識）を涵養しようとしている意図が，この発問からうかがえる。これは，音楽の知覚や音楽の表現につながる問いかけである。音楽を意味のある音の連続

と定義するならば，聴こえてくる音がかならずしも楽音（伝統的な意味での音楽）でなくとも，聴き手がそれに意味を見いだす限りにおいて，その音響は，音楽として受け入れられる。このような音感受から得られた，環境音からの感性的刺激の集積は，音楽や音色への豊かなイメージと表現に結びついていくのであり，楽音もまた，この例外ではない。

　また，聴き方を学ぶ実践は，特別な練習を必要としない。シェーファーのサウンド・エデュケーションにおいて，子どもは「聴くこと」「分析すること」「つくること」「想像すること」を体験する。たとえば，次のように問いかけられる[30]。

○外へ出てみよう。街角で目を閉じたまま，あなたのまわりを動いている音ぜんぶを聞いてみよう。いちばん遠くで聞えた音はなんだろう？　いちばん近くのは？（聴く・分析する）
○静かに！　今までぜんぜん気がつかなかったけれど，さっきからずっと鳴り続けていた音が聞こえるかな？たとえどこにいたとしても，いつでも音がしているのだ。いちばん静かだと思う場所をさがして，そこへ行って音を聞いてみよう。（聴く・分析する）
○一度も見たことがないけれど，音だけ聞こえるものがある。たとえば，風とかパイプのなかの水とか，見えないけれど聞くことのできる音をさがしてみよう。（聴く・分析する）
○音をぜんぜんたてないように，紙を，部屋のなかにいるみんなで，まわしてみよう。（聴く）
○同じ大きさの二つのグラスに，冷たい水とお湯を注いでみよう。きっと違う音がする。どっちが高い音？（聴く・分析する）
○音だけで何かおいしいものをつくってみよう。たとえばカレーライス。玉ねぎ，にんじん，じゃがいもを切って，次に肉を炒める。うまく音にできるかな？（聴く・つくる）
○とても静かにすわって，目を閉じてみよう。これから言う音を，心のなかの耳で想像してみよう。（聴く・想像する）

　シェーファーは，このような問いかけの回答を子どもたちに考えさせることにより，彼らが自律的にその創造的可能性を発揮し，音楽を創っていくために必要なものを，いろいろ発見できるよう工夫している。

❹保育における音環境のデザインに向けて　―ソノグラフィーの応用―

　子どもの音環境を考えるとき，園庭や保育室での音環境デザインを作成してみると効果的なのではなかろうか。保育者自身が地と図の理論を用い，ソノグラフィー（前

述, p.61) を描いてみるのである。前述したサウンドスケープの概念を幼稚園や保育所の音環境に当てはめてみるなら，ソノグラフィーには，園庭や園舎内に聴かれる「音事象」と，その物理量（「音響体」）が記入されるであろう。

　しかし，「音事象」としてとらえられた「音響体」以外にも，実際には多くの音が存在している。それが「基調音」であって，それらのうちのいくつかを，子どもや保育者は，活動や状況に合わせて「信号音」として聴きとり，状況判断を行ったり，次の行動を決定したりしているのである。保育者は，「音事象」や「基調音」・「信号音」などを見いだす過程において，「音響体」としては大きな音であっても，子どもの遊びのなかではおもしろ味があったり，ほかの保育室から仲間を呼び寄せたりする音があるということに気づくであろう（たとえば積み木の倒壊する音などである）。また，園庭では，保育者がまったく気づかなかった自然の音に対して，子どもが耳を澄ませていることに気づくということがあるかもしれない。このようなソノグラフィー作成の過程こそ，まさにサウンドスケープなのである。

　サウンドスケープを通した環境の改善とは，子どもにとって，音による気づきの豊かに用意された環境づくりのことである。そしてその意義は，音環境の創出に保育者と子どもが共同参画することにある。たとえば，ある場所で風が吹き抜けていく音に気づいたとしよう。その音に気づいていない子どももいるだろうし，すでに気づいた子どももいるかもしれない。保育者が子どもとともに音の発見を喜んだり，あるいは，子どもの気づきに共感したりすることは，子どもの音感受を助長する。

　このようにサウンドスケープが意識づけられていけば，環境音のとらえ方にも変化が見られるのではなかろうか。たとえば，それまで不快な騒音でしかなかった工事現場の音があったのだとしよう。「家主にとっては，それが新しいマイホームの誕生の音として刻まれる」というように，園児とともに，その音を「仕事（建築）の音」としてポジティブにとらえてみるとき，受けとめ方はきっと変化するはずである。杭を打つ音，のこぎりを曳く音，セメントを流しこむミキサーの音といった，それまで騒音（不快な音響体）でしかなかった音が，何かを創造する仕事の音（肯定的な音事象）へと変貌する。そうなれば，音を発見する喜びすら感じられるのではなかろうか。

　ただし，それは志村[31]の指摘にあるように，劣悪な保育室の音環境をあるがままにしておくということとイコールではない。第1節で述べてきたように，保育環境を静穏に保つことは，人体の安全のためだけでなく，音楽や身のまわりの感性的な事象に気づくためにも必要なことである。静けさがあるからこそ，音の景色を感受することもまた，可能となるのである。しかし，それは保育室内を吸音材などによって消音構造にしてしまったり，大きな音の出るモノを保育環境から取り除いてしまったりすることではない。子どもにとって望ましい音環境というからには，「音響体」と「音事象」とを互いに独立させるのではなく，この二つを相互に関連づけながら考え

るようでなくてはならない。なぜなら，騒音という音響体は，サウンドスケープの理念からいえば，注意深く聴かれたというその瞬間に，騒音であることをやめるのだからである。

●サウンドスケープにおける音の感受

❶五感で聴くということ（体性感覚）

　五感で音をとらえるということについては，自分の身体を音の共振器として使うことで音と「ふれ合う」感覚や，音を聴くことで対象を「見る」感覚を，前章で述べた。このような聴き方を実感できる公園があるという。東京都杉並区にある小さな公園，「みみのオアシス」（http://www.suginami-siruku.org/mimi.html）は，新たな音をつけ加えることはせず，そこにすでにあるさまざまな環境音に気づかせることをコンセプトに掲げ，デザインされた[32]。そこに置かれた遊具には共感覚的な効果を重視した仕掛けが施されており，それで遊ぶためには，単に耳を澄ますというだけでなく，身体全体を動かして聴く工夫をしなければならない。そこには，五感にしたがって分化した「美的技術」を，身体全体を巻き込んだ，より総合的な技術へと再統合しようとした設計者の意図があった。ここでいう身体全体をふまえた感覚的技術とは，「体性感覚」のことではないかというのが，著者の考えである。

　体性感覚は，触覚を含む皮膚感覚と筋肉運動を含む運動感覚からなっており，中村[33]は，「無意識のまとまりと結びついた諸感覚の遠心的な統合の働きをもつ」と述べている。そして，体性感覚としての触覚が五感を統合するものとされる理由を，「体性感覚のうち，皮膚感覚は表面感覚，運動感覚は深部感覚である。触覚は，視覚，聴覚，嗅覚，味覚などとともに外受容感覚である上，とくに指先の触覚には感覚受容器が集中しているので，指先の触覚によって代表される感覚が体性感覚を代表する」と

◎「みみのオアシス」

述べている。また，体性感覚は，表面感覚であると同時に深部感覚なのであるから，「一方で視覚，聴覚，嗅覚，味覚などと結びついて外部世界に開かれていると共に，他方では内臓感覚と結びついて暗い内部世界への通路をもっている」というように，それが外部世界と内部世界の両方にわたっているのだと説明している。

❷ サウンドスケープにおける音感受

　サウンドスケープにおいて，音は五感でとらえられる。このときの感覚活動は，「聴取」というよりも「コミュニケーション」や「相互作用」，そして「共感覚」と「共通感覚」というほうが近い。教育におけるサウンドスケープにかかわる論文にも，「共感覚」や「共通感覚」の語句は散見される[34]。

　共通感覚（sensus communis＝アリストテレス）とは，感覚のすべての領域を統一的にとらえる根源的な感覚能力のことである。第1章（p.21）に述べたようにカント[35]によれば，この共通感覚とは一種の判断能力であり，「知的判断力よりもむしろ美的判断力のほうが共通感覚と呼ぶにふさわしい」。また深瀬[36]は，一般に「常識」と解される「コモン・センス」に「共通感覚」という訳語を当てることによって，あまりにも陳腐なものとなり，感覚を失ってしまった「常識」を，「人間の感覚の在り方の一つのかたち」という意味にとらえ返してみようとした。もともと「コモン・センス」とは，諸感覚にわたって共通で，しかもそれらを統合して働く総合的で全体的な感得力，つまり「共通感覚」のことだったのである[37]。中村[38]は，「共感覚」と「共通感覚」を，浅からぬ関係にあると位置づけている。この関係を明らかにすることは現段階では困難であるが，サウンドスケープの体験がこの両方の感覚を活性化するのではないかと指摘することは可能である*。

　現在，サウンドスケープは，音楽教育の枠を超え，生活科や社会科などの教科の別を問わず，環境教育・人間教育として，小学校の教育現場への導入が試みられている。サウンドスケープ活動には，環境音や自らが発する音に意識を向ける，認識する心を周囲に開く，といったような，教育的可能性が見いだされるのだからである。「聴くことの教育」としてのサウンドスケープは，感性と社会認識力を育む教育方法の一つとして，注目に値する試みである。

　中井[39]は，鳥越の行った「怖い音」のサウンドスケープ調査の結果を受け，小中

＊　著者は，音感受教育における「共感覚」と「共通感覚」について，次のように考える。すなわちそれは，「新生児共感覚」と呼ばれるような渾然一体とした未分化な神経回路を復活させるというよりも，発達をとげて分化した五感（触覚・味覚・嗅覚・視覚・聴覚）の統合をうながすことで，美的判断力を育成するよう，工夫される教育のあり方のことである。その性質からしてア・プリオリであり，それであるだけに生理的な性格を帯びた「共感覚」の復活を目指すというのではなく，ア・ポステリオリに獲得される認識能力としての「共通感覚」の育成をねらいとする教育といいかえてもよい。

学生と大人の音風景構成の違いを分析している。小中学生の音風景構成は，有用性の基準のみに拘束されることがほとんどなく，身体感覚（触覚）的な遠近法にもとづき，自分のなかに生きる音の世界を逐次構成していく。周囲の物音に対し，繊細な感受性と豊かなイメージの世界をもっている彼らに比べ，大人はいつの間にか，「誰が聴いても同じになるように」（「常識的に」）音をとらえるようになってしまっている。大人にとってのサウンドスケープは，人間の感覚のあり方を見直すきっかけになる。なぜなら，体性感覚を追体験することが，常識的な認識のあり方に麻痺した感覚を活性化すると考えられるのだからである。

サウンドスケープの思想を生かした音環境は，子どもとともに発見し，デザインしていくことに意味がある。保育者の音に対する気づきが豊かなものであってこそ，子どもの音への気づきが豊かに生まれる音環境が実現するのである。

前述の中井と同様，サウンドスケープの視点から街の音風景を調査研究している小松[40]もまた，音のフィールドワークを行う際に必要なことの第一として「幼子のような感覚」をあげ，「これまで培ってきた自身の経験や記憶をいったん括弧にくくり，幼子の感覚になったつもりで，身近な音に触れ」，「ひとつの音を，耳で感じ，身体全体でも感じる」ことの重要性を指摘している。子どもたちというのは，大人よりもさらに新鮮な感覚で身のまわりに聴こえる音をとらえているのであって，その音感受のあり方こそ，サウンドスケープの基礎となる「耳」のあり方のことなのである。

では，実際のところ，子どもたちはどのように音にふれ，音を感じているのだろうか。これまでの著者の観察記録から，音をとらえた遊びの事例を以下にあげ，子どもたちの音感受の実際について検討していく。

●子どもの音感受　—身のまわりの音をとらえた表現から—

擬音表現に見られる音の感受

ミニカーで遊ぶ2歳の男の子は，まだ車の名前を言葉で表すことができない。彼は手に持ったミニカーを，「ドイージャー，ドイージャー」と言いながら動かしていた。この車は，ショベルカーである。耳を澄ませると，戸外の河原で護岸工事が行われており，よく聴けば，確かに「ドゥィーン，ジャー」とショベルカーの音が響いていた。　　　（1999年）

「擬音語」は，擬声語あるいはオノマトペとよばれ，耳で聴いた音や声を表現したものである。苧阪[41]は，それが「感性の言葉」であるとして，「乳児の喃語の繰り返し音節の持つリズミックな表出音声は，擬音語，擬態語の様相を帯びている。言葉にあらわせないものを感じたときに，それが感覚や感性の言葉である擬音語・擬態語となって自然と口に出ることは多い」と述べている。

　当時，この男の子は，往来の外国人を指差して「アッ，レラレラ，レラレラ」と［L］あるいは［R］の発音を繰り返したり，救急車のサイレンに対しては，「ピーポーピーポー，ピーポローピーポロー」と，ドップラー効果による音の変化を擬音で表したりしていた。「ショベルカー」「外国人」というような言葉をまだ知らないために，あるいは，まだ発音できないために，自分の耳に入ってきた音や声の特徴を，聴こえたとおり擬音へと置き換えた結果である。いったん語彙を獲得すると，擬音を用いて伝える必要がなくなってしまうので，私たちの耳は身のまわりのほとんどの音を聞き流すようになってしまうのかもしれない。「幼子のような感覚」で音の世界をとらえると，身近なモノが発している音や声の特徴を，より精細に聴くことができるのである。

　また，ある保育所で，関根栄一作詞，湯山昭作曲『あまだれさんおなまえは』（楽譜p.205参照）を歌唱していたときのことである（2007年）。「雨だれさんには，ほかにどんな音があるかな？」と5歳児に問いかけたところ，「ポッチョン」「ピッタン」など［P］の子音で始まる擬音語ばかりがあげられるなかで，一人の男児が「ボチャン」と［B］の子音をあげた。すると，ほかの園児から「それだと大きな雨だれだから，雨だれじゃないよ」と指摘され，笑いが広がった。子どもたちは共通して，雨だれのイメージに子音［P］の響きを重ねていたのである。そして，子音［B］の響きには，雨粒が大きくなるイメージを抱いている。日頃から雨だれを見て，その音に耳を澄ませ，擬音に置き換えて認識していることの表れである。

 **楽器の音の軌跡を辿る行為に見られる音の感受**

　自由遊びの時間に輪になり，トーンチャイムを使って音遊びをしていたときのことである。子どもにとってはじめてふれる楽器だったので，まず音の鳴らし方に慣れさせるため，隣の人へ順に音をつなぐ音のリレーを行った。その後，誰かに向けて音を投げかけ，それを受けた人が次の誰かに音を送ることを繰り返すルールのもと，楽器の音によるコミュニケーションゲームを展開した。著者は，ただ手順についての説明を行っただけであったが，子どもたちは優しく鳴らされた音には優しい音をつなぎ，鋭いスマッシュのような音には鋭い音を返し，しばらくの間テニスのラリーのような音のやりとりが続いた。

そうしているうちに，ある年長児が真向かいの年少児へ向けて，ゆっくりと身体を投げ出すようなジェスチャーをしながら，「ポーン」という音を送った。このとき，その音を受けてトーンチャイムを鳴らすはずの年少児は空中を仰ぎ，その音を見送るように後ろを向いた。　　　（2011年）

　優しい音には優しい音を返し，鋭い音には鋭い音をもって応酬するというように，子どもたちは響きの質をとらえて反応している。音をよく注意して聴いているからこそ，そうした反応が起こるのである。
　また，テニスのラリーの音が飛び交うように感じられたのには，トーンチャイムを打つ動作が視覚に訴えたという要因があるかもしれない。楽器を鳴らす運動がかたどる軌跡に合わせ，次に音を鳴らすタイミングが計られていたようにも見えた。そして，年少児の音を見送るしぐさは，まるで音の軌跡が見えているかのようであった。年長児が自分に向けて音を鳴らした動作が，音を虚空へと打ち放ったように映ったのであろう。音は目に見えないけれど，五感で感じとった音は，その軌跡を空中に残して消えるのかもしれない。
　音を感じるということは，「響き」を実感することでもある。トーンチャイムを鳴らす子どもたちが，音を耳でも身体でも感じているということが，その鳴らし方に表れていた。この事例の場合，楽器の響きのよさや音色の美しさが，子どもたちの聴き方を積極的にするとともに，鳴らし方の工夫を生み出したのだと考えられる。

 **微細な音の違いの感受**

　園庭で遊んでいた女の子が近づいてきて，手づくり楽器（写真）を口にあて，「聴いて！声が変わるでしょう」と誇らしげに言う。また，遊具のリヤカーの各部分をたたきながら，「音が違う。大きさが違う」と，その発見を喜ぶ女の子もいた。　（2011年）

幼児期や小学校低学年においては，つくって表現する活動として，ペットボトルやプリンカップのなかに木の実や豆などを入れた手づくり楽器の製作がある。この幼稚園では，手づくり楽器製作の活動に「大きな音をつくろう」というねらいが設定されたり，『マラカスではない楽器づくり』に取り組んだりして，カラフルな針金，アルミ容器，輪ゴム，フィルムケース，鈴などの多様な素材が準備されていた。

　作品が完成した子どもはその楽器をクラスの友だちに見せながら，「大きな音」を出すためにどんな工夫をしたのか発表する。この手づくり楽器の製作は，翌年訪れたときの自由な遊びのなかでも展開されていた。子どもたちが生活のなかで素朴な「音」に興味をもち，その音の性質を聴き分けている様子がとても印象的であった。

自分がつくり出す音の感受

　板張りのテラスで，多くの園児がピョンピョン跳ねたりリズミカルに歩いたりしていた。（写真）エントランスにスノコが置かれた幼稚園でも，スノコのうえで「アルプス一万尺」や「メリーさんの羊」を歌いながら，ピョンピョン飛び跳ねてリズミカルな音をさせたり，手拍子をさせたりしていた。
　　　　　　　　　　　　　　（2010年）

　子どもたちは，自分の動きにともなって出る音をとらえ，表現や遊びに取り入れている。音の響くテラスでは，わざと音が鳴るような動きをしていた。自分の動きがつくり出す音は，はじめは無意識に出た音であったかもしれないが，連続して飛び跳ねたり，わざと大きくジャンプしたりしている様子から，遊んでいるうちに音がするのがおもしろくなり，意図的に音を出すようになったのだと推測される。

　軽快に飛び跳ねて音を出すというだけでなく，しっかりと足を踏みしめて歩いたり，つま先で歩いたり，歩いていても途中からスキップをしたりするなど，ほかの場所よりも多彩な動き方をしている。身体の動きに合わせて音が響くことが，リズミカルに動くことのおもしろさを引き出しているのであろう。自らのつくり出す音は，身体に響くリズム遊びに変わる。動きが音をつくり，その音の響きによって次の動作が即興的に生まれているようなのだ。大人にすれば，意味のない騒音かもしれない自分の足音も，子どもの耳にはリズミカルに響く楽しい音なのである。

演奏のふり遊びの姿に見られる音の感受

幼稚園のホールに，10cm位の細い木の枝を横笛に見立て，吹きまねをする女の子（3歳）が現れた。ひらひらとスカートをなびかせて歩き回りながら指を動かす様子は，演奏者になりきっているかのようであった。
（2011年）

　この女の子の行動について園長先生に話したところ，数日前，近所に住む篠笛奏者を招き，園児たちにその演奏を聴かせたとのことであった。3歳の女の子の演奏者になりきった行為から，篠笛の優雅な響きが脳裡に鮮明に響いているということが見てとれる。音が物理的に響いていなくとも，感動をもってとらえられた音の記憶は鮮明に蘇るものなのである。

　演奏者になりきる表現をもたらしたものとは，篠笛の響きや旋律への感動にほかならない。「楽しさ」はもとより，「美」を感じる音の響きや音楽との出会いが演奏者への「憧れ」となり，一片の枯れ枝は彼女にとっての「篠笛」と化したのであった。

　「子どもはリズミカルで明るく元気のよい音楽が好き」だというのは，大人の先入観に過ぎないのではなかろうか。幼児期には，ジャンルを問わず，いろいろな響きをした音や，さまざまな音楽と出会うことが大切である。そうした環境が子どもたちの音楽的感性を深め，彼らの音楽表現を豊かなものにしていく。

◎篠笛　（提供：根岸篠笛工房）

事例1～5は，サウンドスケープの地と図の理論においては，「図」としての音とのかかわりの例である。しかし，たとえば，事例4に見られたテラスの床やスノコのうえで音をつくる動きの背景には，「地」としての基調音がある。それらの「地」は，保育室においては，それぞれの場の音響（響き）に相当するのではないかと考えられる。「地」としての音響は「図」としての音の知覚ベースとなり，意識的に聴かれる必要はないのだが，決して見逃すことのできない音である。子どもたちは，この「地」としての音を遊びのなかでどのようにとらえているのであろうか。

3 響きの異なる場における子どもの前音楽的表現の調査

　子どもは，遊びのなかでモノの音をさせたり，それらを聴いておもしろがったりするというだけでなく，その場の音の響きそのものを遊びに取り入れているのではないか。ここでは，響きの異なる場所で子どもの遊びを観察し，この仮説を検証する。

●モノの音を介した表現

　本章では，子どもが人の声や身のまわりの音，あるいは楽器の音色を感受するのに必要となる保育室の音環境への配慮と，多様な音感受のための環境づくりについて検討してきた。保育室の劣悪な音環境に対し，吸音素材を使用するなど物理的な改善が必要である一方で，よく響く環境もまた，豊かな音環境として子どもの多様な音感受を助けるのではないかと考えられる。

　子どもたちの，遊びの環境でのモノの音を介した表現については，今川や香曽我部らの事例研究がある。今川[42]は，日常生活での子どもと音とのかかわりのなかに，表現の育ちを支える重要なきっかけが多く含まれている可能性があることを指摘し，園庭における「子どもと音のかかわりの地図」を描いている。彼女[43]はそれを，「音を介した表現の芽生えの地図」とも呼んでいる。子どもが環境との相互作用のなかで音のイメージをもつことや，イメージを広げて音に意味づけすることで内面的な世界を創ること，音をフィードバックしながら身体をコントロールすることや，モノの探究から音そのものへの探究を深めていくことが，表現の技術を身につける前提になるのだと指摘するのである。「音の地図」の発想は，マリー・シェーファーのサウンドスケープの提案がもとになっているのだが，今川の「音を介した表現の芽生えの地図」は，単に「音事象」を描くのみならず，園庭で見つけた音と子どもたちのかかわりを描き出している点が保育研究として意義深い。

また香曽我部[44,45]は，音を介した表現を生み出していく子どもの認知の過程を明らかにすることを試みた。彼はまず，日常的な遊びのなかでの子どもと音とのかかわりの様子を分析し，子どもが，素材から導き出される音の物理的特性を感じとっていることや，触覚や視覚など，他の感覚によって得られた情報や遊びの文脈と結びつけることで，音の心理的属性を決定するということを見いだした。そして，子どもと「音」との関係が，遊びのなかで子どもの認知活動に関する情報になり得ること，子どもと「音」の関係の変化する様子が，子どもがほかの子どもたちと深めてきた関係の姿を知るための情報となり得ることを指摘する。

　このように，子どもたちが，園内を歩きまわりながら素朴な音に気づき，音の性質をとらえ，話し合ったり，言葉で定義づけしたり，象徴的に表現したりして経験を共有していくことは，子どもの感性の育ちにとってきわめて重要な営みである。さらに言えば，子どもの表現行為には，こうしたモノによって引き出される音だけではなく，その場の音響特性も影響しているのではないかと考えられる。本書では，園舎内における音響特性と，自由な遊びのなかでの子どもの表現行為の関係に着目する。

　音響と子どもの活動との関係については，子どもが床面にモノを落下させて遊ぶ際，落とし方や個数などを工夫して発生音を変化させていることを，野口ら[46]が報告している。本書ではさらに，同じ園舎の音響の異なる場における自由な遊びを観察することで，場の音響特性からアフォードされる（導かれる）子どもの動きや声の出し方などの表現行為について分析し，その関係性を明らかにしていく。

●場の音響特性からアフォードされる子どもの前音楽的表現：Y園での調査

❶観察園と観察場所

　調査は，東京都のY幼稚園に協力を依頼した。園舎を見せていただいたとき，その構造が，音空間の多様性を感じさせるものだったからである。1階のエントランス周辺を観察場所と決めたのだが，そこは，図6の示すように，開放的なスペースや壁に囲まれた閉鎖的なスペース，長いテラスなどで構成されており，床の材質はそれぞれ異なっていた。テラスでは，歩くと音がはね返ってくるような感触が得られた。また，年少クラス側の階段下にはカーペットが敷きつめられ，ソファーや絵本が用意されているのだが，その奥に階段下へと入り込めるスペースがあって，子どもたちにとっての絶好の隠れ家的な遊び場となっている。

　このような環境は，遊びの多様性を生み出す。仙田[47]の子どもの遊び環境の6つの分類は屋外に関するものであるが，Y幼稚園の園舎の1階には，それに該当する環境が数多くある。すなわち，仙田のあげる「オープンスペース」（広がり），「道スペース」（通り道），「アジトスペース」（秘密の隠れ家），「遊具スペース」に当てはまる空間

が存在していて，子どもたちはそこで走りまわったり，友だちと出会って遊びを連携させたりしているのである。秘密基地のような場では，密接な仲間関係を培い，広いホールでは，遊具として置かれた積み木を用いて遊びに没頭している。さらには，子どもたちが園内を回遊できるような設計になっていて，各保育室や園庭の連絡通路となっている玄関ホールでは，登園してきた子どもたちだけでなく，年少・年中・年長の園児たちの出入りがとくに頻繁である。

観察場所の選定には，無藤[48]による「**包む音**」，「**届く音**」，「**返る音**」という，音の響きの性質についての3種類の分類を参照した。「包む音」は，豊かな残響があり，音がそこに充満しているといった感覚であり，「届く音」は，A地点からB地点に進む音の特性であり，「返る音」は，楽器のように音の振動が何かに反射して返ってくる感覚である。Y幼稚園の施設内の，「包む音」，「届く音」，「返る音」の響きが得られる空間として，順に，玄関ホール（図6の①）と，玄関ホール横の階段下にある「隠れ家」的スペース（図6の②），および，年少児保育室前の長いテラス（図6の③）を選んだ。それぞれの場所の●印にビデオカメラを設置して，子どもたちが遊ぶ様子を録画した（図6）。

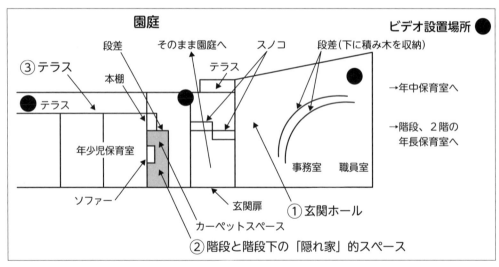

図6　観察場所

❷調査の手順

2011年11月8日と2012年2月17日の2回，午前9時頃からの90分間，子どもたちの自由遊びの様子を観察した（11月8日は9時13分～10時43分，2月17日は9時1分～10時31分である）。

子どもの自由遊びの様子について，観察中，あるいは観察直後に，フィールドノートをつけた。また，3地点の録画をもとに，子どもたちが音を出す動きや音を聴いて

いる様子などを，後日，記録に起こした。音響については，子どもの遊ぶ積み木を借り，床を叩いた音のエネルギーの減衰を分析することでその違いを確認した。

❸分析の方法

子どもの表現行為の分析に際しては，ギブソンのアフォーダンス理論を認識的枠組みとして用いた。それは，「情報は人間の内部にあるのではなく，人間の周囲にあると考える。知覚は情報を直接手に入れる活動であり，脳の中で情報を間接的につくり出すことではない。私たちが認識のためにしていることは，自身を包囲している環境に情報を"探索"することなのである」[49]という理論である。そして「環境の中に実在する，知覚者にとって価値ある情報」のことを「**アフォーダンス**」と呼ぶ[50]。アフォーダンス理論では視覚による知覚情報がおもな分析の対象であるが，大橋[51]が「環境から到来する信号の不連続な変化に対する聴覚系の反応は，視覚系に比べてより忠実であり，より鋭敏であり，意外にもより精密でさえありうる。その忠実性の大きな背景は，すべての入力を瞼によって遮断できる視覚系と違って，自己の意志では閉じることができず全方向に向かって二六時中途切れることなく開かれた聴覚系それ自体のもつ不断の時空間連続性にある」と述べているように，音の響きといった聴覚情報もまた，私たちの行動に影響する要因として分析の対象となり得る。

●各観察場所の音の響き方の違い

園舎1階の玄関ホール，玄関ホール横の階段下の「隠れ家」的スペース（カーペットが敷いてある）および，年少児保育室前の長い板張りのテラスにおいて，子どもが遊びに使う積み木で著者が床面を軽く叩き，その音をデータレコーダー（リオン社 DA-20）に記録した。

◎積み木

◎データレコーダー（DA-20）

波形分析ソフト（CAT-WAVE）を使用し，それらの音のエネルギーの減衰を求めた。

図7〜9は，叩いた直後（約40ms）の音の減衰を表している。横軸が時間，縦軸が音のエネルギーの強さである。グラフから，観察を行った3か所で音の響き方や減衰の仕方が大きく異なっているということがわかる。

　それぞれのグラフから，ホールでは音が最も大きく響き，広がっていること，カーペットの敷かれたスペースでは音がほとんど響いておらず，テラスではホールほどの音の響きは得られないが，減衰の仕方が最も緩やかで，いったん収まった響きがその後も小さく反復されていることが見てとれる。すなわち，ホールは残響が大きく，響きに包まれる性質，カーペットの敷かれた地点は音がストレートに伝わる性質，テラスは音がはね返ってくる性質があるのだといえよう。これらの響きの特徴はどれもみな，それぞれに異なったものである。

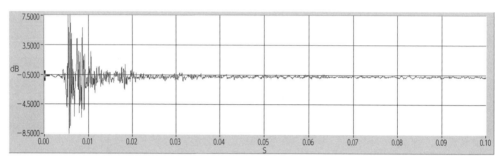

図7　ホールでの音の減衰

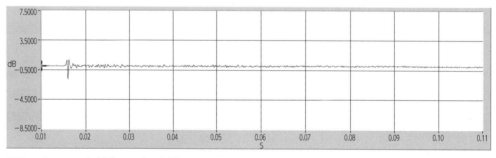

図8　カーペット部分での音の減衰

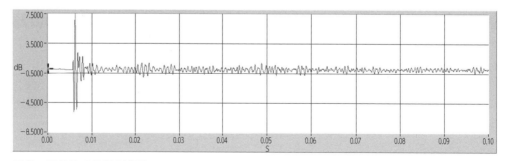

図9　テラスでの音の減衰

なお，これらの響きに関する観察者（著者）の印象は，ホールはよく響く感じ，テラスでは打楽器のような音に聴こえる感じ，カーペットの上は接触の際の音が聴こえるだけ，という感じであった。また，テラスを叩いたときの響きは，主観的にはグラフの示す物理量よりも大きいものに聴こえた。これは，テラスが外に開かれた場であるため，音が拡散したためではないかと考えられる。このように，観察に選んだ3地点の響き（積み木片の残響）は，それぞれはっきりと異なっており，ホールには「包む音」の特性が，階段下のカーペット部分には「届く音」の特性が，テラスには「返る音」の特性が確認できた。

●観察場所における音をともなう行動の種類

　結果を分析するにあたり，まず，記録および録画から，三つの観察場所別に，音のする子どもの行動にどのような種類があるのか抽出した。その結果，音の発生を伴う表出行為を，「足元の動き」「声」「モノを使った行為」の三つに分類することができた。以下，観察場所，ならびに音の発生をともなう表出行為の項目ごとに，2011年11月8日と2012年2月17日の観察事例をあげ，考察していく。なお，その場の音響特性が子どもの動きをアフォードしていると思われる事例には，下線を付した。子どもの動きのアフォードと考えられる視覚情報と聴覚情報については，それぞれ，事例の末尾に「視」「聴」の文字を記入して示した。

❶ホール（「包む音」の空間）
A：足元の動き
＜2011年11月8日＞

- スノコにピョンと乗り，真中辺りで小さく連続して跳ぶ。（視・聴）
- スノコのうえでピョンピョン跳ねる。（聴）
- スノコを踏んだ後，踊るようなステップになる。（聴）
- 回転して2階へあがる。
- 揺れるように走る。
- 横跳びしながら移動する。
- 走り抜ける。
- ケンケンで移動する。
- 階段をピョンピョン下りてきて，跳ねるように外へ出る。
- 階段を2階から走り下りてくる。
- 段差が見えると，小走りになったり，ピョンピョン跳んだりする子どもが多い。（視）
- 段差から，スキップが始まる。（視）

- 段差では，わざと大股で音を立てる。(視・聴)
- 下駄箱の前で，脚を跳ねあげるような踊りをする。
- 積み木が見えると，走るのを止めて普通に歩く子どももいるが，避けて走り抜ける子どももいる。(視)

＜2012年2月17日＞
- 玄関のほうからスキップで階段に向かう。
- 園庭側のテラスから，ケンケン足で入ってくる。
- 小走りで行ったり来たりする。
- 集団で走り抜ける。
- 踊っているような足取りで，段の上からテラスのほうへ移動する。
- ホールから走ってきて，テラスが見えるあたりからスキップになる。(視・聴)
- テラスのほうから走ってきて，段の上に勢いよくピョーンと跳びあがる。(視)
- 段差の部分から大股になって，玄関のほうへ駆け抜ける。
- 段差を下りるときは両足を揃えてピョン，あがるときは勢いをつけて駆け足になることが多い。
- 段の上から駆け下りて，歩幅を小さくしながら走る勢いをとめる。
- 段の上から飛び下りて，四つん這いになってぶるぶると首を振る。
- 玄関の段差をピョンと跳んだ後，スキップで通り抜けていく。(視)
- 玄関の段差を跳びはねた後，ヒーローポーズを決める。(視)
- 積み木の線路を跳び越えた拍子に，スキップになったり，ケンケン足になったりする。(視・聴)

　園舎の中央に位置し，各保育室をつなぐ場になっているため，子どもの出入りが多い。場が広く，空間が大きく開いているために，積み木の造型遊びが一面に繰り広げられているにもかかわらず，階段とテラスの間を駆け足に往来する子どもが少なくなかった。ホールの床面でなされる動きのほとんどは，響きよりもホールの造りそれ自体（開放的な造り）による視覚的アフォードが影響するのではないかと考えられるが，踊るような動きが生まれたり，大げさな動きで大きな音を立てたりするという以上，のびのびと開かれた空間の醸す，豊かな響きによる影響もあるのではなかろうか。

B：声
＜2011年11月8日＞
- ラップの芯を口に当てて，「アーアーアー」と言った後，何かをしゃべっている。(聴)
- 「ヨオーー」と声をあげながら走り抜ける。(視・聴)

- <u>「ウォアー」と声をあげて走り抜けていく。</u>（視・聴）
- <u>「ラララー，ラララー」と歌う声が響く。</u>（視・聴）
- <u>「オオオー」「アアアー」と声があがる。</u>（視・聴）
- <u>「マッテー」と大きな声で友だちに声をかける。</u>（視）
- <u>「ハーイ」「ワーイ」「アーアー」「ウーウー」「ウォーイ」という声が響く。</u>（視・聴）
- <u>「トジコメル」と，マルカート的なしゃべり方の声が聞こえる。</u>（視・聴）
- <u>「バンザイ」の大きな声。</u>（視・聴）

＜2012年2月17日＞

- <u>テラスの方へ，「ガアー」と声をあげながら走り抜けていく。</u>（視・聴）
- 歌いながら階段をあがっていく。
- <u>段の上から「ワアー」と声を上げてホールに下りてくる。</u>（視・聴）
- <u>園庭側のテラスから，叫びながら入ってくる。</u>（視・聴）
- お化けごっこの甲高い声が響いて聞こえてくる。
- 動きにあわせて「ア，ア，ア……」と声を出す。
- 段の上から「シュー」と声を出して園庭側のテラスへ移動する。（視）
- 積み木の電車を見て，「ドゥドゥンドゥドゥン」と電車の走る音を声で表現する。（視）
- 積み木を飛び越えるときに，「ピョン」と声を出す。（視）
- 「キャー，フランケンシュタイン！」とお化けごっこの金切り声が響く。
- 段の上から，友だちの名前を大声で呼びながら園庭側テラスへ走って出ていく。
- ステップに合わせ，タッカのリズムで二人組が「あいこでシュッシュシュ」と口ずさむ。
- 玄関の段差を飛び下りるときに，「シュッ」と声を出す。（視）
- 変身ヒーローごっこでは擬音がよく使われている。

　ホールでの声の表出は，ほかのすべての観察場所よりも多彩であり，かつまた多様でもあった。感嘆詞の「アー」とか「オー」とか，弾んだ気持ちの「ラララー」とか，動作の勢いを表すような「ウォアー」，「ガアー」とかといったような，語尾を伸ばす発声，（意図的かどうかは定かでないが）一音一音を実にはっきりと発音するような（マルカート的な）発声がしばしば観察された。これらは，ホールののびやかな開放性による視覚的アフォードが影響するとともに，自分の声を意識的に響かせるおもしろさや，「音に包まれる」心地よさ，あるいは，友だちの発する声の響きといった聴覚的アフォードが影響する表出行為の具体例である。下線部以外の表現行為もまた，とらえようによってはよく響くことに触発された発声とみなすことができる。

C：モノを使った行為
＜2011年11月8日＞

- スノコをラップの芯で叩いてみる。（視・聴）
- 棒を杖にして歩いていた女の子が，スノコのうえではスノコを棒でトトンと叩き，棒を支えにしてピョンと跳ぶ。（視・聴）
- 積み木を箱からまるごと外へ出して，大きな音が鳴り響く。（視・聴）
- 積み木をカンカンと叩き合わせる。（聴）
- 積み木をわざと倒して音を出し，また拾って直す。（聴）
- 水を入れたナイロン袋を叩いて鳴らしていく。（聴）
- ビーズを撒いて転がした音が響く。（視・聴）
- 長い棒をもって段の上に立っていた女の子が，それを床に落として，パタンと音を立てる。（視・聴）
- 手を叩いて積み木のまわりを移動する。（視・聴）

＜2012年2月17日＞

- 未入園児（園児の妹）が，積み木を手に取り，床に当てて音を出す。（視・聴）

　ホールでモノを使って音を立てる際には，わざと大きな音を出そうとしたり，積み木を叩き合わせたりするなど，音がよく響くことをおもしろがりながら，意識して音を出しているのではないかとみなせる表出行為が観察される。これらは，聴覚的アフォードによる表出行為だと考えられる。また，スノコをラップの芯や棒で叩いて音を鳴らす行為は，直接的には，視覚情報によるアフォードであるが，スノコの上を歩き，音がガタガタとよく鳴ることを体験したことから導かれた行為でもある。ビーズを一面にばら撒いたり，積み木の箱を裏返しにしたりする行為は，空間の開放性という視覚情報だけでなく，聴覚情報としての響きのよさを，子どもたちが知識として学習していることで引き起こされた表出行為と考えられる。

❷階段下のカーペット地点（「届く音」の空間）
A：足元の動き
＜2011年11月8日＞

- 階段からピョンと跳ぶ。（視）

＜2012年2月17日＞

- 段差を跳び下りる。（視）
- 階段の最後の一段は，ピョンと跳び下りる。（視）

- 階段を，タタッ，タタッと両足を揃えながら一段ずつ下りてくる。(視・聴)
- 数人で階段をあがるとき，手前で息を合わせるような素振りをする。(視)
- 友だちに出会ったとき，ピョンピョン跳ぶような足取りになる。

　本棚の絵本を広げて眺める子どもがいたり，階段下の奥まったスペースでお化けごっこや怪獣ごっこなどの「ごっこ遊び」が行われたりしていた。ほかの二か所に比べ，足元の動きに変化が少なく，段差を跳び下りたり階段をリズミカルに昇り降りしたりするなど，動きのほとんどは視覚的アフォードによるものと思われる。歩いていても，ほとんど音がしないということが影響していると考えられる。

B：声
<2011年11月8日>
- 空箱を叩きながら，テラスから物売りのような口調でしゃべりながら入ってくる。(視・聴)
- 男の子二人が戦いごっこをしながら「キンキンキーン」と声を出す。
- 玄関のほうに向かって「ベロベロベー」と言う。(視)
- 紐を振り回しながら「シューシュシュシュー，シッシシシー」と声を出す。(聴)
- 「イチニノニ」と言いながら階段をあがる。

<2012年2月17日>
- 隠れ家スペースから，幽霊のまねをして「アーー」と声を出しながら出てくる。(視)
- 段ボール箱を電車の車両に見立てた二人組が，「カンカンカン」と言って入ってくる。
- ソファーに座って会話をしている。
- フラミンゴは「キャオー」言い，その後「キャオー」の叫び声を変化させての戦いごっこをしている。(聴)

　階段下では，静かに会話をする姿が多く見られた。ひときわ特徴的だったのは，フラミンゴになりきって，その鳴き声の「キャオー」のみで戦いごっこを演じる男の子グループの表現であった。彼らの発する音声には，怒り，痛み，闘争心，獲物に向かう集中力などといった，アグレッシブな感情や意図が込められていて，「キャオー」の音声表現から，それらが意味するところをお互いに読みとって遊んでいた。カーペットが敷かれていることや形状が奥まっていることで，ホールの賑やかな音が緩和され，声が相互に聴き取りやすい音環境となっており，このことがこうした遊びのありように影響していると思われる。

C：モノを使った行為

＜2011年11月8日＞

- ラップの芯を手のひらに当てて鳴らす。
- ソファーに座って，片方の耳にラップの芯を当て，「ねえねえ，耳に当てると音が変わるよ」と観察者に話しかける。（聴）
- ラップの芯を耳に当てて，玄関のほうの音を聞いている。（聴）
- ラップの芯を持って二つを叩き合わせて音を発しながら，戦いごっこ風な遊びをする。
- ラップの芯で隠れ家スペースの天井を叩いたあと，耳に当ててホールの音の様子をうかがっている。（視・聴）
- 階段の手すりをラップの芯でトントン叩きながら階段をあがっていく。（視・聴）
- ラップの芯で，本棚を叩く（素材を確かめているような感じ）。（視・聴）
- 紙でつくった紐や箱を振り回し，手すりや壁に当てて音を出す。（視・聴）

＜2012年2月17日＞

- 長くつないだ手づくりマラカスを鳴らしている。（聴）
- 長くつないだマラカスを持って階段をあがると，身体の揺れに合わせて音が出る。途中の踊り場では，自分でマラカスを振って音を出し続ける。（聴）

　モノを使った音が，三か所のうちで最も多様に観察された。ホールでは拡声器に見立てて使われていたラップの芯が，ここでは撥のような役割で使われていて，身のまわりの素材を叩き，音を出していた。ホールでもテラスでも，ラップの芯を手に持って遊ぶというのは共通していたが，叩いて音を出す行為はこの場所でのみ観察された。いろんなところを叩くという行為の特徴から，叩いたときに出る素材の音色を探索しているようにも見えた。

　紙の紐や箱からつくり出されるのは，ほかの場所では聴きとることのできないほどの小さな音である。この空間は，音声のニュアンスや音の変化を最も明晰に識別しうる場所であり，他では聴きとれない細かな音を聴きとることができるために，こうした聴覚的アフォードによる遊びが多く行われるのであろう。

　さらに，踊り場に到達するたびに，音がしなくなったマラカスを自発的に振り始めるというのは，階段をあがる際，身体の揺れにともなってマラカスの音が鳴るのを子どもが聞いていたことの裏づけとなる事例と考えられる。

　また，ラップの芯を耳に当ててまわりの音を聴き，音が変化することに気づいたり，耳に当てたラップの芯をホールの方向に向けて遊びの声や音を聴いたりする行為は，「響きを聴く」こと自体が遊びになり得るということを示唆する事例である。

❸テラス（「返る音」の空間）
A：足元の動き
＜2011年11月8日＞

- ピョコピョコした感じの走り方。(聴)
- 跳ぶようにして走っていく。(視)
- 横向きでスキップして移動する。(視)
- つま先で歩く。(聴)
- 足を大きく跳ねあげて歩く。(聴)
- 手をつないでケンケンをしたり，ピョンピョン跳んだりして移動している。(聴)
- つま先に力を入れて，キュッキュと音を立てて歩く。(聴)
- 右足に力を入れて，＞・＞・のように強弱をつけて歩く。(聴)
- 背伸びをしているような格好で歩く。
- 強く踏み鳴らして歩く。(聴)
- 保育室からテラスに出た途端に，ポコポコと足踏みして音を立てる。(視・聴)
- 保育室からテラスへ踏み出る際の第一歩を，強く踏み込んで音を立てる。(視・聴)
- 裸足でテラスに上がり，タタタタートンといったリズムを刻む。(聴)
- 軽快なステップでくるくる回る。(視・聴)
- ピョンピョン跳ねて踊る。(聴)
- 保育室から出てタッカのリズムで踊り，くるくる回転してまた保育室に戻る。(視・聴)
- 保育室から出てきて足踏みをしているのが，ダンス風なステップになる。(聴)
- 二人組で，足を開いてトントン音を立ててジャンプしている。(聴)
- 園庭から走り込んできて，ドーンと音を立ててテラスに座る。(視・聴)
- 園庭から勢いよく走ってきてテラスに手をつく。(視・聴)
- 歩いているのがピョンピョン跳ねた動きに変わる。(聴)
- 歩いているのがとび跳ねながらの移動に変わる。(聴)
- 歩いているのが跳ねるような走り方に変わる。(聴)
- 歩いているのがスキップに変わる。(聴)
- 走っているのがスキップに変わる。(聴)
- 走っているのが保育室に入る前にすり足になる。(視・聴)
- 走っているのが跳ねるような走り方に変わる。(聴)
- 走っているのがダダダッダダと踏み鳴らす歩き方に変わる。(聴)
- 小走りしているうちに，タッカタッカのリズムで走るようになる。(聴)
- 保育室から出て小走りをしているのが，ピョンピョン跳び，止まってまた歩きだす。(聴)
- 三人組で走っているのが，跳ぶ，止まるといった動作を一緒にする。(視・聴)
- タッカタッカのリズムで移動しているのが，走りだす。(聴)
- つま先歩きをしているのが，走りだす。

- つま先歩きをしているのが、スキップ、ジャンプに変わる。
- ホールのほうから入るときに1回跳び、走っているうちにタッカタッカのリズムになる。（視・聴）
- ピョンピョン跳びながら会話しているのが、皆で跳び跳ねるようになる。（視・聴）

＜2012年2月17日＞

- ダダッとわざと音を立てるように走る。（聴）
- くるくる回転しながら歩く。
- 腿を高くあげて走る。（聴）
- スキップして移動する。（視）
- 横向きのスキップで移動する。（視）
- 横向きにピョンピョン両足跳びで移動する。（視）
- 大股で駆ける。（聴）
- 軍隊のグースステップのように歩く。（聴）
- 弾むように歩く。（聴）
- 高くとび跳ねながら移動する。（聴）
- 静かな音のスキップをする。（聴）
- 足を後ろに高く蹴りあげて走る。
- 軽やかにけんけん足で移動する。
- 手を強く床に当て、音を出しながら四つん這いで移動する。（聴）
- 膝で歩く。
- 踵で歩く。
- リズミカルに歩いているうちに、両腕が揺れる。（聴）
- 腕を回しながらバタバタ走る。（聴）
- 園庭からテラスにあがると、小刻みに足踏みをする。（視・聴）
- 保育室からテラスへジャンプして出る。（視）
- わざとその場で大きな足音を立てる。（聴）
- 先生と会話しながら小刻みにスキップする。
- テラスに置かれたテーブルに手をついて、園庭のほうを見ながら流行りのダンスのようなステップをする。（視・聴）
- 大股で歩いているのが、止まったりいろいろな動き方をしたりしながら移動する。（聴）
- 普通に歩いているのが、肩を揺らして脱力のポーズで歩くようになる。（聴）
- 走り抜けてきて、保育室の前で大きくジャンプして止まる。（視）
- 小走りしているのがスキップに変わる。（視）
- 両足跳びでピョンピョン跳ねて移動しているのが、ギャロップに変わる。（聴）
- 小さくスキップしているのが普通の歩き方に。（聴）
- 普通に歩いていても、テラスの中央あたりからリズミカルなステップになり、ホールが

- 見えると走り込む。(視・聴)
- 上履きを履いていないときは普通に歩く。
- 保育室のなかからテラスへ足を出し，ダンダンダンと音を立てる。(視・聴)
- テラス脇の園庭でもピョンピョン跳ねている。(視・聴)

　テラスでは，子どもたちの足元にきわめて多様な動きが見られたが，それらはほとんどが聴覚的アフォードによるものである。保育室から足を出し，床面を蹴って音を出したり，園庭から走り込んできて床面を手で強く叩いたりする動きなどから，子どもたちがここで自らのつくり出す響きのおもしろさを心得ていることが見てとれる。

　つま先で歩く，強弱をつけて歩く，リズミカルに跳ねる，蹴り上げて走る，グースステップを踏むなど，テラスには，子どもの動き方に豊かな多様性が観察される。このことには，床板の隙間の「あそび」が生み出す弾力性によるアフォードが関係しているのだが，この多様性を形成するおもな要因となっているのは，自分の動きに呼応する，この場所特有の響きやリズムのユニークさであろう。

　また，歩いたり走ったりという動きが，いつの間にか，スキップしたりダダダダと踏み鳴らす動きに変わってしまうというように，動きが途中で変化するのがたいへんに印象的であった。子どもたちは，自らの動きに応じて変化する音を楽しむために，テラスを移動していたのかもしれない。

　一方，上履きを履かず，ソックスのまま移動する際には，音を立てるような動きをあえてしようとしない子どもの姿が観察された。これは，上履きの少し重たいゴム底が，タップシューズのように，動きにともなう音をより響かせる役割をしていることの証拠ではないか。タップダンサーのKENTA[52]はタップの行為を，「音を出して，音の種類を使い分ける楽器である」と述べている。著者は，積み木でテラスを叩くとき，「打楽器」のような感触を覚えた。子どもたちは，自分の足の動きと床面のかちあう，多様な音やリズムを楽しんでいるかのようであった。

B：声

＜2011年11月8日＞

- 魔法使いごっこの女の子が歌いながら歩いていく。
- 玄関ホールに向かって声を出して走っていく。(視)
- 「ゴーゴー」と声を出しながら走る。
- 「タタタタター」と声を出しながら走る。(聴)
- 腕を上げてピョンピョンとび跳ねながら，何かをリズミカルに口ずさんでいる。(聴)

＜2012年2月17日＞

- 足踏みの音にあわせて声を出す。(聴)
- 走りながら「アー」「ウォー」と高い声を出す。
- グループで一緒に声をあげて走ってくる。
- 足のリズムに言葉のリズムを揃えて「遠足行きましょう」と言う。(聴)
- 胸を張って競歩のような歩き方に合わせて「よいしょ，よいしょ」と唱える。
- 保育室内の動物園ごっこでライオンになりきった子どもが，バタバタ音を立てながら「ガオー，ガオー」と叫ぶ。
- 動物園ごっこに参加していない子どもも「ガオー，ガオー」と言いながら移動する。
- 歩きながら「フォーフォー」と高い声を出す。
- 「穴掘り名人」（ソソソラソーミー）と手をぶらぶらさせて歩きながら歌う。その歌を歌う子どもが増える。(聴)
- 「オニはーそと」と言いながら，テラスの土を箒（ほうき）で掃除している。
- リズミカルに「パパパー，パパパー」と即興で歌っている。(聴)

　テラスでの声の表出には，動きに合わせて擬音を発したり，会話がリズムを帯びたり，その抑揚が大きくなったり，歌い出したり，といった様子が観察された。自分でつくり出す音や人の声から集めた聴覚情報により，歌い始めたり，声がリズミカルになったり，抑揚が大きくなったりしているようであった。張りあげるような発声は，観察されなかった。

C：モノを使った行為

＜2011年11月8日＞

- ラップの芯を打ち鳴らしながら歩く。(聴)
- 手拍子しながら歩く。(聴)
- 手づくりの焼き物を振って音を出しながら歩く。(聴)

＜2012年2月17日＞

- 牛乳パックでつくった電車を床に当て，音を立てて走らせている。
- 足踏みに合わせて，ビニールでつくったスカートをパシャパシャ叩いて音を出す。(聴)
- 手づくりマラカスを鳴らして，テラスに置かれた畳のうえでピョンピョン跳ねている。(聴)
- 保育室のなかから聞こえてくる音楽に合わせて，テラスに置かれた畳のうえで踊っている。(聴)
- テラスの横の園庭でも，音楽にあわせて脚を跳ねあげて踊っている。(聴)
- 手づくりマラカスを鳴らしていなかった子どもが，音楽が聞こえると振り始めた。(聴)

テラスでのモノを使った音にもまた，足元の動きとそれにともなう音，保育室から流れ出す音楽の調べ，といった聴覚情報が影響していると考えられる。手拍子を打ちながら歩いたり，ビニールのスカートを拍に合わせてパシャパシャ叩いたりする動きは，ホールや階段下のカーペットといった地点では観察されなかった動作である。場の醸す響きによる直接的なアフォードではないものの，はね返ってくる音にアフォードされたステップのリズムに影響された動きであり，場の醸す響きが間接的にアフォードしているのではないかと考えられる。

　観察された事例から，足元の動きが最も多様に観察されたのは，テラスにおいてであった。声はホールにおいて，モノを使った行為は階段下において，最も多様な種類の表出が観察された。これらの行為には，音が楽器のようにはね返ってくること，よく響くということ，細かな音の変化が聴きとれること，といった，それぞれの場に固有な音響特性が影響していると考えられる。

　音をともなう動作として，ホールでは，積み木を倒したりビーズをばら撒いてわざと大きな音を出すといった表出が，声に関しては，大きな声を出すだけではなく，長く伸ばしたりはっきりと発音したりするなど，故意に音を響かせるといった表出が観察された。階段下では，大きな音を立てるような行為は観察されず，音声やモノがつくり出す細かな音の違いを感受して遊んでいることがわかった。テラスでは，動きや声や音の出し方がリズミカルだというのが特徴的なことであった。さらに，テラスを移動しながら動きに変化をつけたり，会話の発声がリズミカルになったり歌うようになったりするということから，子どもたちが遊びながら自分のつくり出す音や声を聴きとっているのだということがわかる。

●行動の種類を視覚と聴覚によるアフォードに分類すると

　観察された子どもの行動事例について，「視覚による知覚」によって引き起こされたもの，「聴覚による知覚」によって引き起こされたもの，その両方がかかわっているものと，3種に分類したものを以下に示す（表2）。

　視覚と聴覚の両方が連動した行動が多くみられた場所はホールである。それらの行動とは，空間の広がりを視覚的にとらえることが動きや発声を開放的なものにするとか，自分が出した音の響きのおもしろさによってその行動が繰り返されるとか，段差を見てそれをピョンと跳ぶことによって生じた音やリズムが次の動作をつくり出すとかといった，つながりのある行動のことである。テラスでの足元の動きについては，視聴覚の連動した動きの事例を多くあげることができたが，それらのほとんどは，保育室からテラスへと出ていったり，ホールからテラスへ入って来たりするといったものである。著者は，これらの動きを視覚と聴覚の連動に含めて分類したのだが，視覚

的な開放感がアフォードしたホールでの事例と異なり，子どもたちがテラスでの音の響きのおもしろさを知っているというのが，その要因になっていると考えられる。

表2　視覚と聴覚によるアフォードと各観察場所における行動の種類

場と動き アフォード	ホール			階段下のカーペット			テラス		
	足元	声	モノ	足元	声	モノ	足元	声	モノ
視覚・聴覚	4	10	7	1	1	4	15	0	0
視覚	5	5	0	4	2	0	8	1	0
聴覚	2	1	3	0	2	4	36	6	8
計	11	16	10	5	5	8	59	7	8
全体数	29	23	10	6	9	10	68	16	9
場の響き	1	9	7	0	0	4	49	5	0

　聴覚的知覚にアフォードされていると思われる行動事例は，テラスで最も多く確認された。マラカスを振ることによって生み出された音は，子どもがそれに合わせて動くよううながし，自分の身体の動きがつくり出すリズミカルな足音を感受することは，そのステップを助長したり，そのステップを変化させて新しい動きを生み出したり，といったことをうながす。

　階段下のカーペット地点は，場の醸す音響にアフォードされた行動の種類こそ最も少なかったが，むしろ，音響に乏しいがゆえの静けさのなかに音そのもののありようを感じとるといった態度が，子どもの行動の様子を色濃く特徴づけていた。階段下のカーペット地点は，音声のニュアンスを感じとり，モノを使って出した細かな音とその変化を聴きとることのできる環境であった。残響が少ないということを場の音響特性と見なせば，それに生起した子どもたちの行動を場の音響特性がアフォードした行動事例のうちに分類することができる。

●場の音響は除去するのではなく，設計されるべき

　観察を通して，以下のことが明らかとなった。

① 「包む音」の空間は音や声を大きく響かせようとする動作をうながす
② 「届く音」の空間は音や声に耳を澄ますことをうながす。子どもにとって，「聴く」行為そのものが遊びとなっている
③ 「返る音」の空間は，多様な音を生み出す動作を引き出すことで，子どもに音と戯れることを教えている

子どもは，積み木やラップの芯，段ボールや紐など，遊ぶために用意された道具を音素材として活用している。さらには，スノコや階段の段差，あるいは床面の素材の違いといった環境にアフォードされ，多様な動きと音を生み出すことに成功していた。①～③のように，幼児たちはその場の響きの特徴をとらえ，相互作用のなかに動作や行動を選択しながら遊びを展開している。観察を通して確認されたのは，子どもたちが，遊びのなかでモノの音をさせたり聴いたりして楽しんでいるというだけでなく，その場の音の響きを感受し，遊びに取り入れているという事実であった。

　今日，騒がしい音環境下にある多くの保育室において，静けさに配慮することは，大変重要なことであると著者は思う。なぜならば，志村が指摘するとおり，「周りの音に惑わされず，集中して遊び込んだり大声を張り上げてなくてもやりとりができたりすることは，子どものコミュニケーション行動を支え，援助する基盤となる。幼児が落ち着いて考え，お互いの言葉や小さな声で口ずさむ歌を聴き合い，お互いにやり取りが出来ることは子どもの活動を更に展開させるものである」[53]からである。
　子どもが精神を集中させて細かい動作をともなう遊びをしたり，声のやりとりの微細なニュアンスを感じとったりすることは，静けさがしっかりと確保されてはじめて可能となる。加えて，子どもが身のまわりの音風景に感性を開く際にも，騒音は大きな障害となる。
　このように，音響レベルの全体的な水準を下げることは，今日の保育環境においてとても大切なことであるが，音風景に関するデザイン上の配慮のない防音対策を行うことは，絶対にこれを避けなければならない。
　音と環境の関係のあり方は，相互作用的であるのが望ましい。それは，「響き」の心地よさこそが，子どもの遊びを強力にアフォードするのだからである。その際，アフォーダンスを刺激のように「押しつける」のではなく，知覚者が「獲得し」，「発見する」ことで，そういった心地よさを保育環境のなかに確保していかなくてはならない。室内においても，騒音対策と称し，すべての床面をコルク張りにしたり，壁面を吸音材で埋め尽くしたりしてしまうと，今回の観察で得られたような，多様な音をともなう子どもの表出行為は，掌中の粉雪のように跡形もなく姿を消すであろう。仕切りにカーテンを用いたり，床面にカーペットを敷き詰めたりするなど，モノの配置やその素材を工夫することで，音環境を多様に変化させることができる。静けさを保障することについては，保育者の言葉かけや配慮により，ある程度の成果を得ることができるが，いったん除去された音の響きが元に戻ることはないのである。
　レッジョ・エミリア市の幼児教育の取り組み[54]に，「場の音響は除去するのではなく，設計されるべき」と明言されてあるとおり，反響音や周波数など音階のもつ物理的な側面が，同市に所在する園舎の設計指標の一つの基準となって確立している。音

環境をデザインするというとき，物理的に音を測定する意味は大きいのだが，積み木で床面を叩き合わせたときの音の印象は，著者の手になる音響分析の結果と正確に一致していた。保育者が自ら聴覚のもつ可能性を信じ，子どもが感受する音を同じ聴位に体験してみるということが，音環境をデザインする試みの第一歩である。

　今回の観察では，子どもたちが，身のまわりの音を感受して遊びに取り入れていることが明らかとなった。保育者もまた，「包む音」「届く音」「返る音」のする音響空間に身を置き，その場の余韻を味わうことで，子どもにとって最も望ましい音環境をデザインする手がかりを得ることができるであろう。

引用・参考文献

1）鳥越けい子「サウンドスケープ－その思想と実践－」；『日本音響学会誌』第53巻12号　1997　pp.964-971，大井紘「思想としてのサウンドスケープ」；『東京家政学院筑波女子大学紀要』第4集　2000　pp.23-32.
2）都市の中での騒音には，50dBを超えると，たいていの人間が不快感をつのらせ，心理的な不適合感や，生活妨害や負の人体影響などを導く一方で，モンスーンアジアや熱帯地域の森林では，静かな村で50dB，爽快な森のしじまの中で60dB，ちょっとした生命の営みや生態系のゆらぎによっては70dBの音が響いているにもかかわらず，感覚感性的には静寂感が保たれ，快適感はゆるぎもしない。大橋力『音と文明－音の環境学ことはじめ－』岩波書店　2003　p.16.
3）産経新聞　2003.1.28付朝刊より
4）志村洋子・甲斐正夫「保育室内の音環境を考える（1）」；『埼玉大学紀要教育学部』第47巻第1号　1998　pp.69-77.
5）労働省労働基準局『騒音防止のためのガイドライン』第546号　1992年10月1日。
6）日本音響学会編『音のなんでも小事典－脳が音を聴くしくみから超音波顕微鏡まで－』講談社　2002　p.213.
7）水野和彦『音薬効果－なぜ音でヒトは変わるのか－』情報センター出版局　1991　p.18.
8）志村洋子「保育室の音環境とコミュニケーションを考える」；『大阪保育子育て人権情報研究センター情報誌』第40号　2004　pp.13-14.
9）志村洋子「幼稚園・保育所における保育室内の音環境－コミュニケーションを支える音環境－」；『騒音制御』第27巻2号　2003　pp.123-147.
10）関沢勝一・佐藤直樹「乳幼児保育施設と音環境」；『音響技術』第27巻第3号　1998　pp.9-11.
11）藤井弘義「教室内の音環境」；『音楽教育実践ジャーナル』第4巻第2号　2007　pp.61-67.
12）野口紗生・小西雅・及川靖「乳幼児の豊かな知性・感性を育む環境づくり－保育・教育施設における「音環境設計」を通して－」；『発達研究』第22巻　2008　pp.235-246.
13）志村・甲斐　1998　前掲書4）．
14）同上
15）R.マリー・シェーファー；鳥越けい子・小川博司・庄野泰子・田中直子・若尾裕訳『世界の調律－サウンドスケープとはなにか』平凡社　1986　pp.264-266.
16）モンテッソーリは，「整えられた環境」の必要性を唱えている。指針となる「教師の12箇条」

には，「呼ばれた所へは，かけ寄り，交歓しなさい」，「招かれたら，耳を傾け，良く聞いてあげなさい」と明記されている．

17) R.マリー・シェーファー＆今田匡彦『音さがしの本－リトル・サウンド・エデュケーション』春秋社　1996　p.115.
18) 野村緑『おかあさんのモンテッソーリ』サンパウロ　1995　pp.99-100.
19) R.マリー・シェーファー　1986　前掲書15）p.295.
20) 澤田淳「子どもを取り巻く環境と育児－マスメディアの子どもに対する影響」；『小児保健研究』第62巻第2号　2003　pp.137-155.
21) 大橋力・中村桂子「音は身体全体で感じている」；『Biohistory』2006　pp.12-27.　大橋は，「霊長類における大脳の爆発的な進化を導いたのは，その複雑な音環境だという説もある」と言う．
22) 山岸美穂「マリー・シェーファーとサウンドスケープ/音風景の地平－音/音楽・人間・自然・日常生活の関係をめぐって－」；慶應義塾大学『Booklet』第2巻　1997　pp.70-86.
23) 鳥越けい子「マリー・シェーファーの方法－「音楽」を超えて－」；小川博司・庄野泰子・田中恵子・鳥越けい子編著『波の記譜法－環境音楽とはなにか－』時事通信社　1986　p.102.
24) 「野生の湖のための音楽」（1980），「星の王女」（1981），「魔法の森」（1996），「月を授けられる狼」（1987）などがある．
25) 山岸　1997　前掲書22）．
26) 鳥越けい子『サウンドスケープ－その思想と実践－』鹿島出版会　1997　pp.107-142.
27) 庄野進「環境への音楽－環境音楽の定義と価値－」；小川他編　前掲書23）p.73.
28) R.M.Schafer　The Five Village Soundscape　A.R.C.Publication　1977　p.51.　鳥越の引用による（鳥越　1997　前掲書26）p.135）．
29) R.マリー・シェーファー；高橋悠治訳『教室の犀』全音楽譜出版　1993　pp.16-17.
30) R.マリー・シェーファー　1992　前掲書　第1章18），R.マリー・シェーファー＆今田　1996　前掲書17）．
31) 志村・甲斐　1998　前掲書43）．
32) 鳥越けい子「聴く技術－その新たな形態を求めて－」；『日本機械学会誌』第97巻　1994　pp.579-583.
33) 中村雄二郎『共通感覚論－知の組みかえのために－』岩波書店　1984　pp.110-112.
34) 畑山美穂子「集中的な聴取の態度と表現力を育てる「無音」の効果－児童の＜共感覚＞に着目した実践研究－」；『音楽教育実践ジャーナル』第4巻2号　2007　pp.47-52，中井孝章「学校音楽の時間－空間論的転回－サウンド・エデュケーションに向けて－」；『生活科学研究誌』第4巻　2005　pp.255-279．など．
35) カント；篠田英雄訳『判断力批判（上）』岩波書店　1964　p.232.
36) 深瀬基寛「共通感覚について」1940（中村雄二郎の引用による；『術語集－気になることば－』岩波書店　1984　p.83.）
37) 中村　1979　前掲書33）p.7.
38) 同上書　pp.309-312.
39) 中井　2005　前掲書34）．
40) 小松正史『サウンドスケープの技法－音風景とまちづくり』昭和堂　2008　p.208.
41) 苧阪直行編著『感性のことばを研究する－擬音語・擬態語に読む心のありか』新曜社　1999

p.10.
42) 今川恭子「保育における子どもと音のかかわり－表現の育ちを支えるもの」;『保育の実践と研究7-4』スペース新社保育研究室/相川書房　2003　pp.47-55．音とのかかわりのなかから，「他者と相互主観的に音を共有する関係をつくり出す」，「実際には聴こえていない音を頭の中にイメージする」，「音からイメージを広げて音に意味付与する」，「身体と音を結びつけ，身体のコントロールを生じさせる」，「音で遊ぶ，あるいは音を他者と交わしあうこと自体を楽しむ」子どもの姿を見いだしている。
43) 今川恭子「表現を育む保育環境－音を介した表現の芽生えの地図－」;『保育学研究』第44巻第2号　2006　pp.156-166．
44) 香曽我部琢「幼児期の遊びにおける音の概念形成モデルについての質的検討」;『音楽表現学』第5巻　2007　pp.23-32．
45) 香曽我部琢「幼児が"音を介した表現"を生み出すに至る認知過程とその意義」;『音楽表現学』第7巻　2009　pp.41-52．
46) 野口紗生・小西雅・及川靖広・山崎芳男「幼児に配慮した保育施設の音響－活動に伴う音の反射に着目した音響設計－」日本音響学会講演論文　2009　pp.1415-1416．
47) 仙田満『こどもの遊び環境』筑摩書房　1984．
48) 無藤隆「園における音環境と表現」;岡本拡子・新開よしみ・松嵜洋子・無藤隆・吉永早苗『音・声・音楽を中心とした表現教育の構築』文部科学省科学研究費補助金研究成果報告書　2009　pp.71-83．
49) 佐々木正人『アフォーダンス－新しい認知の理論』岩波書店　1994　p.54．
50) 同上書　p.61．
51) 大橋力『音と文明－音の環境学ことはじめ－』岩波書店　2003　p.121．
52) KENTA「音とからだ－タップの現場から－」『女子体育』第48巻第1号　2006　pp.48-51．
53) 志村洋子「保育室の音環境とコミュニケーションを考える」;『大阪保育子育て人権情報研究センター情報誌』第40号　2004　pp.13-14．
54) レッジョ・チルドレン/ドムス・アカデミー・リサーチセンター;田邊敬子訳『子ども・空間・関係性－幼児期のための環境メタプロジェクト』学研　2008　p.96．

第3章 人の声の感受

　子どもは人の声をどのように感受しているのであろうか。保育者の声も，子どもにとっての音環境の一部である。幼稚園教育要領解説には，「教師自身も環境の一部である」と明記され，「幼児の視線は，教師の意図する・しないにかかわらず教師の姿に注がれ，教師の動きや態度は幼児の安心感の源になっている」と記されてある。ここでいう動きや態度のうちには保育者の声も入り，子どもたちはその様子から保育者の感情をリアルタイムに感じとっているのである。

　第2章では，保育者の「声」の大きさが子どもの声の出し方に影響をおよぼし，保育室の音環境の騒音レベルを高くしてしまうことを指摘した。しかし，子どもが耳にしているのは，物理的音響現象としての声だけではない。子どもが関心をもって聴いているのは，環境機械論としての音よりも，むしろ，環境意味論としての音，すなわち保育者の感情が映し出されているような，声の含む微妙なニュアンスである。

　近年，保育[1]，発達[2]，臨床[3]など，人間的援助にかかわるさまざまな領域において，相互作用論的な観点へと関心が集まるようになってきている。すなわち，援助の対象となる子どもがどのような特性をもつ存在であるのかといった，一方向的・静的な理解を超えて，子どもと援助者・養育者の間にどのような相互作用が形成され，発展していくのかという問いについて，研究が行われるようになってきているのである。

　保育のように，情緒的なやりとりに重点が置かれ，身体を介したかかわりやコミュニケーションが大きな役割を果たす領域では，言語で表現することの困難な細かな相互作用について，理解を深めることがますます重要になってくる。

　音声的なコミュニケーションには感情の微妙なニュアンスが映し出されるために，音声が情動伝達の効果的な手段になるということを，私たちは経験から知っている。ルソー[4]は，「抑揚は話の生命である。それは話に感情と真実味を与える。抑揚は，

言葉よりもいつわることが少ない」とエミールのなかで述べ，また，ダーウィン[5]は，「赤ちゃんが養育者の感情の動きを理解する際には，その声のイントネーションが手がかりの一つになっているのではないか」と指摘している。近年では，フェルナルド[6]が，言葉の内容を聴きとることのできない音声素材（400Hz以上の周波数の音を成分除去した音声素材）であっても，そのイントネーションによって，感情の動きがよく伝わるという知見を報告している。

また，短文に込められた感情の認識について調査したモートンとトレハブ[7]は，意味内容と音声表現に矛盾のあるちぐはぐな発話の場合，11～19歳は，話者の気分を音声表現（周辺言語）から判断し，8歳以下の子どもは，もっぱら発話の意味内容によって話者の気分を判断し，9～10歳は，両方に割れるということを見いだした（p.30参照）。一方，音声と内容が整合している場合には，「うれしい」，あるいは「悲しい」の情動文を判定する6歳児（N＝31，M＝6歳1か月）の正答率が，100％であったと報告している[8]。

日本語の音声における感情表現の発達について見ると，乳児の音声に，不快・空腹・眠気の音声の特徴が示される[9]ことや，6か月齢児が，言語の音声に感情性の情報を交えて発声できる[10]こと，2か月齢児の乳児音声に，「快」と「不快」，「平静」と「驚き」，「話」と「歌」を区別していることがわかる情報が聴取される[11]こと，乳児の発する「快・不快」の音声が，それぞれいずれの感情を表しているか，判断させる課題において，2歳児が成人の下す判断とほぼ同様の傾向を示す[12]ことなどが明らかになった。

また，成人と幼児・児童が発声する「ぴかちゅう」に込められた感情性情報を分析した櫻庭・今泉・筧[13]は，音声を使い分け，意図的に感情を表現する能力は，就学前にある程度完成しているが，年齢が幼いほど，意図的な感情表出能力に個人差が大きいということを明らかにした。そして，こうした音声特徴に見られる個人差は，音節長，母音無音化，基本周波数の変化範囲，基本周波数ピークの出方などの差異によって定位づけられる。

これらのことから，発達途上にある子どもにとって，コミュニケーションの音声的側面，とくにイントネーションやメロディーといった要素が，言語を獲得したり，対人場面において相手の意思を正確に汲みとったりということのために，大きな役割を果たしているのだと推察される。

語りかけや歌いかけなど，音声をともなうコミュニケーションは，保育実践の基調を成している。音声コミュニケーションのなかでも，歌は日常の保育実践に用いられ，歌詞の言語的な意味内容だけでなく，そのメロディーを通して，情動を伝達する。歌い手が一方的にメッセージを発信しているというのではなく，歌を歌う過程で，歌い手もまた，聴き手の存在から大きな影響を受けていることが示唆されている。

トレハブら[14]は，大人が実際に子どもに歌いかける場合と，子どもがいるのだと仮想して歌いかける場合の両方の歌を録音し，被験者に評定を求めた。その結果，被験者は，歌がどちらの条件下で歌われたかを正しく判別することができ，また，子どもが実際にそこにいる場合の歌いかけのほうが，より情動的な歌であったと評定し，「子どもに歌いかける歌が持つ特徴を十分に満たすために必要なのは，子どもがそこにいることであるようだった。親たちにとっては，情動によってもたらされるものこそが，最も演じがたいものなのかもしれない」と述べている。

　したがって，歌は，歌い手が伝えたいメッセージの直接性を超え，歌い手の置かれた状況や情動の動きを伝えるというだけでなく，歌い手の情動そのものが，自ら意識している以上に，聴き手との間に成り立つ相互作用の影響を受ける。

　音声コミュニケーションについての相互作用論的研究は数が少なく，似たような研究例は現在のところあまりない。しかし，歌を含め，保育実践のなかにつむがれていくコミュニケーションの全体像を理解するには，このような細かな相互作用について理解を深める必要がある。また，相互作用の理解，とりわけ，前述のような保育者を巻き込んで試みられる理解は，保育者を養成したり，経験を積んだ保育者の実践を分析的に考察したりするときに重要な意義をもつものと考えられる。本章では，保育者が歌いかけや語りかけにおいて，自分たちの意図や感情の揺れ動きをどのように音声に表し，また，それが聴き手にどのように感受されるのかについて，著者が調査した結果を報告する。

1　乳幼児の成長に対する語りかけ・歌いかけの大切さ

　子育てにおける感情の表現と愛着の質のあいだには，密接な関連がある[15]。私たちは，感情を伝達する手段の一つとして，音声による表現を用いる。乳幼児への音声（対乳児音声）には，愛らしい対象への大人の感情がはっきり表れることであろう。

　わらべ歌の口承者である阿部[16]が引く，「孫ぁ生まれるずど，そのえ（家）サ馬鹿ぁ3人でる」という東北のことわざにあるように，私たちはみな，いかにも大袈裟な身振りで赤ん坊をあやし，おもしろくおどけた表情に顔をほころばせ，言葉の抑揚を滑稽なくらい大きくして接している。これに対し，岡本[17]は，今の大人の言語行為には誠実さが欠けていると批判し，今日の社会において青少年の社会行動を逸脱させ，人格の健全な発育を歪める要因のうちの一つに，このような不誠実があると述べている。岡本によれば，言語行為の誠実さとは，言葉そのものというよりも，言葉

の使い方の奥底にあって，言語行為を支える態度である。コミュニケーションが多様なものへと拡大していくにつれ，人びとの発する言葉は，もともとそのようであるべき誠実な態度を海に溶け出すインキの染みのように拡散させ，美しくなくなるのである。

育児場面での乳幼児との語らいにしても例外ではない。音声（声の表情）というものは，一つの重要なファクターとして，人の言語行為を支えるのである。

本節では，大人と乳幼児のあいだに交わされる音声のコミュニケーションに焦点を当て，乳児に語りかけるマザリーズの音声特徴に関する先行研究について概観する。さらに，子守唄歌唱の音声的な特徴に着目した実験結果にもとづき，発達の礎（いしずえ）としての，育児における語りかけと歌いかけの意義（大切さ）について考えてみる。

●乳幼児に対する語りかけの特徴

❶対乳児音声について

母親と赤ちゃんのあいだには，しばしば特徴的な音声表現が見られるものである。それはマザリーズ（育児語）とよばれ，「乳児の注意を惹起する機能を有し，乳児は母親の周波数曲線に同調しようとする傾向をもつ」[18] 一方で，「母親は乳児の反応によって音声の音響的特徴を調整する」[19] というように，母親と乳児のあいだに交わされるコミュニケーションに重要な役割を担っている。

また，親と乳児との音声的なやりとりには，文化的な差異がほとんど見られず，驚くほど互いに似通っている[20]。そのやりとりは，幅の広い音程に反復型のリズムをもち，情緒的な感じと指示的な（知識を与える）内容をもつのであって，音楽の性格と大変よく似ている。母親と乳児は誰から教わるでもなく，こうしたやりとりを介して愛情を交換し，お互いのリズムを探る。母親の口ずさむ，歌のような抑揚ある声は，乳児の関心を引きつける「音楽」である。

対乳児音声にこのような特徴が見られるのは，母親と乳児のやりとりだけではない。父親，祖父母といった養育者に加え，乳児とじかに接触した経験のない学生のあやし行動にも，これと似た特徴ある音声が現れる[21]。恋人との会話やペットへの言葉かけ，入院患者や高齢者に向けた話し方のなかにも，同じような特徴が観察される[22]。

❷乳児の音声選好性

乳児は，大人向けの発話よりも，マザリーズを好んで選ぶ[23]。また，眠っている乳児に，大人向けの発話とマザリーズを聞かせたときの前頭部の脳血流を測定すると，マザリーズのときのほうが脳血流が多いということもわかっている[24]。

母親以外の養育者も，乳児との会話にマザリーズを用いるが，乳児が最も好むのは

母親の声である。生後3日目の赤ちゃんは，母親と他人の声をはっきりと聞き分け[25]，胎内で聞いた子守唄を出生後に聞かせると，機嫌がよくなるという報告がある[26]。出生時には，母親の声，母語，妊娠第3三半期（妊娠後期）に聞いた物語やメロディーを認識し，男性よりも女性の声を好むことなども明らかにされてきた。乳児が母親の声を最も好むのは，子宮内の胎児に，それが最も届きやすかったからである。

❸ 胎児期の聴覚の発達

胎児は，在胎18週には，大きな物音に心拍数を増加させ，在胎29週には，聴覚刺激に常時反応するようになる。在胎38週ともなれば，自分の母親の声を聞くと心拍数が増えるという一方，知らない女性の声の場合には，心拍数に何の変化も見られないという報告がある[27]。

人の聴覚器は，在胎4週頃に，外耳に関し耳介結節の形成が始まる。中耳の鼓膜は，出生時には成人の大きさに達していて，聴覚求心路も，出生までに髄鞘化が完成している[28]。胎児は，出生以前に，子宮のなかですでに音を聞いているのである。

胎児の音環境としては，母親の内臓の音，空気中を伝わる外界の音（他者の声を含む），母親の声がある。内臓の音については，生後8日までの乳児を対象に，機嫌がよくないタイミングを見計らい，心臓の鼓動や腸の蠕動音を聴かせたところ，90%の乳児の機嫌が穏やかになった[29]。

外界の環境音については，母胎のなかでは2000Hzより高い音は20dBほど減衰すること，250Hzより低い音は少し増強されること，それらの音が羊水を通って胎児の耳に達すると，2000Hzより高い音は50dB以下に，500～1000Hzの音は約60dBに減衰すること，そして環境音が母体の内臓音より小さいという場合，それらは掻き消されて赤ちゃんの耳には届かないことなどが報告されている[30]。したがって，基本周波数が250～500Hzの範囲内にある女性のよそ行きのやや高い声やマザリーズは，確率的に，胎児に届きやすいということになる。加えて，母親の声は，大気の振動として伝わるというだけでなく，母親自身の身体がその発声に合わせて振動して直接伝わるために，子宮内の胎児に最もよく届くのである。

❹ 母親と乳児間の音声相互作用

母親と乳児との音声関係に着目した志村[31]は，母親のマザリーズと乳児の音声行動には，ピッチなどの点に相互連関的な符号があることを明らかにし，それゆえ，母親のマザリーズは，乳児にとって重要な音響環境の一つになり得るとしている。このことは，母親の声の平均基本周波数（f0）の最頻値が，どの月齢においても300～400Hzの範囲内にあり，乳児の声の平均f0の最頻値と一致するという複数の調査結果の示すとおりである[32]。

庭野[33]は，母親が乳児に語りかけるという場面設定を施した観察実験により，乳児の月齢が進むにつれ，母親の声の音響的特徴と，それに対する乳児の音声反応率とが相ともなって変化していくことを見いだした。さらに，母親が乳児の反応を受け，声の音響的特徴を模索的に調節していること，および，母親の声の音響的特徴の種類によって乳児の反応率に違いが見られることから，「乳児もまた，母親音声に対して選択的に反応して能動的に発声していることが示唆され，母子相互に調整を図りながら音声を発している」と結論づけている。

コミュニケーション能力を発達させ，豊かな語彙を獲得するには，周囲からの適切な働きかけが必要不可欠であるが，音声を介したコミュニケーションは，適切な働きかけのための重要なツールの一つである。スターンら[34]は，母親が，乳児に対して語りかける場面々々に応じ，音調曲線を選択的に使い分けるのは，異なる音声には異なるコミュニケーション情報が符合しているという事実を乳児に気づかせるためであると述べている。私たちは，赤ちゃんのころから，母親や保育者とかかわるなかで，声の印象から相手の感情を読みとり，自分の声の趣を今の気持ちに合わせて変化させることで，自分の真意を伝えることを学んでいく。

●子守唄の歌唱における音声特徴

❶子守唄の特徴

日本の子守唄を，町田と浅野[35]は「遊ばせ唄」「眠らせ唄」「守り子唄」の三種に分類した。このうち，「守り子唄」は，子守をする少女が自身の不幸な境遇を歌詞へと託し，それを乳児に唄って聞かせることで，自らの魂をなぐさめる唄である。かつて，子守を任された少女たちは，家が貧しいために「口減らし」として他家へと奉公に出されることが多かった。子守唄としてよく知られる『五木の子守唄』『島原の子守唄』『中国地方の子守唄』『こもりうた』などはみな「守り子唄」に属していて，陰旋法（日本の音階の一つ）で構成され，陰鬱な音調を醸している。かつて著者は，電車のなかに赤ちゃんを寝かしつけようとし，童謡の『大きな栗の木の下で』を歌いかける若い母親に出くわした。母親の歌い方は短調に変化していたが，それは，歌詞に合わせて腕を上下させるアクションソング（動きをともなった歌）としての，この歌本来の明るい調性ではなく，しんみりとした音調であった。「守り子唄」の陰旋法のイメージが，母親の『大きな栗の木の下で』をどこか陰鬱な音調に変えていたのであった。

今日，親子関係のコミュニケーションのあり方がぎこちないものになっているといわれて久しい。そうしたなかで，赤ちゃんの人格形成に好ましい影響をおよぼす子守唄の重要性が再評価されるようになってきた。たとえば，湯川[36]らの「子守唄復古

運動」は，母親もしくはそれに代わる人が優しく歌いかけることで，コミュニケーション能力が育ち，情緒の発達が進むという理念にもとづいていて，赤ちゃんを抱っこしながら心臓の鼓動を聞かせることや，胎内で聞いた周波数に近い声で歌いかけることなどが提唱される。右田[37]の指摘によれば，母親の子守唄に入眠をうながす効果があるのは，何よりも，乳児にとってそれが母親の声だからだということである。さらには，母親が本能的に胎内音（脈拍）にしたがい，その倍くらいゆっくりしたテンポで歌うことにより，乳児の入眠が促されるのではないかとも指摘している。

　子守唄の歌いかけには，生体リズムが相互に同調化していくエントレインメント（引き込み）現象があるのではないかと思われる。渡辺ら[38]は，新生児期におけるエントレインメントを客観的に定量化する分析手法によって，出生後間もない新生児が，母親の語りかけをコンピューターによる合成音と識別し，その語りかけに対して四肢を同期的に動かすという事実を明らかにし，成人の会話の情報交換における基本的な形態が新生児期にはすでに芽生えているのではないかと指摘する。

　日本各地に散在する子守唄を唄い継いでいくのは，伝統文化を保存するという観点からも大切なことである。だが，子守唄のもつこのような機能に着目するなら，伝統的な子守唄を記憶することそのものよりも，育児や保育において，赤ちゃんに「歌いかける」という行為にこそ，積極的な意義があるのではないかと著者は思っている。

❷ 子守唄歌唱の音声特徴

　世界各国のさまざまな地域に存在する子守唄は，おしなべてゆっくりしたテンポをしていてメロディーの繰り返しが多く，やや高い声で歌われる。音程が大きく跳躍した後，ゆっくりと音は下降していく[39]。すなわち子守唄は，どの国の文化においても，マザリーズの抑揚や発声の性質と大変よく似ている。ナカタら[40]は，話しかけよりも歌いかけの方が乳児の注意をより強く引きつけることを見いだしているが，子守唄の歌いかけには，どのような音声特徴があるのだろうか。

　前掲したように，湯川は，胎内に聞こえた周波数と近い声で歌うことを提唱している。すなわち，250〜500Hzの声である。昔からある子守唄でなくとも，『大きな栗の木の下で』の事例が示したように，母親をはじめ，保育者は，童謡や遊び歌を子守唄代わりにして歌い聞かせている。そこで，赤ちゃんに対し，童謡や遊び歌を普通に歌う場合と子守唄として唄う場合の基本周波数の違いについて，女子大生を対象とした歌いかけの実験を試みた。

●女子大生による子守唄の歌唱実験[41]

❶ 歌唱実験の内容

被験者は，N女子大学児童学科の学生44名であった。実験の内容としては，彼女らがよく知る遊び歌や童謡の，『げんこつ山のたぬきさん』『夕焼け小焼け』『大きな栗の木の下で』『むすんでひらいて』の4曲を課題曲とし，そのなかから，指定された1曲を独唱してもらった。被験者のほとんどは，保育者，もしくは小学校教諭をめざす学生であった。歌唱実験は個室で行い，デジタル・ボイスレコーダーを使って録音した。歌唱条件は次の(a)(b)とし，いずれを先に歌うかはランダムに配したが，各被験者は両方の条件で歌うものとした。

(a) 複数の子どもたちに歌い聞かせる状況をイメージしながら歌う
(b) 赤ちゃん人形（写真：重さは約3000グラム。首のまだ据わらない新生児を模した人形）を抱っこしながら，子守唄として唄う

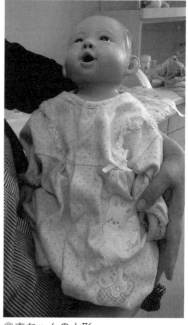
◎赤ちゃんの人形

❷ 分析の方法

すべての音について分析を行うのではなく，次に示すように，各曲から10〜13個の音を抽出することとした。抽出する音として，メロディーの音高が変化し，被験者の多くが歌詞や音を比較的正確に歌うことができたと思われる音を選んだ。基本周波数値は，Sound Forge7.0（音声分析ソフト）によって求めた。課題曲の歌詞および抽出音（○印）を次に示す。

〈げんこつ山のたぬきさん〉

```
げんこつやまの　たぬきさん
おっぱいのんで　ねんねして
だっこして　おんぶして　またあした
```

〈夕焼け小焼け〉

ⓨⓤⓎけⓒやけでⒽがⓀれて
ⓎまⓃおⓉらⓃかねがⓇ
おててつないで　みなかえろ
からすといっしょに　かえりましょ

〈大きな栗の木の下で〉

ⓄⓄきなくりⓃ　きのしたで
ⓐなⓣとⓦたⓢ　なかⓨくあそびましょ
おおきなくりの　きのしたで

〈むすんでひらいて〉

ⓜⓈⓝでⓛらⓘて　てをうってむすんで
またひらいて　てをうって
そのてをうえに
むすんでひらいて　てをうってむすんで

❸ 歌唱の基本周波数

　抽出した音の周波数の平均値を，曲目ごとに図1～4に示す（単位はHz，小数点以下は切り捨て）。なお，予期しない雑音が混じっていたり，極端にメロディーを外していたりするケースは無効とした。

■——■ =（a）複数の子どもたち向けて歌って聞かせるように歌唱
◆——◆ =（b）赤ちゃん人形を抱っこしながら子守唄として歌唱

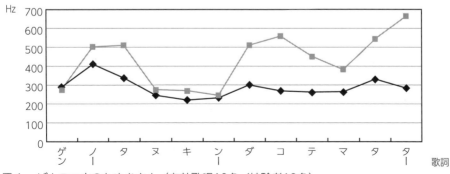

図1　げんこつ山のたぬきさん（有効歌唱10名／被験者12名）

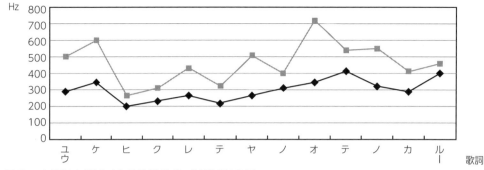

図2　夕焼け小焼け（有効歌唱7名／被験者10名）

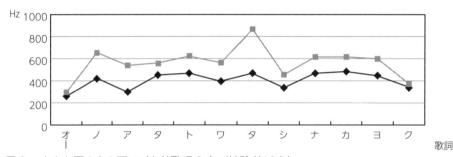

図3　大きな栗の木の下で（有効歌唱8名／被験者12名）

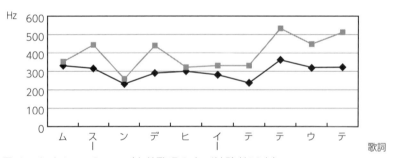

図4　むすんでひらいて（有効歌唱9名／被験者10名）

　この結果から，グラフに見られる音の高さの変化（音調）が，楽譜の指示する音高の変化（メロディー）と一致していないことが見てとれる。その一因として，この歌唱実験における被験者の歌い始めの音の高さが，楽譜の指示する音の高さと同一でなかったということがある。歌い始めの音の高さを教示しなかったのである。
　また，グラフ中の二本の折れ線は互いにかなりの相違があるが，実験の録音を改めて聴いてみると，(a) と (b) の歌唱条件の違いによって，歌がまるで違って聞こえるということはなかった。それというのも，周波数が示す値というのが，感覚的に把握された音の高さをかならずしも反映しておらず（どの高さの音で歌っているのか，周

波数から完全に判断することができないわけで），あくまでも物理的に定義された物理量であるために，感覚量とはそもそもカテゴリーからして異なっているのである。

　一般に，周波数が高くなれば高い音を感じるが，物理量である周波数と感覚量である音の高さの関係は，そうそう単純な比例関係とはならない。音の高さ（ピッチ）は，周波数だけでなく，ほかのパラメーター（たとえば，声の大きさのレベルの差異など）にも依存している[42]。

❹ 女子大生による子守唄の歌唱の特徴

　グラフから，次の2点が読みとれる。

（1）普通の歌唱では，基本周波数の変化（音調）がはっきりしているが，子守唄の場合その変化は平板である
（2）子守唄の歌唱周波数はほぼ300～400Hzまでの範囲に収まっており，「大きな栗の木の下で」以外の曲では，基本周波数の平均値は300Hz周辺を推移している

　なお，前述のトレハブらの結果を考え合わすならば，人形ではない本物の赤ちゃんを抱いた場合，歌唱はその情動をよりいっそう強め，したがって，上記の傾向はさらに顕著なものになると予測される。

　女子大生たちは，当初の教示のとおり，子守唄を意識した歌唱を行ったわけであるが，このときの音調の変化はおおむね平板であった。すなわち，300～400Hzの間を推移していた。庭野[43]によれば，特定の発話機能は，特定の音調曲線と対応関係にある。いま，意識的に子守唄を歌唱する際の音調変化が平板であったのだから，庭野のこの知見を考え合わすならば，子守唄の音調変化は大体のところ平板なものへと収束していくのだといえそうである。

　子守唄歌唱条件下の基本周波数の平均値が300Hz周辺であり，いずれの事例においても，歌い始めの音高として300Hz周辺が選択されたことについては，母親の腹壁と羊水の介在により，胎児に300Hz以下の低音が届きやすいという報告[44]に，類似した関連を見ることができる。また，庭野の研究結果である「3〜9ヶ月の月齢児への母親の対乳児音声が300〜400Hzに最も多く現れる」[45]，そして「乳児もまた300〜350Hzの対乳児音声において選好性を示す」[46]という結果と一致するように，女子大生は，子守唄を口ずさんだのではないかと考えられる。

　また，庭野は，母親の赤ん坊への語りかけについて，「母親音声の音響的特徴が乳児の月齢に応じて変化すること」，および「乳児の母親音声の音響的特徴に対する音声反応率は月齢変化を示す」という結果から，母親は乳児の反応によって音声の音響的特徴を調整することが推察される」と結論づけている[47]。

ところが，本実験の結果の示すところでは，子育て経験のない女子大生にも，赤ちゃん人形を抱いて歌唱した場合には，胎内に届く可能性が高い周波数域，そして乳児が選好性を示すとされる周波数域が選択されていたのである。
　女子大生自身が赤ん坊であった頃，彼女たちもまた，母親の胎内にさまざまな音を聞いていたわけであるが，そのときに，あるいは腹壁を隔て，またあるいは羊水を介して聞いたそれらの音に，限りない安心と安らぎを覚えたはずである。女子大生が，女性として成熟を遂げていくなかで，やがては人の母親となる彼女たちが，実験の設定であったとはいえ，赤ちゃんに子守唄を唄って聞かせるというとき，やはり，母胎内の遠い記憶を追想し，自分たちが感じたのと同じ安心と安らぎを，眼前の赤ちゃん（人形）に届けてやりたかったのではないだろうか。
　いま，ここまでの論考と，前述したトレハブの知見を考え合わせてみる。すると，これらの女子大生被験者がそれぞれに母親となって唄いかけるとき，そこに抱かれるのは彼女たち自身の出産したかけがえのない存在である。人形の代替物とは，そもそも彼女たちにとっての価値づけが根本的に異なっている。彼女たちの唄う子守唄は，円熟した優しい母親のものとして，実験のときよりいっそう平板ではあるが，むしろいっそう平板であるだけに，そのまろやかな韻律（音の強弱・長短・高低，または同音や類音の反復などによってつくり出される言葉のリズム）のなかに，彼女たちの精神に生来備わる安らかな愛の息吹を顕してやまないであろう。

声を読む子ども
―10種類の「ハイ」に対する声色（こわいろ）情報の感受―

　ここで紹介する内容は，保育者の音声が含む感情性情報がどのように子どもに伝達されるのかを調査したものである。まず，保育者が感情や意図を込めて発声する際，それらの発声が，それぞれどのような音響的特徴を帯びるのかについて確認した。続いて，保育者および小学校教諭と子どもを対象とし，それらの音声から感情や意図が聴き手にどのように伝わるかについて調査した。

●保育者の「ハイ」を子どもはどうとらえるか

　保育者の音声特徴については，権藤が一連の研究のなかで「幼児に対して絵本のような架空の内容について読むといった課題場面においては，一般のテキストを読むときに比べ，保育者の声が高く抑揚が大きくなる」[48]，「ある程度言語理解の進んだ幼児に対して何か指示する場合，保育者は声を高くするというより，声の抑揚を大きく

して調子をつけて話す」[49]，「自他の行動や感情を言語化する発話の場合，大人が落ち着いた声を用いる傾向がある」[50]ことなどを明らかにしている。では，保育者と子どもが音声コミュニケーションを交わすとき，意図や感情を伴った保育者の声の表情は，その意図や感情の真意を，どの程度精確に子どもへと伝達するのだろうか。

　保育における保育者と子どもとの言葉のやりとりを，音声相互作用の観点から観察していると，保育者が間投詞的応答表現の「ハイ」を頻繁に使用していることが見てとれる。それらは，返事やあいづちといった使途以外に，さまざまな意図あるいは感情を含んでいるように聴き取れる音声で表現されていて，意識的に口に出すこともあれば，意識的にではなく，折々の一過性の情感が，そのイントネーションの様子のなかにそのまま反映されている場合もあった。

　そこで著者は，保育者が保育のなかで頻繁に発する間投詞的応答表現，「ハイ」に着目し，意図を込めて発声した10種類のサンプル音声を作成して，保育者と小学校教諭，幼稚園・保育所に通う年長児クラス（5～6歳）の子どもに対し，それぞれの音声の印象を問う調査を行った。保育者と小学校教諭に向けて質問紙調査を行い，感情や意図がどれだけ精確に伝わっているかを確認するとともに，感情や意図の内容と音声表現の特徴との関係を見出したいと考えた。また，5～6歳の子どもに向けてインタビューを行い，文脈から切り離されて発音される単独の「ハイ」の音声表現から，意図や感情をどれだけ感受しているのかを調査した。

●音声サンプル「ハイ」の作成

❶「ハイ」の機能および音声特性とその印象

　山元[51]は，中学3年生の学習塾での教室談話の分析から，「ハイ」の機能について次の二つをあげている。

- 話題の転換場面で現れ，ひとまとまりの話題がある程度完成したことを示す機能
- 聞き手の注意をひきつけ，講師の意図どおりに次の指示や発問をしたり，それた話題を元に戻したりするマーカーとしてはたらくような機能

　「ハイ」のイントネーションには，上昇調，下降調，平板調の3つがあげられる。これらの特徴に加え，青柳[52]は，電話での会話を観察し，「ハイ」の音声的変異として，長音と咽頭閉鎖音（呼気の流れをいったんとめることにより産み出される音）を見出した。そして，長音が長いほど聞き手にくだけた印象を与え，逆に，咽頭閉鎖音によって改まった印象が与えられると述べている。青柳のあげた「ハイ」を音声特徴ごとに分類したとき，それらがそれぞれどんな意味合いを持ち，聞き手がそれらの「ハ

イ」に対しどのような印象を抱くかということについての分析は，以下のとおりである。なお，イントネーションの3音調のうち，上昇調，下降調には，「承認」の意味にそれぞれ「疑問」，「断定」の機能が加わること，上昇調には不快な印象がともなうこと，平板調には話題分割機能があるということが指摘されている。

○音声的変異がないもの＝基本形
　肯定意味や受けとりなど「承認」の意味をもつ
○長音をともなうもの
　a. 語中に長音をともなうもの［ha：i］
　　平板調の例が多く，軽快に承認している印象
　　下降調では逆に不快に感じている様子を示す。どちらも少しくだけた感じ
　b. 語末に長音をともなうもの［hai：］
　　迷いの気持ちなどを表出する
　c. 語中と語末との長音をともなうもの［ha：i：］
　　上記bよりもさらに深く考え込んでいる
○咽頭閉鎖音（＊で示す）をともなうもの
　a. 語末に咽頭閉鎖音をともなうもの［hai＊］
　　元気がよい，歯切れのよい印象。改まった場面でも使用される
　b. 語頭に咽頭閉鎖音がともなうもの［＊hai］
　　ワンテンポ遅れた発話だが，失礼な印象は与えない

---

❷ サンプル音声の作成

　保育場面の間投詞的応答表現としての「ハイ」の音声には，一般的な返事・あいづち以外にもさまざまな表情がある。前述の青柳，山本の分析をふまえ，本調査では，音刺激として表1の10種類の「ハイ」を用意した。これらは，実際の保育場面で使

表1　サンプル音声

1．明るい返事	「ハイ」
2．聞き返す感じ	「ハイ↑」
3．「わかった，わかった」という感じ	「はぁい＊」
4．どうでもいい感じ	「はい」
5．注意を喚起させる	「ハ〜イ」
6．「いやいやながら」な感じ	「はーい」
7．話題の転換として	「＊ハイ」
8．命令，急かせる感じ	「ハイ＊」
9．緊張した感じ	「ハイ」
10．「やれやれどうしたの？」という感じ	「はぁ↓い↑」

※＊は咽頭閉鎖音，↑は上昇調，↓は下降調，〜は明るい長音，ーは暗い長音，カタカナは歯切れのよい音調を表している。

用されると思われる「ハイ」のなかから抽出したものである。

　これら10種類のサンプル音声を，保育1年目の幼稚園教諭（女性・23歳）に，保育におけるそれぞれの場面を思い浮かべながら発声してほしいと依頼した。このとき，各表情の特徴をわかりやすくするために，音声3については「語尾をはっきりと」，音声4については「やり過ごすように」，音声8については「息を入れるように」と教示を与えた。

◎CDレコーダー（Roland　CD2-e）

　10パターンの音声は，CDレコーダー（Roland　CD2-e）を用いて録音した。録音された各音声の音量変化（0.6秒間）を表2に示す。音量変化から，それぞれの「ハイ」の音響的な特徴に明らかな違いのあることが見てとれる。どのような音声があるかは，サンプル音源が萌文書林のホームページからダウンロードが可能（p.261参照）。

表2　サンプル音声の音量変化

音声1	「ハイ」	明るい返事	
音声2	「ハイ↑」	聞き返す感じ	
音声3	「はぁい*」	「わかった，わかった」という感じ	
音声4	「はい」	どうでもいい感じ	
音声5	「ハ～イ」	注意を喚起させる	
音声6	「はーい」	「いやいやながら」な感じ	
音声7	「*ハイ」	話題の転換として	
音声8	「ハイ*」	命令，急かせる感じ	
音声9	「ハイ」	緊張した感じ	
音声10	「はぁ↓い↑」	「やれやれどうしたの？」という感じ	

●調査A：保育者・小学校教諭は「ハイ」をどのように認識したのか

　音声によって，感情や意図はどれだけ聞き手に伝わるのだろうか。調査Aでは，保育者や小学校教諭が，異なる感情や意図を込めて発声した「ハイ」に対して，どのような印象評価および機能評価を行うかについて質問紙調査を行った。

❶調査Aはどんなふうに行われたか

　岡山県内の幼稚園教諭および保育士（118名）と，小学校教諭（20名）の計138名の参加協力を得た。経験年数の平均値は，8.536年となった。

　小学校教諭に対しては2009年7月27日に，幼稚園教諭・保育士に対しては2009年7月28日，いっせいに調査を行った。まず，音声1を用いて調査手続きを周知確認したあと，録音した音声（「ハイ」）を1から順にCDデッキで流し，10パターンの音声についてその評価を質問紙に記入してもらった。音声の聴取回数は1回のみである。

　上記の10パターンの音声のそれぞれについて，印象評価と機能評価の質問項目を設定した。印象評価は，表3にあげる6項目である。7段階評価とし，それぞれの印象に近い個所を○で囲んでもらった。左側の評価項目を1点，右端を7点とした。「肯定」の対概念は「承諾」ではないが，通常「ハイ」を否定の意味に使うということはあり得ないし，「相手の発話内容を肯定する」と「単に相手の発話を聞きとった」という対比を意識したということで，「承諾」の文言を用いた。

　機能評価では，「ハイ」の機能として，「あいづち」「あいさつ」「呼びかけ」「転換」「終結」「命令」「陳述」「疑問」の8項目をあげ，そのなかから当てはまると思われる項目を選択するよう求めた（複数回答可）。

表3　「ハイ」の印象評価項目

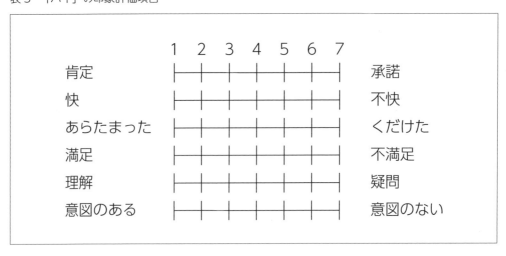

❷印象評価と音声の特徴

各音声における評価点の平均値は，図5のように示された。各サンプル音声の平均値について，評価の二極化した項目，評価の分散した項目，評価点の平均値に違いの少ない項目，という三つの観点からその特徴を分析していく。

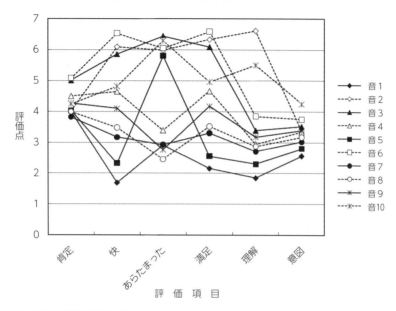

図5　各音声における評価の平均点

（1）評価の二極化した項目

評価の二極化した項目は，「あらたまった－くだけた」（図6）と，「理解－疑問（図7）の2項目である。まず，「あらたまった－くだけた」の評価において，「くだけ

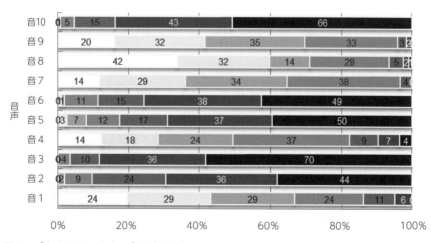

図6　「あらたまった」－「くだけた」

第3章　人の声の感受　　109

た」印象評価となった音声は，音声2，音声3，音声5，音声6，音声10の5音声である。いずれも長音をともない，上昇調のイントネーションをした音声であった。

一方，あらたまった印象評価となったのは，いずれも基本形，もしくは咽頭閉鎖音を含む音声であった。この項目における各音声の評価点の分布は，以下のとおりである。グラフの色の濃淡が評価点を示しており，濃いほうが「くだけた」の評価となっている。なお，棒グラフ中の数値は回答者数である。

「理解－疑問」の評価項目で，「疑問」の評価点の高い（グラフの色が濃い）のは音声2と音声10で，どちらも上昇調のイントネーションであった。音声の長短にかかわらず，語尾のあがる「ハイ」は疑問の意図を示すことがわかる。以上，2項目の結果は，青柳の分析と一致している。結果から，前後の文脈がない「ハイ」においても，その音声の特徴から，長音をともなうものはくだけた感じに，上昇調のイントネーションには疑問の機能が評価されることがわかった。

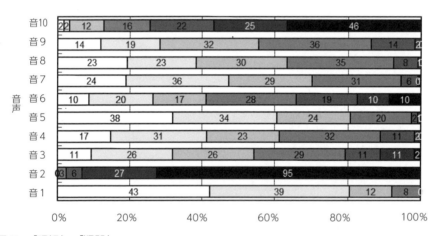

図7　「理解」－「疑問」

(2) 評価の分散した項目

評価の分散した項目は，「快－不快」（図8）と「満足－不満足」（図9）の2項目である。評価は分散しているが，これら二つの項目において10パターンのサンプル音声の評価点の平均値の順位は同じであった。すなわち，「快」「満足」の高い音声は，音声1と音声5，逆に「不快」「不満足」の高い音声はポイント順に，音声6，音声2，音声3，どちらかといえば「不快」「不満足」の音声が音声10と音声4であった。これらの相違は，音声ごとの評価点の評価点分布（グラフの色の濃いほうが「不快」および「不満足」の評価）からも明らかである。

青柳の分析によれば，上昇調のイントネーションには不快感が表れる。本調査で

は，「ハイ」だけを単独で聞いたわけであるが，音声2および音声10のそれは，不快感や不満足感を感じさせるものとして評価された。「快」「満足」の高かった音声1および音声5は，基本形もしくは長音をともなう平板調の音声であり，これらもまた青柳の分析内容と一致する。

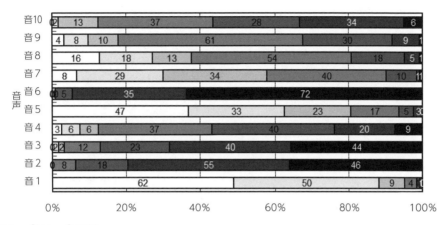

図8 「快」-「不快」

音声3および音声6は，長音を含む平板調，音声4は基本形の平板調であるが，「不快」「不満足」の評価点が高い結果となった。つまり，イントネーションや音響の特徴だけではなく，それぞれの音声に込められた，「わかったわかったという感じ」「いやいやながらの感じ」「どうでもいい感じ」といった保育者の細かな感情のゆらぎが，聞き手に対し，高い確率で伝わっていたのだといえる。

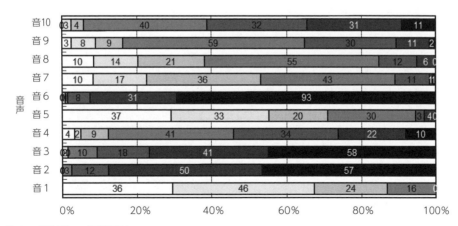

図9 「満足」-「不満足」

(3) 評価点の平均値に違いの少ない項目

これに対して，「肯定－承諾」（図10）と「意図のある－意図のない」（図11）の評価項目では，評価点の平均値に音声による違いはあまり見られない（図8を見ると，前者は4〜5点，後者は2.5〜4.2点のあいだに集中している）。しかし，それぞれの評価点分布を見てみると，「快」の印象評価の高かった項目（音声1，音声5）は，「肯定」と「承諾」の評価が二分化している（ほぼ等しく分かれる）こと，「不快」の印象評価の高かった項目（音声3，音声6）は，「肯定」より「承諾」（グラフの色が濃い）のほうに偏りのあること，語尾のあがるイントネーションである音声2と音声10では，中間点の4点を回答した者がいずれも58名であったことが明らかとなった。

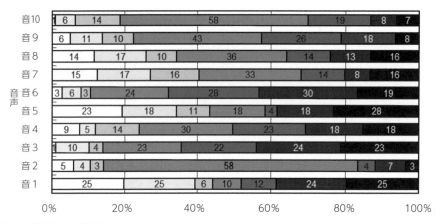

図10 「肯定」－「承諾」

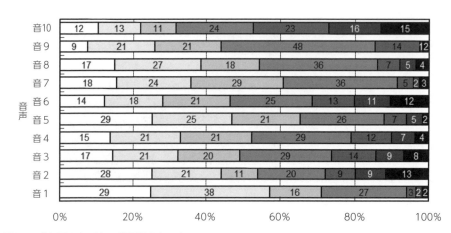

図11 「意図のある」－「意図のない」

「快」の印象評価の高い音声について，評価が二分化する結果となったのは，「肯定」と「承諾」の概念の違いが明確ではなかったことによるのではないかと思われる。ただ，「不快」の印象評価の高い項目に対しては，「承諾」と評価する傾向が強かったことから，それが「肯定」でなく，単に「受けとりました」の意味合いにとらえられているわけで，この二語の概念の違いがまったく区別されていなかったということにはならない。また，語尾のあがるイントネーションの音声について，どちらとも判断しかねるあいまいな結果が得られたのは，それらに「肯定」でも「承諾」でもない，「疑問」提起の機能を感じとっているからなのであろう。

　「意図のある−意図のない」項目では，音声による大きな違いは見られないが，どちらかといえば意図がないと評価された（評価点が6〜7点）音声は，順に音声10，音声6，音声2であった。「意図がない」と判断される傾向にあった音声は，いずれも「不快」「不満足」「くだけた」という印象評価が高い。つまり，不快だという感情がストレートに表れず，したがって，感情以外のサインが音響のなかにより多様にうかがわれるのではないかと思わせる音声は，「意図のある」という評価を得たのである。

　冒頭で述べたように，音声には感情の微妙なニュアンスが表される。ルソーが述べたように，それは言葉よりもいつわることが少ない何かである。メラビアン[53]は，「好意の合計＝言語による好意7％＋声による好意38％＋表情による好意55％」と言う。メラビアンのこの法則は，声による好意が言葉による好意に，情報としての価値の大小において勝っていることを示唆するものである。それは「好意の合計」であって，好意−嫌悪の感情に限られた場合についてのみ言えることなのであるが，本調査の結果を実に雄弁に裏づけるものである。なぜならば，調査の結果が示すとおり，「快−不快」あるいは「満足−不満足」といった感情評価項目において，音声パターンによる明らかな差異が確認できたのだからである。

❸音声の機能評価

　10種類のサンプル音声の機能評価（「あいづち」「あいさつ」「呼びかけ」「転換」「終結」「命令」「陳述」「疑問」）の得点の割合は，図12のとおりである。いずれの機能評価においても，サンプル音声ごとの得点に有意差（$p<.01$）が認められた（つまり，たとえば「疑問」について評価したという場合，サンプル音声ごとの得点には，どれもみな互いに有意な差があった）。

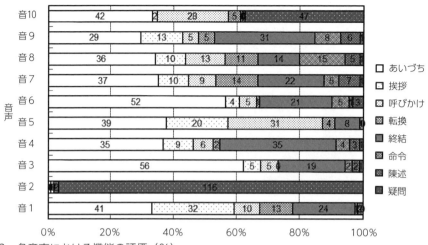

図12 各音声における機能の評価（％）

　また，各音声のそれぞれの機能評価について，残差分析の検定値が＜.01であったものを表4に示す（たとえば「明るい返事」において統計的に意味をもつのは，「あいさつ」「転換」「疑問」であり，「わかった，わかったという感じ」において統計的に意味をもつのは「あいづち」「疑問」であった，というような）。

表4　各音声における有意差の認められた機能

音声	表現の意図	有意差の見られた機能
1	明るい返事	あいさつ　転換　疑問
2	聞き返す感じ	あいづち　あいさつ　呼びかけ　終結　疑問
3	「わかった，わかった」という感じ	あいづち　疑問
4	どうでもいい感じ（やり過ごす）	終結　疑問
5	注意を喚起させる	あいさつ　呼びかけ　疑問
6	「いやいやながら」な感じ	あいづち　疑問
7	話題の転換として	転換　陳述　疑問
8	命令（急かせる感じ）	命令　疑問
9	緊張した感じ	終結　疑問
10	「やれやれどうしたの？」という感じ	あいさつ　呼びかけ　終結　疑問

　機能のうち，下線を引いたものがポイントの高かったものである（すなわち，各サンプル音声の機能の代表格のことである）。各サンプル音声の趣旨となる意図と下線を付した機能とを単純比較して見ると，大体のところ，意図どおりに音声のニュアンスが伝わっているということが見てとれる。これら10種類の音声を，選択回答された機能ごとにまとめると表5のようになる。

表5　各機能における評価の高かった音声（○印）

音声	1	2	3	4	5	6	7	8	9	10
あいさつ	○				○					
あいづち			○			○				
転換	○						○			
終結				○					○	
呼びかけ						○				○
命令								○		
陳述							○			
疑問		○								○

　これら8種類の機能のなかで，複数の音声が選択された機能（「命令」と「陳述」以外の機能）のそれぞれについて，印象評価の結果を突き合わせ，音声の特徴をまとめると次のようになる。

- ○**あいさつ**：印象評価において，「快」および「満足」と評価されている
- ○**あいづち**：印象評価において，「不快」および「不満足」と評価されたもので，いずれも長音を伴う平板調
- ○**転換**　：印象評価の共通点としては，「意図のある」のポイントが高く，長音を伴わない
- ○**終結**　：印象評価では，「満足」も「肯定」もしていないものの，「あらたまった」および「理解」の傾向にあり，長音を含まない
- ○**呼びかけ**：印象評価では，「くだけた」に共通性があるが，「理解」「快」「満足」といった感情的な印象では，まったく反対の評価結果となっている。いずれも長音を伴う
- ○**疑問**　：いずれも，上昇調のイントネーションである。音声10については，「呼びかけ」にも有意差が見られた。聞き手は「やれやれどうしたの」という話し手の，かならずしもネガティブでない意図を「はぁい」という短い音声のなかに感じとっている

　なお，「命令」の「ハイ」には，音声の録音に際し，「急いで」という命令的なニュアンスを含ませるため，「息を入れるように」という教示に加え，なかなか動こうとしない子どもの集団に向けて「早く保育室に入りなさい」とか，「早くお片づけをしなさい」と声かけをするような場面をイメージしてもらうことで，命令的なニュアンスを含ませた。この項目だけが，機能評価に関し，各音声の幼稚園・保育所と小学校間に有意な傾向（p = .06）を確認することができた音声である。すなわち，小学校教

員に比べ，幼稚園・保育所の保育者の方が，サンプル音声8の「ハイ」をより命令的な意味に評価する傾向があったのである。このことから考えられることには，「ハイ」の「命令」的機能は，幼児教育に特有の表現なのかもしれない。

❹ 調査Aをふりかえって

本調査の結果から，それぞれの「ハイ」に込められた意図が，ほぼ正確に聞き手に伝わっていることが明らかとなった。たとえば，音声2と音声10を比較してみると，いずれも上昇調のイントネーションのために「疑問」と評価されるが，音声10の機能については「あいづち」や「呼びかけ」の評価も高くなっている。聞き手は，「ハイ」の前後に文脈がなくとも，音声に込められた「やれやれどうしたの？」という細かなニュアンスを感じとっているのである。

また，音声3は咽頭閉鎖音を，音声6は長音を含む特徴があるので，青柳によれば，それぞれ「あらたまった」「くだけた」というように印象評価されるわけである。本調査においても，この知見を裏づける結果が得られた。しかし，本調査ではこのことに加え，いずれも「不快」な印象があり，いずれも「あいづち」の機能があるとの評価を得た。このこともまた，音声サンプルに込められた細かなニュアンスが伝わった結果といえるであろう。

以上の考察から，調査Aでは次の2点が明らかになった。

(1) 間投詞的応答表現「ハイ」の発声に微細な調整を施すと，感情の表出だけでなく，多様な機能の表現が可能となる
(2) 保育者は，音声表情の異なる「ハイ」を聞いて，それぞれの声のニュアンスから，感情や意図の細かな違いを識別することができる

● 調査B：子どもは「ハイ」をどのように認識したか

調査Bでは，音声評価の主体を子どもとした。調査Aと同じ10種類の「ハイ」を，保育所および幼稚園に通う年長クラスの子ども（5～6歳）に聞かせ，音声の表情についてインタビュー形式の調査を行った。それを通じて，文脈から切り離された「ハイ」の音声表現を手がかりに，子どもが話者の意図や感情をどれだけ感受しているかについて明らかにするよう試みた。

❶ 調査Bはどのように行われたか

質問項目は，自由回答と選択肢の二種類を設けた。選択肢は，「笑った・怒った」

「いいですよ・駄目ですね」「返事をした・呼びかけた・尋ねた」の3項目を問いかけ，いずれかの選択を求めた。

　調査は，2010年8～10月に行った。参加した子どもは，岡山県内の私立幼稚園1園と私立保育所3園，広島県内の私立幼稚園1園の年長児111名（男児34名，女児77名）である。予備調査として，年少・年中・年長児の3名ずつから回答を得たところ，年中児と年長児間で，回答に用いる言葉遣いの的確さに明らかな程度の差が確認されたため，年長児のみを対象とした。

　調査は，参加児の通う幼稚園，および保育所の静かな一室で行った。緊張を避けるため，インタビューは三人組を基本としたグループを単位とした。録音した音声をCDレコーダーから順に聞かせ，1回目は「どのような"ハイ"に聞こえましたか？ 思ったり感じたりしたことを自由に教えてください」とたずねることで自由回答を求めた。2回目も同じ順に音声を聞かせ，同様に自由回答を求めた。併せて，選択項目の「笑った・怒った」「いいですよ・駄目ですね」「返事をした・呼びかけた・尋ねた」について，たとえば「笑っていますか？　それとも怒っていますか？」のように，一つずつ尋ねて子どもの判断を求めた。回答はすべて調査者が記録した。

　協力園のうちの2園は，著者とのかかわりが頻回であったため，親密性によるデータの偏りを排除する必要があった。そのため，これら2園におけるインタビューは，すべて，幼稚園教諭の免許をもつ大学院生（発達心理学専攻）が行った。

❷ 調査からわかったこと

（1）評価点を分析して見ると……

　インタビューで得られた子どもたちの回答を，調査Aの表4にある「表現の意図」，および「有意差の見られた機能」と照らし合わせた。次に，子ども一人ひとり

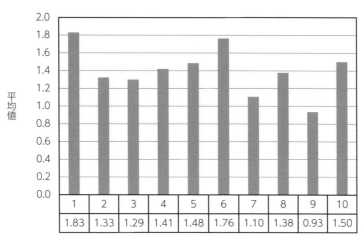

図13　各音声の平均値

の回答に対し，「当てはまる＝2，やや当てはまる＝1，当てはまらない＝0」の3段階で調査者の二名がそれぞれ点数化し，子ども一人ごとにその平均値を求めた。その結果，各音声の得点の平均値は図13（p.117）のようになった。

　音声1の「明るい返事」が最も平均値が高く，1.83点であった。子ども自身も発声する機会の多い，一番身近な表現であることが高得点の要因と考えられる。また，「よいお返事」と回答する子どもも多くいたことから，自分の発する明るい「ハイ」に対し，周囲から「よいお返事ね」と日常的に評価されていることがうかがえる。続いて，調査Aにおいて不快・不満足と印象評価された長音を含む音声6（「いやいやながら」な感じ）と音声10（「やれやれどうしたの？」という感じ）の平均値が高い。子どもにとって，音声1は「快」の表情を，長音を含む音声6と音声10は「不快感」や「不満足」な表情を連想しやすいからであろう。

　短音の「ハイ」に関しては，音声7（話題の転換）と音声9（緊張）は，ほかの短音の「ハイ」（音声1・2・4・8）に比べて，表情の判断がむずかしかったように思われる。前述したように音声1から明るい響きが感受され，音声2に対しては語尾があがることで「疑問」の意図が判断されている。また，音声4の「どうでもいい感じ」や音声8の「命令」「急かせる感じ」も，話者の意図を読みとりやすい表現であったと判断されることから，音声7や音声9に比べて耳慣れた音声なのではないかと考えられる。

　次に，子どもの所属園ごとの音声1～10のすべての音声の評価平均値は，図14のようになった。A園が全体平均よりやや低く，E園がやや高い得点となっている。所属園ごとの各音声の評価平均点と標準偏差および分散は表6のようになった。

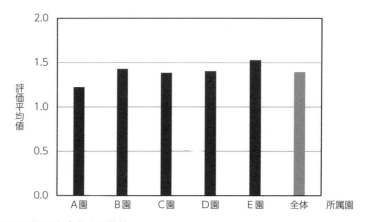

図14　所属園の評価得点全体の平均値

表6 所属園ごとの各音声の評価平均点と標準偏差および分散

所属/音声		1	2	3	4	5	6	7	8	9	10
A園	平均値	1.73	1.02	1.04	1.40	.77	1.67	1.08	1.42	1.08	1.19
	標準偏差	.39	.87	.81	.83	.82	.64	.70	.87	.84	.83
	分散	.15	.75	.65	.70	.67	.41	.49	.75	.71	.69
B園	平均値	1.98	1.35	1.44	1.60	1.85	1.73	1.27	1.23	.60	1.33
	標準偏差	.10	.79	.58	.47	.35	.25	.55	.87	.59	.56
	分散	.01	.62	.33	.20	.12	.07	.30	.76	.35	.32
C園	平均値	1.82	1.29	1.32	1.08	1.76	1.68	1.26	1.03	1.13	1.58
	標準偏差	.30	.84	.79	.89	.48	.51	.69	.77	.78	.58
	分散	.09	.70	.62	.79	.23	.26	.48	.60	.61	.34
D園	平均値	1.83	1.44	1.11	1.41	1.89	1.74	1.04	1.30	.72	1.70
	標準偏差	.36	.77	.62	.67	.21	.45	.75	.75	.65	.45
	分散	.13	.60	.39	.45	.04	.20	.57	.56	.43	.20
E園	平均値	1.79	1.57	1.60	1.50	1.14	1.98	.86	1.93	1.19	1.81
	標準偏差	.46	.81	.46	.69	.67	.11	.50	.33	.73	.54
	分散	.21	.66	.22	.48	.45	.01	.25	.11	.54	.29
合計	平均値	1.83	1.33	1.29	1.41	1.48	1.75	1.10	1.38	.93	1.51
	標準偏差	.35	.82	.68	.72	.71	.44	.65	.79	.75	.64
	分散	.12	.68	.47	.52	.51	.20	.43	.63	.56	.41

　所属園と各音声の評価平均点には，音声2（$p<.05$）と音声10（$p<.01$）に有意差が確認された。いずれもA園の平均値がかなり低くなっている。A園は全体の平均値が最低であるが，それだけでなく，標準偏差および分散の値から，他園に比べて評価得点のばらつきが大きいことがわかる。また，音声5の平均点がきわめて低く，全体平均のおよそ2分の1しかない。音声5は「注意喚起」の意図を込めて発声した長音を含む明るい「ハ〜イ」であり，「呼びかけ」や「うれしい返事」と評価された音声である。A園は，静けさを重視するモンテッソーリ教育の方針により，保育者が小声で話すことが多く，明るく元気な声の呼びかけである「ハ〜イ」に接する機会が少ないために，子どもの回答がこのような結果になったのであろうと思われる。

　音声8に関しては，E園の平均得点がきわめて高い（$p<.05$）。これは，「急ぎなさい」という意図を込めて発声した音声である。E園は他園と比べ，クラス一斉に活動する時間が長く，集団行動の際の保育者の指導的な声かけが多いのではないかと思われる。

　普段から聞き慣れている音声はその意図を理解しやすく，満点に近い得点が導かれたのではないかと思われる。すなわち，子どもの評価結果に，保育者や子ども同士の日常会話における音声の様子，ひいては音声に対する意識のありよう（園の取り組

み）が表れている可能性がある。

　さらにE園は，音声8だけでなく，総じてほかの音声についての評価点も高い。保育者の話によれば，「雨と飴って，おなじアメなのに意味が違う。あっ，音の高さが違うね」，あるいは「かりんとうって，"カリン"って音がするからかりんとうっていう名前なの？」というように，日常，音や声に対する気づきを話す子どもがいるという。この園では年間に8回，専門家による音楽遊びの指導が行われている。その内容は，リズム遊びやわらべ歌遊びなどのほか，声の高さにエレベーターが上下するような変化をつけて視覚に訴えるように示したり，表情を変えた声であいさつをしたり，あるいは歌遊びのなかで音の高さを意識的にとらえたりといったような，サウンド・エデュケーションを応用した歌唱活動で構成されている。日常のこのような活動を通して，声や音の特徴に意識的に注意を向けるという体験をしていることが，評価点の高さの一因であろう。

　一方A園の保育活動は，モンテッソーリ教具を使う活動を展開し，一般にクラス活動でよく行われる絵本の読み聞かせも，絵本の部屋で個人がそれぞれに本を開いて読んでいるというように，子どもの個別性と集中力を重視する性格をしている。それだけに（子どもの個別性を重視するあまり），日常において，音声を介した保育者との応答的なやりとりが少ないこと，表情豊かな読み聞かせの機会が少ないことなどが，音声表情の感受にマイナスの影響をおよぼしているのではないかと考えられる。

(2) 自由回答を分析して何がわかったのか

　次に，自由回答として記録した子どもによる音声評価の具体例のいくつかを表7に示す。この内容から，子どもは音声の印象を感じているのみならず，その音声の表情から，その場に繰り広げられている会話のやりとりの情景を思い浮かべて回答をして

いることがわかる。

　同じ短音「ハイ」に対しても，子どもはその機能の差異をしっかりと読みとっている。たとえば，音声1は「よい返事」，音声2は「わかんない感じ」「何何？って感じ」，あるいは「お父さんが面倒なときに言う」，音声4は「機嫌が悪い」，音声7は「わかったとき」「集まっていて先生が外に出るよって言うとき」，音声8は「びっくり」「急ぎなさい」，音声9は「緊張していた」といったように，その音声機能のもつ個性的な特徴を的確にとらえた言葉使いが見られた。

　さらに機能や印象にとどまらず，そのときの情景をイメージしながら詳細な説明をすることのできる子どもも多かった。音声1では，よい返事の中身が「先生によばれて手をあげる感じ」「小学生が手をあげた感じ」というように，不思議と具体的である。「部屋で検診をしているとき」の緊張した「ハイ」，「お兄ちゃんが勉強してって言われて」発するどうでもいい感じの「はい」，「お腹がすいたのでお母さんにパンをつくってくれるように頼んだとき」に面倒そうに言われた「はぁ↓い↑」というように，情景と音声を関連づけて回答した内容から，子どもたちが日常生活で，話者の言葉の内容だけでなく，音声に込められた表情とそのニュアンスをもしっかりと感受していることが見てとれる。このような子どもたちの感受性の鋭さは，話者が意図的に発しない場合の音声にもおよんでいる。たとえば音声4の「どうでもいい感じ」の「はい」に対する「先生みたいなハイ」，「(先生の話を)聴いてなくて睨んでいる感じ」という回答は，保育者の無意識の感情の表出を敏感にキャッチしていることから来るものである。

　また，実験者の意図とは異なるのだが，なるほどと思わせる回答もあった。たとえば，音声5は，呼びかけを意図して発声したサンプルであるが，「みんなが楽しい気持ちになって元気が湧いてくる」「やりたいことをお母さんがやらせてくれてうれしい」などと，自分自身の内面の喜びを表現する返事としていきいきととらえている。音声9は，命令の機能をもち，急かすイメージを意識して発声したサンプルであるが，「好きな人によばれてドキドキ」の回答は，それを生み出した子どもの内面がどのようなものであるか，想像もしていなかったというほどに豊かなものである。あらためてその音声を聴き直して見ると，たしかにそのようにも聴こえるのだと，著者は自らの情緒のありように想いをいたした次第である。

表7　自由回答の回答例

音声	回答例
音声1	いいお返事，先生に呼ばれて手をあげる感じ，小学生が手をあげた感じ
音声2	聞き返す感じ，尋ねた，困った感じ，耳がちゃんと聞こえなかった感じ，お兄ちゃんがよく言う，「頼むよー」って言われてしたくない気持ちのときの変な返事，お父さんが言う，面倒くさい感じ
音声3	お母さんがときどきあんな感じ，駄目ですね，どうしてって感じ，お母さんに言われて「いっぱいやっているのに，また一つやらないといけない」って感じ，ちょっと怒った感じ
音声4	ふざけているところを怒っている，疲れているとき，眠たいとき，へとへと，お兄ちゃんが勉強してって言われたときの返事，先生みたいなハイ，聞いてなくて眠んでいる感じ
音声5	みんなが楽しい気持ちになって元気が湧いてくる，やりたいことをお母さんがやらせてくれてうれしい
音声6	めっちゃ面倒くさい，いやな感じ，眠たくても寝なくて怒られて返事をした，ママに怒られたときにちょっと怒りながら返事をした，へとへと，面倒，休んでいるのに勉強しなさいって言われてやる気がなくなったときの声，ピアノを弾くときにやらされていやなとき
音声7	先生に呼ばれた，先生に呼ばれて「喧嘩して順番よ」って言われたとき，ママが「これしなさい，あれしなさい」って言ったときに本気で返事
音声8	先生の言うことを聞かなくて，怒られて，焦った感じ，早くご飯食べなさい，早く着替えなさいって怒っているとき，話している途中で先生に「そこで話さないで」と言われて返事した，好きな人に呼ばれてドキドキ，びっくとした感じ
音声9	まじめにしなさい，パパが「ハイッ」って言った感じ，緊張していた，部屋で検診をしているときのハイ，ちょっと機嫌が悪そうだがしっかりしていた，いい返事
音声10	お母さんが言っている，呼ばれた，まだあるのって感じ，面倒そうだった，「なあにー？」って感じ，お母さんに「お腹すいたパンつくって」って言ったときの面倒そうな感じ

　調査を通じ，子どもが「ハイ」の音声を感受し，その多様な機能を聴き分けていることや，それぞれの音声の印象から想像をめぐらせ，話者の感情を判断したり情景を連想したりしているということが明らかとなった。こうした連想は，単に音に対する敏感さの産物というだけでなく，それまでに経験した他者との応答的なかかわり，物語の読み聞かせや歌唱といった豊かな音声表現の体験がいろいろと積み重なり，展開されるものなのではなかろうか。

❸ この調査をしてみてわかったこと

二つの調査から，次の三点が明らかとなった。

(1) 「ハイ」は，その発声に微細な調整を施すことにより，感情の表出だけでなく，多様な機能を表現することが可能な間投詞的表現である
(2) 保育者や小学校教諭は，表情の異なる「ハイ」を聞き，それぞれのもつ音声のニュアンスから，感情や意図のこまやかな違いを判別することができる
(3) 子どももまた，保育者や周囲の人々の声をよく感受し，自分に向けられた発言の底に流れる感情や意図を精細に読みとっている。子どもたちは，私たちの平板な想像力をはるかに凌駕するイマジネーションを秘めている。本調査における彼らの自由回答の豊かさは，そうした卓越を余すところなく著者の心へと届けてくれるものであった

概して保育者は，声のもつ機能を意識して，自らの発する音声を使い分けている。しかしながら，ときには話者の意識のおよばないレベルで，聞き手に対し，自分たちの感情の本当の姿を伝えているということもあり得る。今回のインタビュー調査に立ち会ってくださった園長が，「こうして調査に来てくださることが園の研修につながります。日頃，言葉かけの中身には配慮しているけれども，音声にこれだけの意味があることを初めて知り，これまでほとんど意識してこなかったことを反省しました」というコメントをくれた。保育者が，自らの音声の使い方について，意識的に振り返って見ることもまた，保育の質の向上につながるのである。

アン・カープ[54]は，「子どもがほかの子どもの声から感情を読む力は，幼児期から思春期にかけて確かさが増し，声の解読が苦手な子どもは，小学校に上がる前から子どもの間で人気がなく，つきあいにくい子どもと見なされ，逆に声を読むのが上手い子どもは，対人関係で不安を感じることが少なく，批判に対しても神経質になりにくい」と記述している。音声から感情の機微を読みとる力は，これまで述べてきたように，乳幼児期に母親を始めとした保育者が愛をもって語りかけたり，歌いかけたりすることと深く関係している。

ここでは，音声に込めた感情について，子どもたちがその機微をしっかりと感受しているということが明らかとなった。すなわち，子どもたちもまた，周囲の人びとの音声の表情から感情表現を学びとり，自らの発する音声表現の種類を豊かにしていくのだと考えられる。

では，音声の芸術である歌唱に感情を重ね合わせるというとき，音楽的表現と音声における感情表現との間には，どのようなつながりがあるだろうか。

Column 音声情報解読の発達

年長児（5〜6歳）では，かなり精確に「ハイ」のニュアンスを感受しているわけであるが，その精確さはどのように発達するのであろうか。同じ10種類の音声サンプルを用い，2014年の10月と12月に，4つの保育所の子ども124名（A園＝33，B園＝30，C園＝34，D園＝27：年少＝38/M＝4.05，年中＝37/M＝5.18，年長＝49/M＝6.10）を対象として，同様の調査を行った。

その結果，子どもは，年齢が高いほど話者の気持ちや状況に応じた回答をしていた。しかしながら年中児でも，たとえば音声②（聴き返す感じ）では「聴こえへん。えっ何？」，音声④（どうでもいい感じ）では「会社で働いている人が，仕事があるよって言われて！」のように，想像力に富む回答が多くあり，個人差が大きかった。年少児では，自分の言葉で回答するということがほとんどなかった。

音声情報を読み解く力の発達状況を比較するため，各音声に対する回答を「話者の気持ちや状況を自分の言葉で回答＝2点」，「適当な選択肢を回答＝1点」，「無回答・無関係な回答＝0点」として得点化した。各音声に対する年齢別平均点，各園における音声全体の平均点の推移は，以下に示すグラフのとおりである。

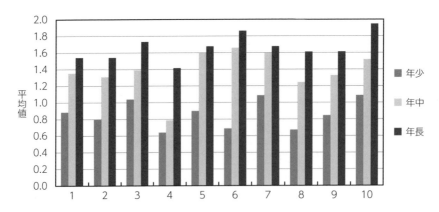

◎各音声に対する年齢ごとの平均点

各音声の平均点は，どの園においても年齢とともに上昇しており，音声全体の平均点は，年少＝0.86，年中＝1.37，年長＝1.66となり（$p<.01$），個々の音声についても1％レベルでの有意差が確認され，音声情報を読み解く精度は年齢とともに増していくことが明らかとなった。

年少児からは，自由回答がほとんど得られなかったが，年中児になると，音声の大小や緩急などの音響的特徴を答えたり，「友だちが呼んでいる」のように，その行為の具体的な状

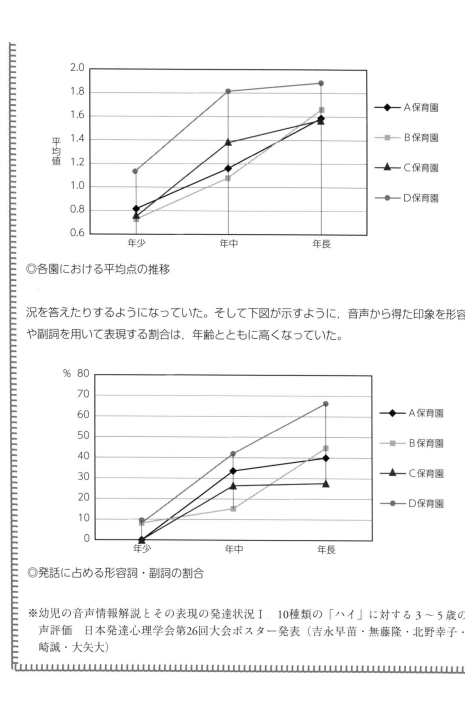

◎各園における平均点の推移

況を答えたりするようになっていた。そして下図が示すように，音声から得た印象を形容詞や副詞を用いて表現する割合は，年齢とともに高くなっていた。

◎発話に占める形容詞・副詞の割合

※幼児の音声情報解説とその表現の発達状況Ⅰ．10種類の「ハイ」に対する3〜5歳の音声評価　日本発達心理学会第26回大会ポスター発表（吉永早苗・無藤隆・北野幸子・水崎誠・大矢大）

3 音声表現の手がかりとなる会話の抑揚
― 6種類の「おはよう」に対する感情判断 ―

●音声表現と音楽の表現

　母親は赤ちゃんに対し，本能的に話しかけるよりも歌いかける（＝マザリーズ）。そして赤ちゃんは，マザリーズのような歌いかけをとくに落ち着くものと感じている。神経生物学によれば，そのわけは音楽がとても古い脳の部位＝あらゆる哺乳類の脳が共通してもっている構造（たとえば大脳，脳幹，脳橋）を活性化するからであり，言葉だけではこの脳の活性化は生じない[55]。

　音楽と言葉のつながりについて，呉[56]は，言葉に音を対応させると（音楽と言葉を処理する）両方の神経システムが働き，どちらか片方のシステムだけを使う場合と比べ，耳にしたときに認識しやすく，結果，言葉に関する記憶が増進すると述べている。

　また正高[57]は，メロディーのフレーズは発話内容の分節化の育ちにつながると述べているが，ほとんどの童謡は，メロディーのフレーズが発話内容の分節と合致するように作曲されており，言葉のリズムや抑揚にも合うよう構成されている。

　たとえば，田中ナナ作詞・中田喜直作曲の『おかあさん』は，「おかあさん，なあに？」と子どもが呼びかけ，母親がそれに応える台詞で始まるのだが，「おかあさん」の部分にはシンコペーションのリズム（♪♩♪♩♪𝄽），「なあに」では付点音符のリズム（♩．♪♪𝄽）が用いられ，それらのイントネーションはメロディーと見事に合致している。さらに，子どもの呼びかけとそれに応える母親の優しい「なあに」の醸し出す雰囲気が，音高変化をはじめとする音楽的要素の絶妙な使用により的確に表現される。

　乳幼児期においては，詩の内容やイメージ，あるいは言葉の音のもつニュアンスに音楽的要素が不可分な関係で結びついている童謡と出会い，それらと十分に親しむことが望ましい。保育者もまた，こうした童謡をおろそかにせず，豊かで優しい歌い方に留意し，子どもたちに聞かせる必要がある。そして，このように言葉の韻が芸術的な表現となって結晶化されている童謡を，歌ったり聞いたりして鑑賞することが，日常会話における表現を豊かなものにすることにつながり，さらには，日常会話に盛り込まれた豊かな音声表現を感受することが，音楽表現の質を充実させることにかかわるのではないだろうか。

　音楽表現と音声表現のつながりについて，ヘルムホルツ[58]は，人声の何気ない抑揚を模倣したり，書を読み進める際，朗々と発音される伸びやかな朗読を心がけてみ

たりといった試みをするなかで、我々の祖先は音楽表現の方法を見いだしていったのかもしれないと述べている。音楽と音声との始源にまでさかのぼる密接なかかわりを、彼なりの表現に説いているのである。また、近年の脳研究において、音楽の演奏における情動の認知が、音声表現における情動の認知と大体において同じ脳の部位を用い、形成される[59]ということが明らかになった。

したがって、乳幼児に歌いかけるということは、言語を理解し、語彙を獲得し、それらを用いてなされるコミュニケーションの質を高めることに、促進的な効果をもつ可能性があるというだけでなく、音楽演奏における情動表現の土台になるのではないかとも考えられる。

ジュスリン[60]は、「音楽家は、情動の音声表現に起源を持つ音響的手がかりの、それぞれの情動に特有のパターンを音楽の演奏に用いて、聞き手に情動を伝える」と主張している。たしかに、感情を込めて歌唱しようとするとき、私たちは意識的あるいは無意識的に、情景や心情のイメージに合わせ、会話における感情音声の抑揚のパターンを応用している。たとえば、特定の音高で「ああ」と歌う場合、歓喜の表現であれば明るい音調にはっきりと歌われ、優しさが込められる場合にはやわらかく滑らかな歌唱となる。また怒りの表現では声はその強度を増し、悲嘆や落胆であれば暗い音調に息が漏れ出るように歌う（もちろん、音楽表現の本質はたいへんに広くて深いのであるから、これのみに還元して論じられるべきものではない。しかし、悲喜こもごも流れる情感を聴き手に届けようと、歌い手が表現をさまざまに工夫するということもまた、音楽表現の重要な本質の一翼を担っているということに変わりはない）。

このような音響特性について、一般に言われることには、怒りやうれしさの感情はスタッカート（短く切って）に、悲しみや優しさの感情はレガート（滑らか）に表現されることが多い[61]。では逆に、レガート、スタッカート、アクセントといった歌い方や、音色を微妙に変化させた歌唱の音響特性の違いからも、それらを手がかりとし、私たちは共通してある一定の種類の感情を想起するであろうか。

ここでは、子どもの感情判断と、その音響的手がかりとの関係を見出すために行った実験について報告する。その際、異なる音響特性に発声された6種類の「おはよう」に対する、子どもと大学生の感情判断を実験課題とした。

● この調査で明らかにしたいこと

子どもの歌唱表現における研究としては、アダチとトレハブ[62]や梅本と岩吹[63]が、子どもが歌詞の内容にもとづき、歌唱にどのような音響的手がかりを用いるか、明らかにしようと試みたものがある。

アダチらは、8歳から10歳の子ども40名に向け、楽しい気持ちと悲しい気持ちに

させる物語をしたあと,『きらきら星』のメロディーを「ABC……」の歌詞のもと,楽しい感じ,あるいは悲しい感じで歌唱させ,子どもの表情を確認した。すると,悲しい感じの歌唱のほうが,楽しい感じの歌唱よりも有意にテンポが遅くなり,ノンレガートや変化音が使われること,楽しい感じの歌唱のほうがアクセントを頻繁に使用することが明らかとなった。

梅本らは,うれしい歌詞と悲しい歌詞とどちらでもない歌詞に対し,幼稚園の5～6歳児と小学校2年生および4年生がどのような即興歌唱をするのかを調査し,5～6歳児は三つの歌詞の内容に相応しく旋律を変えることはなかったが,小学校2年生になるとうれしい内容の歌詞ではスキップのリズム旋律で軽快に歌い,悲しい歌詞では低い音域でゆっくりと歌うといった表現がわずかに見られ,4年生になるとほとんどの子どもが三つの歌詞の内容にしたがい,旋律表現を変化させたと述べている。

これらの先行研究では,歌唱において感情を表現するというとき,小学生以降の子どもは特定の音響特性を意識的に用いるが,就学前の子どもには,歌唱における音響特性の意識的な使用は見られないということが明らかにされている。しかし,音声のニュアンスをその音響特性から判断することは,本書における既述の「ハイ」についての研究が明らかにしたように,子どもにとってもけっして不可能なことではない。

音楽表現の音響特性とその感情判断についての研究には,以下のようなものがある。すなわち,フォークソングを用いた実験により,5歳以下の子どもでも長調と短調の感じを明確に識別できる[64]ことを明らかにした研究。ピッチが高くてテンポが速ければ楽しいと判断され,ピッチが低くてテンポが遅ければ悲しいと判断される[65]ことを明らかにした研究。6歳の子どもは大人と同じようにテンポと調の両方を認識している[66]ことを明らかにした研究などがそれである。

これらの研究に採用された音響的手がかりは,テンポ・音の高さ・調性(旋律)であったが,ここではこれら以外の音響特性であるレガート・スタッカート・アクセント,および長調と短調の音色感(声色)を提示音声に用い,その音響特性の違いから子どもがどのような感情判断を行うのかを明らかにしたい。

●調査はどんなふうに行われたか

提示音声として,次の六種類の「おはよう」を作成した。

音声①＝レガートで長調の音色(LM)
音声②＝レガートで短調の音色(Lm)
音声③＝スタッカートで長調の音色(SM)

音声④＝スタッカートで短調の音色（Sm）
音声⑤＝アクセントで長調の音色（AM）
音声⑥＝アクセントで短調の音色（Am）

これらは，ハ長調またはハ短調の主和音を記載したあとに，g1の音高の3連符でそれぞれにレガート・スタッカート・アクセント記号を付記して楽譜に表した（図15）。この楽譜をソプラノ歌手に渡し，いずれもおよそ♩＝60の速さ（「おはよう」を1秒間）で歌唱してもらった。歌唱する際，譜面にあるハ長調またはハ短調の主和音を鍵盤楽器で弾くことで，声楽家が長調と短調の響きをイメージしやすくした。

録音は防音室で行い，提示音声に和音の響きが残らないよう，和音の響きが消えた時点で歌唱されていた音声のみをCDレコーダー（Roland　CD2-e）に収録した。

図15　音声収録のための楽譜

収録した提示音声は，音声解析ソフト（WASP）を用い，解析した。結果を図16に示す。図の上段が波形，中段がスペクトログラム，下段がピッチを示している。

演奏表現には，テンポ，音圧，タイミング，抑揚，アーティキュレーション，音色，ヴィブラート，音の立ちあがり，音の減衰，音の休止などの諸因子が表れる[67]。6種類の「おはよう」の，発声のタイミング，抑揚，音色，音の立ちあがりや減衰，音の休止，といった音声表現の微細な違いを，提示音声の解析図に詳しく見ることができる。

たとえば，音圧はアクセント表現で最も強く，音の立ちあがりは短調よりも長調のほうがはっきりしていること，音色としての周波数成分では，レガートやスタッカートよりもアクセントの方に低い周波数が増すことなどである。

ピッチはおよそ400Hzの周辺を推移しているが，アクセントの歌唱（音声⑤と⑥）においてやや不安定になっている。短調のレガート（音声②）とスタッカート（音声④）の「お」と「よう」でピッチが拾われていない原因は不明であるが，音の立ちあ

がりが明瞭でなかったことが波形から判断される。波形から，スタッカートとアクセントは音声のメリハリがはっきりしていることや，レガートの音声は短調（音声②）のほうが長調（音声①）よりもより滑らかな発声であったということが見てとれる。またアクセントでは，解析図上段，「よう」の発声の際にごく小さな二つの揺れが確認できるが，そのことは解析図中段，スペクトログラムの微細な濃淡にも表れており，強度に加え，音の立ちあがりもまた，はっきりしていたということが見てとれる。

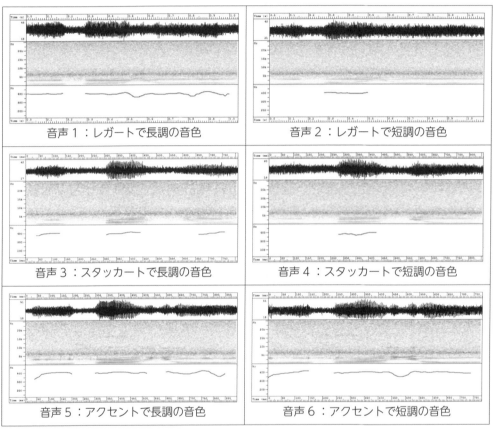

図16　提示音声の波形（上段），スペクトログラム（中段），ピッチ（下段）

　実験の時期は，2011年9〜10月であった。参加した子どもは，岡山県の私立幼稚園1園と私立保育所3園，広島県の私立幼稚園1園の年長児，計107名である（男児52名，女児55名，M＝6.06歳）。大学生は，幼稚園または小学校の教員をめざす大学4年の女子学生31名であり，音楽ゼミの学生（n＝15）とそれ以外のゼミの学生（n＝16）の協力を得ることができた。

　子どもについては，参加児の通う幼稚園や保育所の閑静な一室に一人ずつ面接をし，実験を実施した。協力園のうち2園については，それ以前に著者が実験に参加

した子どもと直接かかわることがあったので、幼稚園教諭免許を取得した心理学専攻の大学院生が実験の手続きを行った。学生については、著者の研究室で個別に実験を実施した。

　6種類の音声を提示する直前に、ふたつの確認課題を実施した。一つは、悲しみ・普通・喜び・怒りの表情を表した4枚の絵カード（図17）の確認である。これについては、すべての子どもが感情と表情絵とを同定できることが確認された。二つ目は、実験の手続きの確認である。4枚の絵カードを手渡したあと、音声①をCDデッキから流し、「今"おはよう"って聴こえたね。先生はどんな気持ちであいさつしていたかな？」と質問して、1枚のカードを選択させ、実験の手順を確認した。

図17　感情判断で用いた4種類の表情絵

　本課題では、「これから先生の声で、いろいろな"おはよう"のあいさつが聴こえてきます。先生はどんな気持ちで"おはよう"と言っていると思いますか？　4枚のカードのなかから選んでください」と問いかけ、提示音声ごとに表情絵カードを1枚ずつ選択させた。表情絵カードは、子どもが手元で持ちかえることでカウンターバランスを試みたが、実験の途中でテーブルに4枚を置いて1枚を選ぶようになる子どももおり、徹底されなかった。なお、最初の提示音声で示したカードを次の選択肢から外そうとする子どもに対しては、毎回4枚の表情絵カードから1枚を選択するように伝えた。提示音声の順は、ラテン方格法[*1]を用いることでカウンターバランスされた。なお、「あなたがどんなふうに思ったかも、自由にお話ししてくださいね」と教示し、自由な感想を話してもよいことをつけ加えた。なお、どのような音声があるかは、サンプル音源が萌文書林のホームページからダウンロードが可能（p.261参照）。

[*1]　n個の異なる数字1, 2, …nをn行n列の方形に並べて、各行各列にどの数字もちょうど1回ずつ現れるようにした方格をn×nのラテン方格といい、これを用いて割りつけを行う実験配置法。

●こんな結果になるのではないかという予測

　演奏上の表現の違いと伝達される感情については、会話による音声評価分析の先行研究から、音の立ちあがりの速さは怒りや喜びに、穏やかな立ちあがりは悲しみに、音の明瞭さの増加は怒りに、その逆は悲しみに関連していることが明らかになっている[68]。おおむね、スタッカートは怒りやうれしさを、レガートは悲しみを伝達しやすいので、大学生は、提示音声の音響的特徴から、短調でレガートに発声した「おはよう」は悲しみに、長調でスタッカートの「おはよう」はうれしさに、アクセントの「おはよう」は怒りに、それぞれ関連づけることが可能であろう（仮説①）。また、子どもの音楽能力は音楽の専門家の指導や音楽を聴く習慣に関係している[69]ことから、子どもの音声判断の正確さは音楽経験の質と量に依存しているであろう（仮説②）。さらに、ジュスリンとスロボダ[70]が、6歳は大人と同じようにテンポと調の両方を識別していると述べている一方で、梅本[71]はさまざまな研究の成果から、音楽認知の大きな段階の変わり目は8歳であると結論づけている。だから、本実験のような、旋律や和声からの印象を手がかりに使えない音声の感情判断課題に対する子どもの正答率は、かなり低いのではないかということが予測される（仮説③）。

●学生と子どもの音声判断の実際

❶学生の音声判断と提示音声の感情特性

　学生（N＝31）の各音声に対する判断は表8のようになり、音声3では全員が「喜び」を選択している。なお、それぞれの音声における感情判断の偏りを調べるため、χ二乗検定を行ったところ、すべての音声に1％水準での有意差が認められ、学生たちが提示音声のそれぞれに一定の感情判断を行っていることが明らかとなった。残差分析によると、音声①（LM）および音声③（SM）は「喜び」、音声②（Lm）は「悲しみ」（$p<.01$）、音声④（Sm）は「普通」、音声⑤（AM）と⑥（Am）が「怒り」（順に$p<.05$, $p<.01$）が多くなっている。すなわち、長調は喜び、短調は悲しみ、というように聞きとるという傾向が見てとれる。さらに言えば、それはレガートで歌われた場合に顕著であって、短調の音色で歌われた場合でも、スタッカートの表現の場合は喜び、アクセントの場合には怒りの感情が伝達されている。このように、学生の多くが提示音声の音響的性質を反映した判断を行っており、仮説①は支持された。

表8 学生の音声判断　度数(%)　N＝31

	音声①(LM)	音声②(Lm)	音声③(SM)	音声④(Sm)	音声⑤(AM)	音声⑥(Am)
悲しみ	0	21(67.7%)	0	7(22.6%)	0	0
残差	-7.8	13.3	-7.8	-0.8	-7.8	-7.8
ふつう	8(25.8%)	7(22.6%)	0	17(54.8%)	7(22.6%)	4(12.9%)
残差	0.3	-0.8	-7.8	9.3	-0.8	-3.8
喜び	23(74.2%)	2(6.5%)	31(100%)	6(9.4%)	8(25.8%)	4(12.9%)
残差	15.3	-5.8	23.3	-1.8	0.3	-3.8
怒り	0	1(3.2%)	0	1(3.2%)	16(51.6%)	23(74.2%)
残差	-7.8	-6.8	-7.8	-6.8	8.3	15.3

❷子どもの音声判断

　子どもの音声判断は表9のようになり，どの音声に対しても「喜び」が選択される傾向にあった。残差分析では，音声⑤（AM）を除くすべての音声で「喜び」が多く，音声①〜④では「怒り」，音声⑤および⑥では「悲しみ」の評価がかなり低い。実験後，「高い声だからうれしい」あるいは「"おはよう"のあいさつだからどれもうれしい」と感想を話す子どもがおり，ソプラノの声の高さや「おはよう」のあいさつとしての機能が，「喜び」を選択しやすい要因であったということは否めない。加えて，子どもにとって「おはよう」のあいさつが歌われることは日常的ではなく，ゆえに不慣れな体験である。音程に変化はないものの，明らかに歌として感受できる音声で発声された「おはよう」を，新奇なものと感じてしまったことが，評価の分散と関係しているかもしれない。

表9 子どもの音声判断　度数(%)　N＝107

	音声①(LM)	音声②(Lm)	音声③(SM)	音声④(Sm)	音声⑤(AM)	音声⑥(Am)
悲しみ	19(17.8%)	28(26.2%)	23(21.5%)	23(21.5%)	14(13.1%)	11(10.3%)
残差	-7.8	1.3	-3.8	-3.8	-12.8	-15.8
ふつう	40(37.4%)	23(21.5%)	26(24.3%)	32(29.9%)	34(31.8%)	27(25.2%)
残差	13.3	-3.8	-.8	5.3	7.3	-.3
喜び	38(35.5%)	40(37.4%)	43(40.2%)	36(33.6%)	33(30.8%)	41(38.3%)
残差	11.3	13.3	16.3	9.3	6.3	14.3
怒り	10(9.3%)	16(15.0%)	15(14.0%)	16(15.0%)	26(24.3%)	28(26.2%)
残差	-16.8	-10.8	-11.8	-10.8	-.8	1.3

　次に，レガート（音声①と②），スタッカート（音声③と④），アクセント（音声⑤と⑥）の組み合わせについてのχ二乗検定を行った。すると，レガート（P＝.06）とス

タッカート（P = .08）における感情判断が，長調と短調において有意にばらつきの程度の差をみせていることが明らかとなった。かつ，表を概観してわかることには，長調のスタッカートに対して「喜び」の判断が最も顕著である。また，アクセントの表現において「怒り」の判断が増えること，かつ「悲しみ」の判断が短調のレガート表現において比較的行われる傾向にあるという結果は，学生の判断と一致している。

そこで，学生が判断を下した各音声の感情特性（音声①＝喜び，音声②＝悲しみ，音声③＝喜び，音声④＝普通，音声⑤＝怒り，音声⑥＝怒り）に対する子どもの判断の一致率を表10に示す。学生の判断と比べ，ばらつきが大きく見えた子どもの音声判断であるが，一致率は音声⑤（24.3%）を除くすべての音声においてチャンスレベル（25%）を超えていた。なかでも音声③長調のスタッカートは，40.2%の子どもが学生の判断と同じ「喜び」を選択していて，それが感情判断をしやすい音響的手がかりであったことを示している。しかしながら，表10にあげた感情特性と，それ以外の感情の選択についての学生と子どもの感情判断の偏りを調べるために，音声ごとに2×2のχ二乗検定を行ったところ，すべての音声に対して学生と子どもが同様の判断をしていないことが確認された（表11）。

以上より，被験者の平均年齢が6.06歳であった本実験の結果は，仮説③の「子どもの正答率はかなり低いのではないか」という予測を否定しないものとなった。

表10　学生の示した各音声の感情特性に対する子どもの一致率（N＝107）

	音声①(LM)	音声②(Lm)	音声③(SM)	音声④(Sm)	音声⑤(AM)	音声⑥(Am)
感情特性	喜び	悲しみ	喜び	ふつう	怒り	怒り
一致率	35.5%	26.2%	40.2%	29.9%	24.3%	26.2%

表11　各音声の感情特性に対する学生と子どもの判断

		音声①(LM)	音声②(Lm)	音声④(Sm)	音声⑤(AM)	音声⑥(Am)
学生		喜びn＝23 その他n＝8	悲しみn＝21 その他n＝10	ふつうn＝17 その他n＝14	怒りn＝16 その他n＝15	怒りn＝23 その他n＝8
子ども		喜びn＝38 その他n＝69	悲しみn＝28 その他n＝79	ふつうn＝32 その他n＝75	怒りn＝26 その他n＝81	怒りn＝28 その他n＝79
		p＜.001	p＜.001	p＜.02	p＜.01	p＜.001

❸音楽経験と音声判断の関係

学生の音楽経験と音声判断の関係については，音楽専攻（n＝15）とそれ以外の学生（n＝16）はたいへんよく似た回答をし，どの提示音声においても両者の回答のばらつきに有意差は確認されなかった。残差分析の結果も，両者がほぼ同様の判断を

行っていることを示していた。本実験に参加した学生はみな幼稚園教諭および小学校教諭をめざしていて，音楽専攻でない学生も常日頃，音楽に馴れ親しんでいる者ばかりであった。加えて，吹奏楽や合唱といったような音楽経験にも豊かなものがあったので，両者の回答に大きな相違が見られなかったのだと考えられる。

なお，音楽大学の学生を対象として行ったエリクソンら[72]の調査では，かならずしも歌い手の意図する感情と聞き手の判断とが一致しないことが報告されている。そのことを明らかにした調査とは，6人のソプラノ（2人の専門家と4人の音楽大学生）が，本実験と同じ4つの感情（悲しみ，普通，喜び，怒り）を込め，無理なく発声できる音域で歌唱した「ah」の提示音声を，日本（11大学）とアメリカ（12大学）の音楽大学の学部生が聴きとって判断するというものである。この調査の知見からも，音楽経験が豊富だからといって，歌唱に込められた歌い手の感情を的確に把握できるとは限らないということがわかる。さらに言えば，本実験に協力した学生の音楽経験の量が，音楽大学の学生のそれと比べてはるかに少ないことは明白であることから，専門的な音楽経験の量は音声の感情判断にあまり影響をおよぼさないというように考えられる。あるいは，レガート，スタッカート，アクセントといった音響的手掛かりが本実験において際立っていた，学生の明快な判断を導いたのかもしれない。

子どもについては，家庭でのピアノや電子オルガンなど，音楽レッスンの経験（なし：n = 72，1年未満：n = 19，1年以上：n = 16）と音声評価の関係について，クロス集計による χ 二乗検定を行った。その結果，音声②（Lm）に有意傾向（P = .09）が見られたほかは，残りのすべての音声に有意な差は認められなかった。有意傾向のあった音声②では，音楽経験の少ない子どもの方が「悲しみ」と回答しやすく，家庭での音楽のレッスン経験の多い子どものほうが，学生の示した感情特性と異なる不正確な判断をしていた。したがって，子どもの音楽経験を「家庭における楽器の習い事」というように定義づけたとすれば，習い事とはこの場合，ピアノと電子オルガンのみがこれに該当するのだが，仮説②は支持されない結果となった。

●この調査からわかったこと

❶音響特性と感情判断の関係

学生の音声判断結果から，本実験で使用した音響特性と感情判断の関係について，次の三点が明らかとなった。

(1) 長調での「おはよう」は喜びに感受されるが，それはスタッカートで表現されたとき最も顕著であり，アクセントで表現されたときには怒りの感情が増す

(2) 短調のレガート表現において，悲しみの感情は最もよく伝達される

(3) アクセントは，調性にかかわらず怒りの感情を表現する

　歌唱として提示された本実験のサンプル音声は，ソプラノの声楽家が長調や短調の音色感をイメージし，レガート，スタッカート，アクセントの表現を意識して歌うことにより得られた，さまざまな相の音響的変化である。つまり，感情を意識的に表現することをねらいとしない歌唱においても，長調や短調の音色感やアクセント，スタッカートやレガートといった音楽を表情づける因子から，私たちはある一定の感情情報を読みとるということがわかった。他方，聴き手に感情性の情報がうまく伝わるよう，熟練した演奏家は音響特性を巧みに組み合わせて表現するということも確認された。

❷子どもの音声判断の特徴

　子どもは，「おはよう」の提示音声のすべてについて，「喜び」を選択する傾向にあった。既述のように，そのことには音高という音響的な要因が作用しているとともに，怒った気分や悲しい気分のときには「おはよう」とあいさつすることはないだろうという経験的認識が影響している。

　既述のように，モートンとトレハブ[73]による調査では，8歳以下の子どもが，周辺言語よりも意味内容によって話者の気分を判断していた。本実験でも，すべての音声に対する喜びの判断が，チャンスレベル（25%）を超えていた（順に，35.5%，37.4%，40.2%，33.6%，30.8%，38.3%）。これらの調査や実験が示唆するように，幼児期には「おはよう」の意味内容を優先する傾向があり，成人になると音響的特徴を感受して感情特性を判断するようになるのである。

　また，子どもの判断結果は分散しており，各音声の感情特性に対する一致率（表10）は，チャンスレベルをわずかに上回っていただけである。しかしながら，「悲しみ」は音声②（短調のレガート），「喜び」は音声③（長調のスタッカート），「怒り」は音声⑤および⑥（長調と短調のアクセント）で最も多く選択されていて，幼児期においても，音声の音響特徴を感受し，それらが示している感情特性を選択することができないわけではないのだとわかる。また，音声①と②，ならびに音声③と④を比較した際，有意傾向がみられたことから，音声に含まれる長調と短調の音色感の違いに対し，ある程度の識別ができる子どももいると考えられる。

　和音の協和感については，5歳から9歳までの間に発達し，9歳で大人の水準に達するとされている[74]。本実験の提示音声は，和音の要素を含まない単音の音声であって，判断の手掛かりとなるのは，演奏者が長調と短調の和声感を込め，発声した音色感（周波数の微妙な差異）のみであった。このことから，声の質感のみを手掛かりとし，その微細な変化を感受するような精度の高い音感受力を5～6歳の時期に獲得す

ることは，不可能なことではないのだとわかる。

なお，本実験では，楽器の習い事の経験の有無と音声判断の結果の精確さの間には，有意差が見られなかった。子どもの音声判断の精度の差異にはどのような要因があるのだろうか。スロボダ[75]が上述の和声識別実験において結論づけたところによれば，協和感は領域固有に発達するのでなく，文化の影響を受けながら発達するのであって，子どもたちが普段生活する文化のなかで音楽との接触を深めていった結果，協和感は獲得される。もしそうなのであれば，本実験の結果も，子どもの生活のなかに存在する音楽的な状況と何かしら関連があるのではなかろうか。

❸ 音声判断と子どもの音楽的環境（所属園の特徴）の関係

まず，協力してくれた5園の音楽的環境のおもな特徴を概観する。A園はモンテッソーリ教育の幼稚園，B園は専門家による音楽遊びが1年に8回行われている保育所，C・D園は異年齢混合保育（縦割り保育）のなかでわらべ歌がよく歌われている保育所，E園は豊かな自然に恵まれた幼稚園である。各園の子どもの家庭におけるピアノや電子オルガンなどのレッスン経験の平均年数は，A園が最も高く（1.04年），E園（0.47年），C園（0.42年），B園（0.3年），D園（0.1年）の順であった。

各音声の四つの感情判断と子どもの所属園との関係について，クロス集計によるχ二乗検定を行ったところ，音声③に有意傾向（P = .06）が見られたが，残りのすべての音声に有意差は認められなかった。そこで，次のような方法で子どもの音声判断を得点化して比較を行った。

本実験では，提示音声に感情を込めて発声しないのであるから，正答がただひととおりに限定されない。したがって，各音声に対する子どもの判断が，どの程度学生の音声判断に近い傾向があるのかを点数化の基準とし，子どもの選択した感情のそれぞれを学生の判断の比率に置き換え，10点満点で表示した。比率への置き換えとは，たとえば音声①で「喜び」を選択した子どもの得点は，学生の比率が74.2%なので7.42点，「怒り」を選択した場合は学生の比率が0%であるため0点，音声②で「悲しみ」を選択していると6.77点，「喜び」であれば0.65点となる。

所属別の得点表（表12）から，全体の平均得点はC園が最も高く，続いてB園，E園となっている。各音声別に見てみると，B園が音声①と音声②と音声③の3音声，A園が音声④と音声⑤の2音声，C園が音声③について最高平均得点を獲得している。C園の全体平均点が高い要因は，音声③の高得点が影響していると考えられる。

得点化の結果においても，ピアノや電子オルガンなどの経験の量が音声判断の精確さにつながらないということが重ねて確認された。平均経験年数の最も高いA園は音声判断の全体平均得点が4位であり，三つの音声で最高得点を獲得しているB園の経験年数は全体のなかの4番目であった。

一方，全体平均得点が最も高いC園では，特別に音楽表現の時間が設定されているのでもなければ，音楽発表会が行われているのでもない。縦割りの異年齢混合保育のなかで，保育者とのわらべ歌遊びが日常的に行われていることはD園と同様であるが，それ以外に，音楽経験の豊かな保護者によるコンサートを聴く機会があったり，絵画をはじめとした芸術文化と日常的にかかわることのできる立地環境であったりするという特徴がある。

　次に，全体平均得点の高いB園は，音声別の最高得点獲得数が最も多いことから，各音声の微細な音色を感受する力が相対的に他園よりも高いと考えられる。このB園の行っている専門家による音楽遊びは，いわゆる楽器指導や歌唱指導とは違う。その内容は，わらべ歌遊びやその構成音（五音音階）による問答唱，言葉から発展したリズム遊び，同じメロディーを「笑った声で歌う」「怒った声で歌う」「悲しい声で歌う」といった歌声遊びや，音の属性に関心をもつようなサウンド・エデュケーションなどを含んでおり，声や音の高さや音色に興味をもつ機会に恵まれているという特徴がある。なお，本実験の協力園は，五ついずれも，前節の10種類の間投詞的応答表現「ハイ」に関する5〜6歳児の音声評価の調査と同一の園であるが，その調査においてもB園の得点が最も高かった。

表12　所属別の子どもの音声判断得点

所属		音声①(LM)	音声②(Lm)	音声③(SM)	音声④(Sm)	音声⑤(AM)	音声⑥(Am)	全体
A園 n=28	平均値	3.65	1.87	3.21	3.45	3.04	2.56	2.97
	標準偏差	3.25	2.39	4.76	1.50	1.66	2.60	
	分散	10.57	5.70	22.62	2.24	2.77	6.75	
B園 n=20	平均値	4.37	3.16	4.00	3.05	2.61	3.13	3.39
	標準偏差	2.96	2.80	5.03	1.49	1.34	2.88	
	分散	8.77	7.85	25.26	2.20	1.78	8.31	
C園 n=19	平均値	3.04	2.94	6.32	3.26	2.50	3.02	3.51
	標準偏差	2.92	2.78	4.96	1.59	1.73	3.10	
	分散	8.50	7.71	24.56	2.54	2.98	9.64	
D園 n=20	平均値	3.63	2.44	2.50	3.16	3.00	2.56	2.88
	標準偏差	3.04	2.66	4.44	1.58	1.40	2.92	
	分散	9.22	7.07	19.74	2.50	1.95	8.53	
E園 n=20	平均値	3.26	2.63	4.50	3.29	2.57	2.63	3.15
	標準偏差	3.00	2.56	5.10	1.55	1.79	2.87	
	分散	9.02	6.56	26.05	2.40	3.20	8.26	
全体 n=107	平均値	3.60	2.55	4.02	3.26	2.77	2.76	3.16
	標準偏差	3.03	2.61	4.93	1.52	1.58	2.81	
	分散	9.17	6.84	24.26	2.30	2.51	7.91	

「ハイ」の調査で最も低い得点を記録したのはA園であるが，本実験においても平均値を下回っている。A園の子どもは，ピアノや電子オルガンなどの音楽経験が最も豊かである一方，園の方針として静けさが重要視され，保育者の話し声は静かで抑揚もあまりない。両調査におけるA園とB園の結果に見られる差異は，会話による音声表現の感受と音楽表現における音声の感受との関係を，示唆しているのではなかろうか。つまり，音声に対する子どもの感情判断における精確さの程度は，ピアノや電子オルガンを個人的に演奏するというような経験よりも，生活のなかのごくありふれた声や音に興味をもつということと，より密接な関係があるのではないかと考えられる。

●調査のまとめと課題

　本調査において，子ども（5～6歳児）は「おはよう」の意味内容を優先させる傾向にあり，学生になると音声表現の音響的特徴から感情特性を判断するようになることが確認された。また，短調でレガートの発声は「悲しみ」と関連づけられ，長調のスタッカートは「うれしさ」と関連づけられ，アクセントは「怒り」と関連づけられることが明らかとなった。

　音声の感情判断の精度こそ未熟であるものの，子どものうちには，音声の含む長調と短調の音色の微細なニュアンスを感受するなど，緻密な感情判断を行うことのできる者もあった。音声の感受については，家庭でピアノや電子オルガンなどの習い事との積極的な関連は見いだされなかった。代わりに，幼稚園や保育所で過ごすなかでの何気ない声や音とのかかわりこそ，音声感受の能力の発達にとって積極的な関連をもつのだということを示唆する結果となった。

　この結果をさらに精確なものとするため，以下の三点を検証することが必要となろう。まず一点目は，提示音声の見直しである。「高い声はうれしい」「あいさつはうれしいときに行う」といった子どもの指摘にあったように，子どもが「おはよう」の機能や高音の音響特性のみに焦点を当ててしまった可能性が否めない。二点目は，調査の対象が，音楽指導に力点を置く幼稚園・保育所でなかったという偏りである。マーチングバンドに日常的に取り組んでいたり，音楽発表会のための専門家の指導を導入したりしている幼稚園や保育所は決して少なくない。馴れ親しむ音楽経験のタイプを異にする幼稚園や保育所での調査を試みることにより，音声の感情判断と音楽経験との関係について，より精細に検討することができるであろう。三点目は，実験参加者の年齢や経験の幅を広げることである。今回の調査では，参加した学生の全員が幼稚園教諭や小学校教諭をめざしており，こうした学生たちは，幼少期より音楽に親しむ生活を送っていた。そのために，こういった学生についての調査結果が，一般的な成人の結果に当てはまるとはかならずしも言えないかもしれない。また，5～6歳児で

はまだ精確さを欠いていた音声判断が，何歳くらいで大人と同じ水準になるのかということについて，年齢幅を広げた調査の必要がある。

●語りかけ・歌いかけの大切さ

　音声によるコミュニケーションは胎児期に始まり，生涯にわたって継続する。母親や保育者は，乳幼児を落ち着かせるときには話す速さと強さを抑制し，ピッチをゆったりと落としながら話しかけ，乳幼児をしかるときには短く，鋭く，語調を変化させている。情動の認知に関して言えば，音楽の演奏の際のそれと音声表現の際のそれとは，大体同じ脳の部位を用いてなされるということが，ネアーらの脳研究によって明らかにされている[76]ことから，音楽演奏における情動表現の基礎は，乳幼児期からの表情豊かな語りかけや歌いかけによる情動の伝達と深く関係しているといえよう。

　ガズバン[77]は，10か月児の苦痛を軽減する母親の語りかけと歌いかけの効力について，次のような実験をしている。すなわち，最初の60秒間は自由にやりとりしてもらい，次の15秒間に母親が無反応となり，子どもの方を直視するものの押し黙り，無動となって感情を表さず，その後の90秒は語りかけ，あるいは歌いかけのいずれかに，普段どおりのやりとりを行ってもらうというものである。このときの子どものストレスは，皮膚の電気誘導によって計測された。

　実験では，母親が無反応であることによって子どもは明らかな不快を示した。語りかけか歌いかけについては，歌いかけの方が，10か月児の緊張と苦痛を改善するのに著しく効果的であった。この結果について，トレハブ[78]は，歌はリズミカルであり，よく子どもたちの注意を引き，彼らを緊張や苦痛から解放する力をもっていると説明する。さらには，母親の多くが子守唄ではなく活気ある遊び歌を選んで歌ったのであるが，このとき，彼女らは，歌に合わせてリズミカルに頭を揺らしたり腕を動かしたりする。すなわち，これらは複合感覚的になされるやりとりであって，子どもたちのストレスを迅速に緩和するものであった。

　遊び歌を生き生きと歌う行為は，子どもだけでなく，母親の感受性をも豊かにする。乳幼児期には，音声コミュニケーションにちりばめられたさまざまな情動を受けとめる応答的な保育を大切にしたい。

Column 保育者の声に対するイメージ!?

　子どもはまず，言葉の意味よりも先に，保育者の声の調子や音のおもしろさに体で反応してくる[79]。子どもと保育者との間に交わされる滑らかで情緒的なコミュニケーションには，音声の担う役割が大きい。保育者の声については，喉の負担が過度なものとなることから引き起こされる音声障害についての研究が散見されるものの，子どもとのコミュニケーションにおける音声についての研究は数が少ない。

　保育士・幼稚園教諭をめざす学生に，保育者にとって必要な声の性質について質問する。そうすると，「大きい」「元気な」「明るい」「きれいな」「はっきりとした」といった，いかにも活動的なイメージをもった性質が多くあがる。保育所・幼稚園実習においても，実習生に対し「大きく，元気な」声で話すよう，実践現場から求められるということが多い。しかしながら，第2章に述べてきたように，過度に大きな保育者の声は，むやみに騒音レベルを引きあげる原因ともなっている。一方，情緒的なコミュニケーションが円滑に交わされている保育場面では，保育者の声はほとんど目立たない。また，保育者の声にはきびきびとした「明るさ」や「活発さ」がイメージされながらも，保育士・幼稚園教諭をめざす学生たちの声の特徴は，小学校教諭をめざす学生たちに比べ，「高めで少し甘え」たような印象を与えることがしばしばある。つまり，上述の質問に対する自らの回答とは裏腹に，学生たちの声はいかにも「マザリーズ的」であるという印象なのである。

　そこで，子どもの音環境の一部を構成する保育者の音声について，一般にはどのようなイメージが描かれ，保育者自身がほかの保育者や自分の声をどんなふうにとらえているのか明らかにするため，保育士・幼稚園教諭（保幼教諭）と小学校教諭，および学生を対象とし，保幼教諭と小学校教諭の声のイメージに関する相互評価調査を試みた。

　調査の結果，保幼教諭の声には，「明るい」「親しみのある」「元気な」「豊かな」といった活動的で明朗なイメージと，高音で軽やか，柔らかで優しいという女性的なイメージに関する評価が小学校教諭よりも高かった。

　因子分析の結果，「明朗性」と「柔らか・女性性」という二つの因子が得られたが，この両因子とも，保幼教諭は小学校教諭に比べて高く評価されており，保育士・幼稚園教諭の音声における表情の多様さが示唆される結果となった。

　一方，他者の声に対しては，「大きい」「通りのよい」「元気な」といったイメージが高い評価を得ており，それだけに保育者の声がむしろ，保育室の騒音を生み出す一因になっている可能性も心配される。志村[80]は，「まわりの音に惑わされず集中して遊び込んだり，大声を張り上げなくてもやりとりができたりすることは，子どものコミュニケーション行動を支え，援助する基盤となる。子どもが落ち着いて考え，お互いの言葉や小さな声で口ずさむ歌を聞き合い，お互いにやりとりができることは子どもの活動を更に展開させるものである。

> 保育者にとっても，一人一人の子どもの声を聞き，また更に子どもに働きかけるためには，お互いの声が当然に聞きとれる音環境でなければならない」と述べ，子どものコミュニケーション発達を支えるために，保育室を静かに保つことが大切であると指摘している。保育室内の静けさは，保育者と子ども，あるいは子ども同士の間で交わされる微細な音声コミュニケーションが円滑に成立するための条件である。他者の声の表情に表された感情の微妙なニュアンスを子どもが感受できるように，保育では，たとえ集団に向けて語りかけなくてはならない場面にあっても，双方向的なコミュニケーションを意識し，実践したい。

引用・参考文献

1) 鯨岡峻・鯨岡和子『保育を支える発達心理学－関係発達保育論入門－』ミネルヴァ書房 2001.
2) Stern,D.N. The Interpersonal World of the Infant: A View from Psychoanalysis and Developmental Psychology Basic Books 1985.
3) Mitchell,A. Relational Concepts in Psychoanalysis: An Integration Harvard University Press 1988.
4) ルソー；今野一雄訳『エミール（上）』岩波文庫 2007 p.117.
5) Darwin,C. The expression of the emotions in man and animals（3rded.）Harper-Collins 1998（Original work published 1872）.
6) Fernald,A. Intonation and communicative intent in mother's speech to infants: Is the melody the message? Child Development Vol.60 1989 pp.1497-1510.
7) Morton,J.B.& Trehub,S.E. Children's understanding of emotion in speech Child Development Vol.72-3 2001 pp.834-843.
8) Morton,J.B., Trehub,S.E. & Zelazo,P.D. Sources of inflexibility in 6-year-olds' understanding of emotion in speech Child Development Vol.74-6 2003 pp.1857-1868.
9) 山本翔太・吉冨康成・田伏正佳・櫛田康「乳児音声区間の検出と感情認識への応用」；『情報科学技術フォーラム講演論文集8-2』2009 pp.373-376.
10) 志村洋子・今泉敏「乳児音声における感性情報表出の発達と個人差の検討」；『音声言語医学』第35巻第2号 1994 pp.207-212.
11) 志村洋子・今泉敏「生後2ヵ月の乳児の音声における非言語情報」；『音声言語医学』第36巻第3号 1995 pp.365-371.
12) 志村洋子・今泉敏・山室千晶「幼児による乳幼児音声の感情性情報の聴取特性」；『発達心理学研究』第13巻第1号 2002 pp.1-11.
13) 櫻庭恭子・今泉敏・筧和彦「音声による感情表現の発達的検討」；『音声言語医学』第43巻第1号 2002 pp.1-8.
14) Trehub,S.E., Unyk,A.M., Kamenetsky,S.B., Hill,D.S., Trainor,L.J., Henderson, J.L. & Saraza,M. Mothers' and fathers' singing to infants Developmental Psychology Vol.33 1997 pp.500-507.
15) 無藤隆『赤ん坊から見た世界－言語以前の光景－』講談社 1994.
16) 阿部ヤヱ『知恵を育てる唄－遠野のわらべ唄の語り伝え3－』エイデル研究所 2003.

17）岡本夏木『幼児期－子どもは世界をどうつかむか－』岩波書店　2005.
18）庭野賀津子『親乳児間における音声相互作用の発達的研究－音響分析による測定から－』風間書房　2005.
19）Masataka,N. Motherese in a signed Language　Infant Behavior and Development　Vol.15　1992　pp.453-460.
20）Trehub,S.E. The developmental origins of musicality　Nature Neuroscience Vol.6-7 2003　pp.669-673.
21）中川愛・松村京子「乳児との接触未経験学生のあやし行動－音声・行動分析学的研究－」；『発達心理学研究』第17巻第2号　2006　pp.138-147.
22）アン・カープ；梶山あゆみ訳『「声」の秘密』草思社　2008　pp.100-105.
23）Felnald,A. Four-month-old infants prefer to listen to motherese　Infant Behavior and Development Vol.8　1985　pp.181-195.
24）Saito,Y.,Aoyama,S.,Kondo,T.,et al,　Frontal cerebral blood flow change associated with infant-directed speech　Archives of Disease in Childhood Fetal and Neonatal Edition　Vol.92　2007　pp.113-116.
25）DeCasper,A.J.,Fifer,W.P.　Of human bonding Newborns prefer their mother's voice　Science Vol.208　1980　pp.1174-1176.
26）Polverini-Rey,R. Intrauterine musical learning: The soothing effect on newborns of a lullaby learned prenatally　Dissertation Abstracts International　53-10A-3481　1992.　呉の引用による（呉東進『未熟児の音楽療法－エヴィデンスに基づいた発達促進のためのアプローチ』2009　p.5.）。
27）Kisilevsky,B.S., Hains,S.M.J., Lee,K., Xie,X.,Huang,H., Ye,H.H., Zhang, K.,& Wang,Z. Effects of experience on fetal voice recognition　Psychological Science　Vol.14　2003　pp.220-221.
28）常石秀市「感覚器の成長・発達」；『バイオメカニズム学会誌』第32巻第2号　2008　pp.69-73.
29）Rosner,B.S.& Doherty,N.E.　The response of neonates to intra?uterine sounds　Developmental Medicine and Child Neurology　Vol.21　1979　pp.723-729.
30）呉東進『赤ちゃんは何を聞いているの？－音楽と聴覚からみた乳幼児の発達』北大路書房　2009　p.23.
31）志村洋子「母子相互作用における音環境としてのマザリーズと乳児の音声行動の関連－2ヶ月児の声の音響分析をとおして－」；『音声言語医学』第28巻　1987　pp.162-169.
32）志村洋子「音楽教育の原点としての母子相互作用－満2ヶ月児の声の分析を通して－」；『音楽教育学』第14巻　1985　pp.40-55,　庭野　2005　前掲書．
33）庭野　2005　前掲書18）．
34）Stern　1985　前掲書2）．
35）町田嘉章・浅野建二『わらべうた－日本の伝承童謡』岩波書店　1962.
36）日野原重明・湯川れい子『音楽力』海竜社　2004.
37）右田伊佐雄『子守と子守歌－その民俗・音楽－』東方出版　1991.
38）渡辺富夫・石井威望・小林登「コミュニケーションにおけるエントレインメント（音声－体動同調現象）のコンピュータ自動分析法－母子（新生児）をモデルとして－」；『医用電子と生体工学』第22巻第6号　1984　pp.419-425.
39）Trehub,S.E., Trainor,L.J.　Singing to infants - Lullabies and play songs Advances in Infancy research

Vol.12　1998　pp.43-77.

40) Nakata,T., Trehub,S.E　Infants' responsiveness to maternal speech and singing　Infant Behavior and Development　Vol.27　2004　pp.455-464.

41) 本実験は，2004年，ノートルダム清心女子大学女子児童学科4年の谷冴子氏が，吉永の指導のもとに実施した。

42) 日本音響学会『音の何でも小事典－脳が音を聴くしくみから超音波顕微鏡まで－』講談社　1996　p.295, ツヴィッガー,E；山田由紀子訳『心理音響学』西村書店　1992　p.85.

43) 庭野　2005　前掲書18）p.67.

44) 日本音響学会編　1996　前掲書42）pp.85-86.

45) 庭野　2005　前掲書　p.31.

46) 同上書　p.52.

47) 同上書　p.71.

48) 権藤桂子「保育者の音声特徴（1）」；『立教女学院短期大学紀要』第32号　2000　pp.137-145.

49) 権藤桂子「保育者のコミュニケーション方略と声の特徴」；『立教女学院短期大学紀要』第33号　2001　pp.95-102.

50) 権藤桂子「保育者の音声特徴（3）」；『立教女学院短期大学紀要』第34号　2002　pp.165-170.

51) 山元一晃「教室談話における教師の「ハイ」の機能－話題の完成という観点から－」；『筑波応用言語学研究』第15号　2008　pp.127-138.

52) 青柳にし紀「「はい」と「ええ」の意味・機能－音声・イントネーションの視点から－」；『信州大学留学生センター紀要』第2号　2001　pp.23-34.

53) メラビアン,A.；西田司他共訳『非言語コミュニケーション』聖文社　1986.

54) アン・カープ　2008　前掲書22）pp.161-162.

55) レヴィティン,D.J.；山形浩生訳『『歌』を語る－神経科学から見た音楽・脳・思考・文化－』ブルース・インターアクションズ　2010　p.148.

56) 呉　2009　前掲書30）p.75.

57) 正高信男『子どもはことばをからだで覚える－メロディーから意味の世界へ－』中央公論社　2001.

58) Helmholtz,H.L.F.von. On the sensations of tone as a psychological basis for the theory of music　Dover　1954（Original work published 1863）.

59) Nair,D.G., Large,E.W., Steinberg,F., et al. Perceiving emotion in expressive piano performance, In Juslin,P.N.&Laukka,P. Communication of emotion in vocal expression and music performance: Different channels,same code? Psychological Bulletin　Vol.129-5　2003　pp.770-814.

60) Juslin,P.N. A functionalist perspective on emotional communication in music performance 1998. (Doctoral dissertation, Uppsala University,1998). In Comprehensive summaries of Uppsala dissertations from the faculty of social sciences No.78 pp.7-65). Uppsala, Sweden: Uppsala University Library.

61) Juslin,P.N.& Laukka,P. Communication of emotion in vocal expression and music performance: different channels, same code? Psychological Bulletin　Vol.129-5　2003　pp.770-814.

62) Adachi,M.& Trehub,S.E　Children's expressive devices in singing, proceedings of the 4th international conference on music perception and cognition　McGill University　1996　pp.275-280.

63) 梅本堯夫・岩吹由美子「旋律化の発達について」；『発達研究』第6巻　1990　pp.133-146.

64) Crowder,R.G.& Kastener,M.P. Emotional connotations of the major/minor distinction in young people listen to music, in proceedings of the 1st international conference on music perception and cognition 1989 pp.389-394.
65) Trehub,S.E. The music skills of infants and young children, In T.J.Tighe, & W.J.Dowling(Eds.) Psychology and music The understanding of melody and rhythm Lawrence Erlbaum 1993. 梅本の引用による（梅本堯夫『子どもと音楽』東京大学出版会　1999　p.157.）
66) Juslin,P.N.& Sloboda,J.A. Music and Emotion: Theory and Research, Oxford University Press 2001. （大串健吾・星野悦子・山田真司監訳『音楽と感情の心理学』誠信書房　2008.）
67) 同上書．
68) Juslin,P.N.& Laukka,P.　2003　前掲書61）．
69) 三村真弓・吉富功修・北野幸子「幼稚園・保育所における音楽活動と幼児の音楽能力の関連性に関する研究」；『乳幼児教育学研究』2007　pp.33-43.
70) Juslin,P.N.& Sloboda,J.A.　2001　前掲書66）．
71) 梅本堯夫『子どもと音楽』東京大学出版会　1999．
72) Erickson,D.,Suzuki,T.,Tanosaki,K.,Saito,T.,Haneishi,E.,Yahiro,K.& Kishimoto,H. Some acoustic characteristic of emotional singing　昭和音楽大学研究紀要第30巻　2010 pp.4-13.
73) Morton,J.B.& Trehub,S.E.　2001　前掲書7）．
74) Sloboda,J.A. The musical mind: The cognitive psychology of music Oxford University Press　1985．
75) 同上書．
76) Nair,D.G., Large,E.W., Steinberg,F., et al.　2003　前掲書59）．
77) Ghazban,N. Emotion regulation in infants using maternal singing and speech. Unpublished doctoral dissertation, Ryerson University, Toronto. 2013., Ghazban, N.et al. Maternal speech and singing as infant affect regulators. In preparation.
78) Sandra,E.Trehub., Niusha Ghazban.,and Marieve Corbeil. Musical affect regulation in infancy Ann. N.Y.Acad.Sci.1337　2015　pp.186-192.
79) 河合隼雄・阪田寛夫・谷川俊太郎・池田直樹『声の力』岩波書店　2002　p.148.
80) 志村洋子「保育室の音環境とコミュニケーションを考える」；『大阪保育子育て人権情報研究センター情報誌』第40号　2004　pp.13-14.

Part 2

音感受教育がひらく子どもの音楽表現

第4章 音楽の感受の実際と表現のアイデア
―音感受していますか？―

　第2章，第3章では，子どもが身のまわりの音を聴いて前音楽的な表現を行ったり，想像をめぐらせたりしていること，その場の音の共鳴を身体で感じていること，保育者の音声から，感情の微細な違いや意図，あるいはその音声が発せられるような状況を連想する音感受を行っていることなどが明らかになった。こうした音感受は，豊かな音環境や適切な音楽表現を体験することによってさらに質が高まり，音楽的感性へとつながっていく。

　本書で述べてきた音感受とは，音の高さやリズムを聴きとることを目的とするソルフェージュ的なものではない。子どもが生活や遊びのなかで，身のまわりの音や人の声に対して，しっかりと耳を傾けてその質感を聴きとったり，その響きに想像を重ね合わせたりするような感受を意味するものである。著者は，こうした音の聴き方や音に対する感覚こそ，幼児期の音楽表現で育まれるべきものであり，のちの音楽表現を支える感性につながるものと考えている。

　そこで本章では，子どもの音感受が幼稚園や保育所の教育のなかでその質を高め，音楽的感性が育まれることをめざした音楽表現の指導方法について検討を行う。まず第1節では，音楽活動の特徴的な取り組みの一つであるマーチングバンドの実態について「音感受」の視点から分析し，幼児期の音楽教育の現状と問題を浮き彫りにする。第2〜4節では，音感受教育としての視点から，子どもが音を聴き，さまざまに想像力を働かせたり連想をふくらませたりしながら，その音感受の質を高めていけるような音楽表現活動のアイデアを提案する。それは，前音楽的な表現と文化的活動としての音楽表現の，両方の「音感受」をつなぐ，「歌（声）遊び」「楽器遊び」「擬音語（オノマトペ）遊び」である。これらのアイデアをもとにした活動における音感受と，それを生かした表現の指導方法を具体的に紹介する。

1 幼児期の音楽表現における音感受の実際
―幼児期のマーチングバンド活動への取り組みの調査[1]から―

　幼稚園や保育所における音楽表現の現場では，わらべ歌を歌ったり，簡単な打楽器を鳴らして音を楽しんだり，季節の歌を歌ったりする活動が日常的に行われている。その一方で，音楽発表会を開催し，かなり高度な楽曲を演奏したり，マーチングバンドに取り組んだりしている園も多く見られる。本節では，マーチングバンド[2]活動の実態について，「音感受」の視点からの分析を行う。そうして，幼児期の音楽教育における現状とその問題を明らかにしたい。

　幼稚園や保育所において，感性の育成あるいは情操の発達を目的としてマーチングバンドを導入している園は少なくない。運動会やさまざまな行事，マーチングフェスティバルなどで目にする子どもの演奏は健気でかわいらしく，誰もが足をとめたくなる光景である。新聞やテレビの報道番組でも，イベントなどでの子どものマーチングバンドを紹介する場面は多い。しかしながらその一方で，ともすれば見栄え主義に陥り，子どもが音を楽しんだり，楽器の演奏を喜んで行ったりしているのかどうかという懸念も生じる。もしマーチングバンド活動が，さまざまな楽器と出会い，それらの響きを発見することを楽しんだり，表現することに没頭したりできるものであれば，それは子どもたちにとって貴重な音楽体験となるであろう。

　しかし，2003年に，大学生を対象にこのマーチングバンドの経験について尋ねたアンケート調査（資料2：p.159）では，幼児期にマーチングバンドを経験した学生の2割がその内容を記憶していない。「指導者の号令だけが思い出される」，「幼稚園でマーチングバンドを経験したが，楽しかった記憶がない。"イチ，イチ，ムネムネ"といった先生の号令に合わせることに精一杯で，音を聴く精神的ゆとりも体力もなかった」といった記述が少なくない。主体的に音楽を感じることもなく，ただ操作として楽器を鳴らしている様子が想像されるのである。

　また，ある保育士経験者[3]は，「音楽発表会や行事の音楽に追われて必死だった。マーチングバンドの指導担当になるのが嫌だった。朝，幼児に"今日は練習があるの？"と尋ねられ，『ないよ』と答えたとき，"やったあ！"と，その表情はとてもうれしそうだった」と当時を振り返った。「幼児の発達を正しく理解していれば，マーチングバンド活動は幼児に適した音楽，表現活動ではない」[4]といった否定的な指摘も多くあるなか，今もなお多くの幼稚園や保育所がマーチングバンドに取り組んでいるのはなぜなのか。本節では，幼児期のマーチングバンドの歴史や背景を概観し，子どもの実際の演奏の騒音測定や，保育者・学生へのアンケート調査から，幼児期の音楽教育としてのマーチングバンド活動について，子どもの音感受を視点とした考察を

行い，指導者はどのような配慮をすべきなのかを検討していく。

●子どものマーチングバンド活動の背景

❶昭和30年代～40年代

　子どものマーチングバンド活動は，楽器を購入することのできる経済的な豊かさと，音楽の早期教育を求める社会的要請によって，昭和30年代から40年代に盛んに行われた[5]。

　昭和30年代は，音楽の早期教育の流行も影響し，小学校や稽古事での器楽教育の盛況が，幼稚園・保育所へおよぶようになった。昭和40年代前半には，幼稚園教育要領の「のびのびと歌ったり，楽器を弾いたりして表現の喜びを味わう」と結びついて，楽器の演奏がさらに盛んになった。40年代後半には，運動会のプログラムに鼓笛隊形式の演奏が取り入れられて徐々に定着し，ハイライトになっていった。アンケート（資料1-a-1：p.154）でも，マーチングバンドに取り組んでいる12園のうち11園が，昭和30年代後半から50年代はじめまでの間に活動を始めている。

　当時の幼稚園教育要領（1956〈昭和31〉年）は，系統性や計画性を重視する声にしたがい，改訂に導かれたものである。保育内容については，「健康」「社会」「自然」「言語」「音楽リズム」「絵画制作」の6領域が設けられ，以後，小学校の教科のように扱われた実践が行われるようになっていく。1964（昭和39）年の改訂においても，保育内容の「ねらい」を達成するため，望ましい経験や活動を保育者が選択・配列することが指導計画であり，それらを子どもにさせることが指導であるという考えが変わることはなかった[6]。今日では，目標に向かって子どもたちをトレーニングする保育実践であると批判されているマーチングバンドだが，当時は，幼稚園教育要領の理念と背反するものではなかったのだと考えられる。

❷ 昭和50年代～60年代

　この教科型の考え方は，1989（平成元）年の改訂において否定されることになる。ここでは，発達観が転換したことの影響もあり[7]，保育の基本として「環境を通しての教育」が明示され，遊びを中心とした保育が重視されるようになった。

　マーチングバンド活動に対する否定的な意見は，この時期に表面化し始めている。本吉[8]は，「幼児の発達を正しく理解していれば，（鼓笛は）幼児に適した音楽，表現活動ではない」，「一般には，わが子が太鼓をたたいて先頭を行進してくる姿に感涙し，先生に感謝という親が圧倒的に多い。そこをねらっての園児集め，人気取りのための鼓笛が行なわれているといったら言い過ぎか」と，厳しく批判している。さらに，7歳から35歳の男女25名にインタビューした結果，「毎日の練習が嫌だった。むずかしかった。私はその才能がなかったので毎日先生に叱られ，園に行くのが嫌だった。早く運動会が終わればいいと思った。ぼくは太鼓をやらされたが重くて本当に嫌だ。遊べないという思い出しかない。友だちが叱られるのを見て悲しかった」など，全員の答えが否定的なものであったと述べている。加えて，「私のハーモニカに先生がセロテープを貼った。子ども心にも，自分は下手なのだと思って，そのテープの貼られたハーモニカをなめていた」といった感想も報告されている。

　当時，文部省初等中等教育局幼稚園課教科調査官であった高杉[9]は，文部省に寄せられた園児の親の苦情（「炎天下で2時間もかけて音楽指導をしている。その日のうちに1曲をマスターしないと家に帰さないといわれる。子どもはいやでしょうがないといっているが，そんなことが幼稚園の教育として許されていいのか」）に対し，「その園は情操を育てるためにやっている。文部省としてどうにかするわけにはいかない問題だが，子どもがそんなにいやがっている音楽の教育が，情操とどう関係するのか考えさせられた」と述べている。また，千葉県の保育所園長[10]は，「この世界に身を置いてまず驚いたことがある。就任した初日に年長児が園庭で鼓笛を練習しており，保育者が大声でむきになって指導していた。これは違う！　保育者も子どもたちも目を輝かせた保育ではない。保育者の反対を押し切り，すぐに中止させた」と，就任当時（昭和60年代）を振り返っている。

　しかしながらアンケートでは，幼稚園・保育所でのマーチングバンド経験者の約7割が，「楽しかった」と回答している（資料2-2：p.159）。両者の違いは，幼稚園教育要領・保育所保育指針に見られる発達観の変容と関係しているのかもしれない[11]。なぜなら，本吉のインタビューは1988（昭和63）年以前のものであり，アンケートの対象学生は，1989（平成元）年以降にマーチングバンドを経験しているからである。この結果から，指導内容や指導方法が，園によってトレーニング型から体験型へと変化していることが推測される。

❸現在

　では，現状はどうなのであろうか。現在では，前述した千葉県の園長のように批判的な意見も多いなかで，アンケートでは，大学1年生の約3分の1（289人中の100名）がマーチングバンドを経験していたことがわかった（資料2-1：p.159）。つまり，今もなお多くの幼稚園・保育所において，マーチングバンド活動が行われているのである。

　しかし，今日の取り組みのなかには，幼稚園教育要領の指導に強調されている「表現」を重視し，子どもたちの気持ちに合わせた体験型に移行した活動も見られるようになってきた[12]。専門的な分野での成果を求めるあまり，技術指導に偏りがちだった保育実践の内容を，子どもの表現を豊かに育てるという本質的なところから発想するようになってきたのである。一方，そうした活動を，「細々と行われているマーチングもどき」の活動と批判する声もある[13]。同じ時間をかけるのであれば，適切な指導を行い，もっと充実した教育的意義の高い活動をすべきだという批判である。

　また，今日の保育の実態に関しては，「平成になって，遊びを中心とした園生活の実践化が目指されたものの，一方で，自由と放任，個と集団についての混乱も見られるようになった。そして，少子化の時代に入り，子どもに即した実践をするということよりも，親や社会の要求に応えることを重視する傾向が強くなり，英語やスイミング，コンピュータを用いた活動などを吟味することなく保育内容に取り入れるところも少なくない」[14]という見解がある。果たしてマーチングバンド活動導入の目的には，幼児期の教育の方向性が十分に吟味されているのであろうか。

●マーチングバンド活動に取り組む目的とその検討

　アンケートおよびマーチングバンド導入園の園紹介（Webから入手）などから，幼児期のマーチングバンド導入の目的は，次の四点に絞られた。

- 感性や情操の育成
- 音楽性や音楽表現技能の発達
- 脳の発達，早期教育
- 忍耐・我慢・協調性などの精神力あるいは体力の育成

　これらの目的は，果たして本当に，幼児期のマーチングバンド活動によって達成されるのであろうか。アンケートの結果とともに検討する。

❶感性や情操の育成について

　感性について高橋[15]は「目に見えない価値を感受する『生きる力』の源泉。心の

実感」と定義し，それは「体験を通して，しみじみと実感し，意味や価値に気づく感覚であり，問題解決や思いやり，意志などにも結びついている」と説明している。一方，情操について藤永[16]は「文化的価値の高い対象にむけられた，温和で持続的な感情反応」と定義し，「善いもの，美しいもの，正しいもの，すぐれたものなどの価値を，直感的に読み取り，その価値の体験に喜びを感じ，それを追求しようと望む気持ち」であると説明している。したがって，幼児期のマーチングバンド活動は，文化的に質の高い美しく優れた音楽の演奏を目標として行われてこそ，子どもの感性や情操が培われるということになる。

では，子どもの演奏は美的なのだろうか。たしかに，全国大会のレベルになれば，「これが本当に5歳児や6歳児の演奏なのか」と，驚嘆するほどに見事な演奏が披露されることもある。しかしながら，実際のところは，かえって耳を悪くするのではないかと危惧されるような演奏がほとんどである。楽曲自体が美的なものであったとしても，子どもたちの耳に響く音が美的であるとは限らない。「マーチングもどき」の批判も，こうした演奏を対象にしているのかもしれない。

またアンケートの回答から，楽器編成のバランスが悪いことも明白である（資料1－a－5：p.154）。たとえば，ある園の打楽器の担当31名の内訳を見ると，大太鼓＝8人，中・小太鼓＝17人，シンバル＝6人となっている。明らかに大太鼓やシンバルの数が多く，これでは音楽の美しさの感受される演奏が可能であるとは思われない。このバランスの悪さについては，アンケートの「指導にあたって困っていること（資料1－a－9：p.156）」に書かれてある「保護者から出される担当楽器への注文やクレームへの対応」が関係しているのではないかと考えられる。保護者の要望に沿って楽器を編成するのであれば，誰のために，何の目的でマーチングバンド活動に取り組んでいるのであろうか。著者には，このことが子どもの健全な音感受の発達を目的としたものとは思われない。

資料1　幼稚園・保育所でのマーチングバンド活動の取り組みついての調査結果

　岡山県内の幼稚園・保育所の55園にアンケートを郵送し回答を得た（保育所は取り組んでいる園にのみ郵送）。回答のあった22園のマーチングバンドの取り組みは以下のとおりである。

	公立幼稚園	私立幼稚園	公立保育所	私立保育所	計
取り組んでいる	0	7	0	5	12
取り組んでいない	7	3	0	0	10
計	7	10	0	5	22

a．マーチングバンドに取り組んでいる12園の回答内容

1．開始時期について
　　1970年代～：6園　1980年代～：5園　1990年代～：0園　2000年代～：1園
2．導入のきっかけについて
　・音楽教育の一環として。
　・団体演奏のすばらしさを体験させたい。
　・音楽による協調性，集中力の向上，体力の強化，達成感，目標をもたせる。
　・運動会を盛りあげるため。
　・小学校の運動会に参加して。
　・他の園の演奏を見てすばらしいと感動したから。
　・勤務年数の長い職員がいないのでわからない。
3．発表の機会について
　・運動会／音楽会（生活発表会，歓迎行事，祖父母参観日）
　・公共団体の催し（マーチングin岡山，チボリパレード，幼児マーチング大会）
4．対象年齢とその理由について
　・年長児からは9園。その理由は，「太鼓の重量を支えられる身体的理由」，「友だちと音を合わせる達成感」，「頑張った充実感を味わうことができる年齢」，「友だちが演奏している楽器の音に耳を傾け，その音と自分の楽器の音を合わせられる」，「リズムの理解ができる」。
　・年中児からは1園「体力的な理由」。
　・年少児は1園。理由は，「物事を考える理解力の発達が大きくなる年齢」。
5．楽器の配当の決定方法
　・園児の希望と能力，体格を考えて，音楽担当教師と担当者の合議で決定。
　・指導者が決定し，本人と親に納得してもらう。
　・本人の希望を大切にして，ジャンケンやくじ引きで決める。

楽器の種類と担当人数例

楽器＼園	A	B	C	D	E
大太鼓（人）	0	8	2	8	4
中・小太鼓（人）	35	17	14	53	20
シンバル（人）	6	6	2	8	2
キーボード（人）	10	8	6	0	0
トリオドラム（人）	4	4	2	0	0
指揮（人）	1	1	1	0	1
カラーガード（人）	12	12	0	0	0
その他（人）	7	4	0	0	0
合計（人）	75	60	27	69	27

6．週当たりの練習回数

　　週1回：1園，週2回：4園，週3回：2園，毎日：4園，無回答：1園
　　練習期間の平均は約5か月であった。

7．指導にあたって気をつけていること

（1）演奏技術に差が生じたとき

・個別指導を行なう。
・担当するリズムを簡単にする。
・同じグループのなかで園児同士支えあう。
・言葉がけに工夫する。
・差は生じない。

（2）園児が嫌がったとき

・みんなですると楽しいことを知らせ，参加させる。
・励まし，達成感が味わえるようにもっていく。
・練習時間を少なくし，効率のよい指導を工夫する。
・無理にさせず，楽器を触らせたりして音やリズムに興味をもたせる。
・嫌がる子どもはいない。当然する事として取り組んでいる。

（3）その他

・家庭との連携。子ども以上に保護者が不安や期待をもっている場合がある。
・年少・年中の期間に太鼓が持てるだけの体力，精神力をつけたい。

8．メリットとデメリット

＜メリット＞

・音楽にふれ，みんなで演奏・演技する楽しさを味わうことができる。
・達成感，充実感を味わうことはできる。
・心を一つにして頑張ることで集団生活によい影響がある。

- 思い出ができる。
- 根気, 忍耐力がつく。
- 年長組にしかできないので, 自信がもてるようになる。
- さまざまな活動への意欲へとつながっていく。
- 保護者にわが子の成長を感じてもらえる。
- 先生や指導者をよく見る, よく話を聞くなどの習慣づけができる。
- 体全体の筋肉, 骨の発達。

＜デメリット＞
- 時間に制約ができ, 外遊びや自由遊びの時間が少なくなる。
- 練習が大変。
- あまり音楽の得意ではない子どもにとっては, 長時間の練習が少し負担であるかも知れない。
- 疲れる園児がいる。
- 経済的な問題がある。

9．指導にあたっての苦労, 困ったこと。
- 練習に集中して頑張るので, そのあとの活動に気を配る。
- 集団活動ではあるが, 個人を尊重し, 個人と向き合う。
- 子どもたちが, いかに楽しんで取り組めるか。
- 嫌がる子どもに対する指導。
- 子どもの個人差が大きいときの指導。
- 本番でミスをしたときのフォローの仕方。
- 演技内容が毎年同じようになってしまうこと。
- 保護者から出る, 配当楽器への注文, クレーム。
- 周辺地域からの音に対するクレームの処理。
- 大きな問題はない。

b．マーチングバンドに取り組んでいない10園の回答内容

1．取り組んでいない理由
- 遊びを重視しているので, 必要だと思わない。
- 幼児期に鼓笛隊を行なう必要はないと思う。
- 子どもの気持ちを尊重している。
- もっと大切にすべき教育があると思う。
- 演奏に決まりの多い鼓笛隊は, 幼児期に全員が経験するものとしてふさわしくない。
- どうしても見せることに重点が置かれやすくなる。
- 鼓笛隊で子どもを伸ばしてあげる自信がない。
- 室内の器楽合奏をすることでより豊かな音楽性が培われることを信じているので,

打楽器での鼓笛隊はしてない。
　　・ヴァイオリンを導入しているため。
2．他園の取り組みについてどう思うか。
　　・考え方はそれぞれだから，気にならない。
　　・独自性で教育の一環として行なわれているのだと思う。
　　・音楽が好きな子どもにとってはよい経験だと思う。
　　・余裕があるなら取り組むとよい。
　　・発達段階をふまえてどのような手順で指導しているのか知りたい。
　　・子どもがかわいそう。
3．どのような音楽活動をしているか。
　　・日常生活のなかに取り入れている。
　　・朝と帰りの会で歌を歌ったり，リズム遊びをしたりしている。
　　・リトミックを取り入れている。
　　・音楽発表会での器楽合奏。
　　・子どもたちが「楽しい」と思い感じることが音楽活動であると考えるので，そこから，自分たちで歌ったり，楽器を使ったりすることに発展していくことを援助する。心のリズムの安定のためにも音楽は大切。
4．今後取り組む予定はあるか。
　　　　ある：0園　　　ない：10園

❷音楽性や音楽表現技能の発達について

　1999（平成11年）度の幼稚園教育要領解説には，「感性は，あるものに敏感に反応したり，そのなかにある面白さや不思議さなどに気づいたりする感覚」であり，「特定の表現活動のための技能を身につけさせるための偏った指導が行なわれることがないように配慮する必要がある」と明記されてある。この記述から見れば，美しく優れた音楽を表現するためであっても，その目的のために長期間にわたり，毎日長時間，子どもをトレーニングするマーチングバンド活動は，幼児期の活動としてふさわしくない。しかしながら，幼児期のマーチングバンド全国大会は，関係する団体とともに文部科学省の主催で行われていることもまた，事実である。全国大会に出場をめざすとなれば，長期間，その活動に集中しなければならないことは明白であろう。全国大会のプログラムに，「幼児の教育には大変有意義なもの」というように述べられてある文部科学大臣の祝辞[17]は，幼稚園教育要領に対してまったく矛盾している。
　また，マクドナルドとサイモンズ[18]は，「子どもは個々の楽器を試したり演奏したりするための機会を持つべきである。そうすると，音量／リズム／旋律の可能性と同様に音色も探究されるだろう」と述べる一方，「リズムバンドをつくることは，授業

へ子どもたちを導くのによい方法であるというのは間違いである」と主張している。なぜならば，もし技術的な訓練が子どもの欲求に先立って存在するならば，それは子どもたちに受け入れられないし，また，（大人の音楽家においてもそうであるように）創造的貧弱を生む[19]のだからである。

　表現技能について，マーチングでは，叩くリズムと拍に合わせて歩くリズムの，二重のリズム構造をマスターすることが求められる。拍を保持するには，高度にコントロールされた筋肉運動が必要である。両手両足を意識的に分離してばらばらに動かすことが，子どもたちに容易であるとは思われない。

　多くの園において，年長児（5～6歳）にマーチングバンド活動が導入されているが，それは，3～4歳の子どもにとって単純なマーチングや音楽に合わせて手拍子しながら歩くことはきわめてむずかしい[20]という知見と一致する。5～6歳ともなると，多くの子どもたちが音楽に合わせて歩くことができるようになる。とはいえ，実際のマーチングでのリズムは，歩きながら拍に合わせて楽器を叩くのであり，決して単純なものではない。複雑なリズムが，多く含まれているのである。

　また，トリオドラムを演奏する場合には，音程の異なる三つのドラムを一人で連続的に打ち分ける技術が必要である。加えて，円を描いたり，回転したり，大太鼓を叩きながら後ろ向きに歩くことまで求められる。それは，中学・高校生でもかなりのトレーニングが必要だろう。マーチングを完成させるには，子どもの主体的な要求以上に膨大な量の技術的訓練を行っていることが推察される。子どもはその長大な時間を，「音感受」することなく過ごしているであろう。

❸脳の発達および早期教育について

　マーチングバンド活動が，脳の発達に好ましい影響を与えると主張するのは，おもに「総合幼児教育」[21]を基本理念に据えた幼稚園・保育所である。大脳生理学にもとづくその理念とは，音楽・運動について，いまが臨界期という最重要なときに好きなことをさせればよいと言って，ただ手をこまねいていて傍観しているということは，決して許されないという主張である。

　たしかに，近年の大脳生理学では，幼少期の脳のドラスティックな変化を重要視する傾向も見られる。「脳教育」を唱える澤口[22]は，「（幼少期は）環境要因によるドラスティックでハード・形態的な可塑的変化が起こりやすい時期であり，0～4歳頃の期間に受けた環境要因の影響は生涯にわたって存続してしまう」と主張し，幼少期には，徹底的かつ体系的な教育が効果的であることを強調する。また彼は，音楽的知性を育てるための適切な環境として，「良質な音楽を（0歳の頃から）絶えず聞かせる」ことをあげ，「子どもが得意とする知性を発見し，熱中することや喜ぶことをさせる」ことが大切であると述べている。

また，無藤[23]は「音楽に親しむことは，高度なレベルに到達させたいのであればいわゆる早期教育を必要とするが，その場合でも，子どもの自発性や楽しさややりがいが伴っていなければ，役立たない」と述べている。したがって，マーチングバンド活動で脳の教育を実現するには，奏でられる音楽が良質なものであり，子どもが自ら喜んで熱中する活動であることが求められる。なお，木下[24]によれば，近年の文部科学省による「脳科学と教育研究」では，幼児期の詰め込み教育（過剰な刺激）はまったく意味がないどころか，後の学業のためにかえって弊害になる，というように主張されている。

　では，幼児期のマーチングバンド経験は，高度な音楽の技術獲得やその後の音楽活動に影響するのであろうか。アンケートを用い，卒園後のマーチングバンドや吹奏楽の経験について尋ねた結果では（資料2），幼児期のマーチングバンド体験の有無が，吹奏楽やマーチングバンドの活動をその後も継続するかどうかについて，有意な影響をもつというようなことはなかった。音楽の早期教育についての提唱者であるハンガリーの音楽教育者コダーイは，「音楽教育は生まれる9ヶ月前から始めよ」と説いているが，それは音楽的エリートを育てるためのものではなかった。幼児教育の原点は「遊び」である。遊びのなかで楽器を用いること，種々の響きのよい楽器を手の届くところに用意すること，音楽表現を楽器や歌や身体表現などと組み合わせていくことなど，幼児教育の通常の形態のなかで音楽環境を豊かにすることは十分に可能である。

資料2　マーチングバンド経験についての大学生を対象とした調査結果

　N女子大学の1年生を対象として，講義のなかで質問紙を配布し，回答を得た。
1．回答数289名のうち，幼稚園・保育所経験での経験者は100名であった。
2．マーチングバンドの思い出について（人）

楽しかった	69
つまらなかった	2
嫌だった	7
覚えていない	21
その他	1
計	100

3．楽器配当の決め方について（人）

本人の希望	22
先生が決定	39
覚えていない	39
計	100

4．音楽に対する気持ちの変化はあったか（人）

とても好きになった	8
好きになった	28
どちらでもない	62
少し嫌いになった	0
嫌いになった	1
楽器を習い始めるようになった	1
計	100

5．小学校以降，マーチングバンドや吹奏楽を経験したか（人）

	幼保での経験者	幼保での非経験者	計
経験した	65	105	170
経験していない	35	84	119
計	100	189	289

❹忍耐・我慢・協調性などの精神力あるいは体力の育成について

　アンケートにあげられたマーチングバンド活動のメリットは，「精神力や体力の育ち」ということに尽きる。マーチングバンドに取り組んでいる多くの幼稚園や保育所での主たる目的は，「子どもの精神力や体力の育成」であると言えるであろう。たしかに，今日の子どもの体力の低下は明らかであり，忍耐・我慢といった精神力の育成もきわめて重要である。

　音楽には，個人や集団に対して統合化をうながすような社会性を育成する力がある。マーチングバンド活動も，努力を集中させ，一致団結して一つのものをつくりあげていく喜びの味わえる活動である。資料3は，秋の運動会でマーチングバンドに取り組んだ6歳男児のおよそ1か月半の言動である。つぶやきには，練習における忍耐と我慢，そして協力することや成し遂げたことに関する喜びが表れている。運動会後，楽器の配当理由を指導保育者に尋ねたところ，「引っ込み思案なY君に自信をつけさせるため，本人は希望しなかったが，2人しかいない大太鼓をあえて担当させた」と話してくれた。保育者の予測どおり，男児はマーチングバンド体験を経て，保育所での日常活動に積極的に取り組むようになった。このように，子どもが精神的に成長することを保育者は期待し，その期待に応えるような精神的な成長を子どもが遂げる。そうした事例はけっして少なくはない。

資料3　K保育所で大太鼓を経験した6歳男児Yの運動会当日までのつぶやき

時期	つぶやき
8月末	・太鼓の練習が始まった。 ・小太鼓や中太鼓を叩いた。鼓膜が破れるかと思った。
9月	・大太鼓をするように言われた。ぼくは中太鼓がよかった。ホルダーがうまく止められない。 ・疲れる，体が痛い。 ・上手だとほめられた。でも○○ちゃんは，下手くそって言われた。ぼーっとするなって怒られた。 ・暑くて，太鼓を叩いていると汗が出て前が見えない。目が見えないけど叩く。 ・部屋のなかで練習したら，耳が痛くなった。今も頭が痛い。 ・ときどき頭のなかが真っ白になって，わからなくなってしまう。怒られた。できないかもしれない。 ・もっと大きな音で叩くように言われた。失敗したらどうしよう。心配。
10月初旬	・大丈夫かなあ。（とうとう熱が出る。大太鼓担当の2名，ソロを受けもつ小太鼓担当者が3人とも運動会前に発熱した）
運動会後	・上手だったでしょう。みんなでやるから楽しかったよ。今度は違う楽器をやりたい。

　では，体力についてはどうであろうか。マーチングでは，楽器をベルトやホルダーで肩から下げなければならない。楽器の重みを体で支えながらの演奏や移動によって，子どもの体力はさぞかし鍛えられることであろう。しかし楽器の重量は，小太鼓で約2 kg，大太鼓は約3 kg，トリオドラムになると5.5～6 kgとなっている。楽器を持つだけでも子どもの体にとってかなりの負担がかかるのだと言わざるを得ない。なおかつ，それを装着して演奏し，演技まで行うというのであるから，その負荷は計りしれないものがある。

●幼児期のマーチングバンド活動の指導についての検討

　幼児期のマーチングバンド活動については，それを導入しないこともまた，メリットの大きな選択肢である。しかし本項では，前述の目的が達成できるようなマーチングバンド活動を行うために，指導者が何に留意すべきなのかを考えたい。
　まず，取り組みに関しては，「マーチングもどき」と一部の非難を受けている体験型と，本格的なマーチングを行うトレーニング型とがある。両者は相反する方法論な

のであろうか。体験型の場合でも，よい音楽を追求することは可能である。指導者に，「こうした音楽をつくりたい」「こんな美しい響きを聴かせたい」という高い音楽性があれば，結果として十分な演奏ができなかったにしても，日々の体験のなかで，子どもは音楽によって十分に「心を揺さぶられる」[25] 経験をもつことができる。逆にトレーニング型の場合も，指導者に，高い音楽性と子ども理解に立脚した指導力が備わっておれば，充実した表現活動が実現することであろう。子どもの音楽的反応は，周囲の評価に敏感である。指導者は，自分の音楽に対する姿勢や音楽の好みや意見が，子どもの音楽の育ちに非常に大きな影響を与えている[26] ことを自覚しておかなければならない。

多様な楽器の音色を聴いたり，多様な音の重なりのおもしろさに気づいたり，ぴったりとリズムのそろった気持ちよさを体験したりするなど，楽器での音楽表現活動には子どもが音を感受する機会にあふれているはずである。しかしながら，本節で考察したところでは，子どもが音感受をしているとは考えられない。著者には，マーチングバンド指導者に必要な能力について具体的に述べるようなことはできないが，音感受の側面からその指導のあり方について検討したいと思う。

❶指導内容・方法への留意点

＜音への好奇心＞

幼稚園や保育所で行われている合奏のスタイルは，打楽器を中心とした合奏，鍵盤ハーモニカや木琴，ミュージックベル，トーンチャイムなどを導入したものである。近年では和太鼓など和楽器の合奏も人気を博している。幼児期にさまざまな楽器にふれ，いろいろな音の響きを聴きとり，豊かな音色を感受するというのは，実に貴重な音楽経験のはずである。

楽器遊びに始まるその活動のなかで，子どもは楽器から音を見つけ出し，何かを感じたり考えたりすることによって感性や情緒を発達させていく。マーチングバンド活動を含むせっかくの音楽表現活動も，技術的な訓練が子どもの音や音楽への興味・関心に先立ってしまうと，その意味を失うどころか，かえって逆の効果を引き起こしかねない。マーチングバンド活動や合奏が子どもたちにとって美的な音楽経験となるよう，指導者は子どもの音感受の姿を十分に見とり，音質あるいは音色を探究する子どもの好奇心をくすぐるよう，努めたいものである。

＜選曲＞

著者は，実習の訪問指導などで幼稚園や保育所を訪れた際に，マーチングバンドや合奏の練習をあまりにも多く見てきた。聴こえてくる曲には，「函館の女」「お祭りマンボ」「川の流れのように」といった古い演歌が含まれてさえいる。それらは，明らかに聴き手の対象年齢に合わせた選曲である。また，ある保護者からは，「幼稚園の発

表会でラヴェルのボレロを演奏した。その後小学生になってその曲を聴くことがあったが，自分が演奏した音楽であったことを覚えていなかった」とうかがった。その保護者の次女が同園で取り組んだ曲は，モーツァルトの『フィガロの結婚序曲』であり，まるで先生のピアノ発表会を聴いているようにしか思えなかったのだそうである。

　むやみに演奏困難な曲を選んだからといって，音楽的な質の高さが保証されるというものでもない。子どもたち自身の音感受をていねいにふまえた表現であってこそ，音楽の質は保証されるのだからである。見栄えや宣伝上の便宜のためだけに，大人が子どもたちを利用してはいないであろうか。子どもの技術的な発達に即した自然な選曲が望ましいというのは当然のことであるし，子どもの音感受が十全に作用する曲を選び取ることが選曲の要となることも，同じく当然のことである。

＜目標の設定＞

　1999（平成11）年度の幼稚園教育要領には，「正しい音程で歌うことや一つの楽器を上手に演奏することなどを性急に求めず，幼児自らが音や音楽で十分遊び，表現する楽しさを味わう活動を展開させることが重要である」と解説されてある。確かにそのとおりである。だがしかし，楽しい活動と音楽の質の追求とはまるで対立しない。

　音楽表現の質の高さの追求が楽しい活動なのだということを子どもが実感できるかどうかは，ひとえに指導者の側の音楽的な能力と指導力とにかかわっている。音楽的な素養と，それを実践へと応用する能力とが，ともに求められるのである。たとえ，一見すれば無味乾燥な反復練習を要求するような指導があったとしても，このことは当てはまっている。いや，むしろそういう機会にこそ，指導者の真価が問われるのである。ピッタリ音がそろうことや，美しい音で表現された音楽に感動することができれば，子どもは達成感だけにとどまらず，音楽による喜びを感じとり，心が揺さぶられるような情動を体感することができる。

　逆に，マーチングバンドのメンバーの一人ひとりが楽器の演奏を楽しんでいたとしても，全体として聴こえる音楽がただ騒々しいだけの音であれば，そうした楽しみは心が揺さぶられる体験へつながってはいかない。そうした体験をつくり出すためには，今そこに鳴り響く音を聴き分け，音楽の質の高さを的確に見きわめる力（音感受力）が，指導者に求められるのである。

＜指導上の配慮＞

　マーチングバンドを含む器楽合奏は，子どもたちにとって，元来自己肯定感を育むことのできる活動のはずである。なぜならば，自分の居場所・存在感・達成（効力）感・役に立っているという有用感などを，活動のなかに見いだせるからである。子どもが自己肯定感を感得するには，指導者のポジティブな言葉かけの影響が大きいと考えられる。

　「交流分析」という心身医学の分野では，人がほかの人に対して行う何らかの働き

かけをストロークと呼び，幼児期にどのようなストロークを受けたかが，後の生き方に大きな影響を与えるのだそうである[27]。演奏表現においては，活動に音楽的な質の高さを求めた場合，理想状態から現時点での完成度を差し引いたマイナスの部分を，否定的に評価してしまうという傾向が見られる。これは，ネガティブストロークといえるだろう。指導する内容が同じものであっても，理想状態からのマイナス部分を提示するのではなく，始まりの地点から現在までに伸びた上達度を提示するとともに，伸びしろをその都度評価するよう心がけることにより，それはポジティブストロークとなり得る。指導者は，表現活動のなかで交わされるそのような言葉かけが，子どもたちの心の成長にどれほどの影響をおよぼすのかについて十分に理解し，子どもたちが安心して表現活動に取り組めるよう配慮したいものである。

❷音量に対する配慮

＜騒音の実態＞

　かつて著者は，商店街をパレードする保育所のマーチングバンドに出会ったことがある。一緒にいた3歳の息子は，「やかましい」と言って手ですぐに耳を押さえた。耳が痛くなるほどの大音量は，子どもの耳にどれだけの負荷をかけているのであろうか。

　そこで著者は，2002年10月18日にK市内で行われた幼児マーチング大会において，子どもの演奏による騒音レベルを普通騒音計（リオンNL-21）で測定した。本番中は，子どもの近くで測定することは不可能だったので，演奏グループがステージから退場門を通過し，体育館のエントランスで演奏を続けている際に，演奏している子どもに近づき，できるだけ子どもの耳もと（床上約50cm）に騒音計を近づけ，測定を試みた。

　2団体の演奏について，10secごとの等価騒音レベル，単発騒音レベル，最大騒音レベル，最小騒音レベル，およびピークレベルを，A特性聴感補正回路（人間の耳の感度のように，低音や高音に反応しにくくなる）を使って測定した。至近距離における

それぞれの最大値は，等価騒音レベル＝110dB，単発騒音暴露レベル＝120dB，最大騒音レベル＝115dB，最小騒音レベル＝90dB，ピークレベル＝133dBが記録された。一般に，100dBが電車のガード下，110dBが自動車のクラクション，120dBが杭打ち，130dBがジェット機の離陸の音量に相当するとされている。この数値から，子どもたちの耳もとでどれほどの轟音が鳴り響いているのかが想像できることであろう。こうした音環境では，音を感受することが不可能であるというだけでなく，子どもの聴覚に悪影響がおよぶおそれがある。

＜配慮＞

　アンケートでは，マーチングバンド活動に熱心な園が，その練習を5か月もの間，毎日のように続けている（資料1－a－6：p.155）ことや，雨の日はもちろんのこと，周辺地域への騒音の配慮のため，室内での練習をしている（資料1－a－9：p.156）ことが，回答の結果から明らかになった。室内の練習において，上述の測定結果と同程度の音量の騒音が鳴り響いていることは明らかである。すなわち，本測定が明らかにしたような大音量の音環境に，子どもの耳は5か月の間，さらされ続けているのである。加えて，マーチングバンドに熱心な園では，器楽合奏の演奏発表にも取り組んでいるため，大音量にさらされる期間はさらに長くなる。日本の労働安全基準値は85dBであり，労働安全衛生規則588条によって，騒音性難聴をはじめとした人体への悪影響に対し，予防対策が取られている[28]。今回の測定では，最小騒音レベルでさえ，基準値を上回っていることになる。またフランスでは，1998年より，音楽用ヘッドホンステレオの最大出力の上限を100dBに規制する法案が制定されている[29]。

　指導者は，過剰な騒音に対して最優先に配慮すべき対象が，周辺の住民でなく，演奏している子どもたちであることを忘れてはならない。アンケートには，疲れる園児がいる（資料1－a－8：p.155）ことがデメリットとしてあげられていたが，それは，楽器を持つ身体的負担だけが原因ではなかろう。たしかに，ヒトの聴覚神経に，「音に馴れる」という特性や「音の位相を無意識のレベルに置き換える」といった機能がそなわっていることを，我々は自らの経験から知っている。今回の調査では，マーチングバンド活動前後の子どもの聴覚検査を行ってはいないため，本測定で得られた騒音レベルが子どもの聴覚神経にどれほどの影響をおよぼすのかということについて明言できない。しかしながら，人は強い騒音にさらされると，若年であっても難聴になることがあり[30]，それが一時的なものであれば回復する一方，強い騒音にさらされ続けると，永久性の騒音性難聴が引き起こされる。永久性の騒音性難聴は，感音性難聴の一種であり，一度障害を受けると回復は見込めない。マーチングバンド活動は，子どもに，心的ストレスのみならず聴覚神経の異常をももたらすのではないかという懸念がある。

　また，練習音が鳴り響くその同じ園舎のなかで，別の活動をしているほかのクラス

の乳幼児への配慮も忘れてはならない。間仕切りはあるにせよ，防音に関して完全な整備がされた施設はほとんどない。年長児が室内練習をしている間，乳児・年少・年中の園児たちはどのような活動をしているのだろう。ある保育実習生は，年長児の練習する太鼓の鳴り響く音のなか，年少児がなかなか午睡できなくて困ったと言う。このような音環境での生活を長期間余儀なくされる子どもは，知らず知らずのうちに聴覚的ストレスにさらされることになり，音を感受するどころか，物理的に鳴り響く音をできるだけ聞かないように学習することになる。

●幼児期のマーチングバンド ―活動の意義を問い直す勇気を！―

　著者は，マーチングバンドの音楽性を否定しているわけではない。それは，音楽的に質の高い活動であり，高度な技術を要する活動でもある。だが，それをなぜ，幼児期に行わなければならないのか。本考察で，その根拠を見いだすことはできなかった。マーチングバンドに取り組む園では，保育者も子どもも，マーチングバンド活動を行うのが当然であると思い込んでいる（資料1−a−2, 7など：p.154）。それだけに，あえてその意義について問うてみる機会が少ない。こうした現状には問題がある。アンケートの回答によれば，マーチングバンドのデメリットには，練習が指導者にとっても子どもにとっても大変であることや，外遊びや自由遊びの時間が少なくなることがあがっていた。幼児期にマーチングバンドを導入するというのなら，指導者には，こうしたデメリットを補い，マーチングバンドの練習にプラスの価値を見いだす責任が求められる。

　子どもたちは，指導者や親の期待に応えるべく，練習の辛さに耐えながらマーチングバンド活動に取り組んでいる。しかし，自分たちが演奏した曲すら覚えていなかったり，指導者の号令だけが思い出されたりするという以上，子どもたちは単に指導者に対峙していたというだけで，物理的な音は鳴っていても，そこで行われている活動に「音楽」は存在していなかったということになる。保育者の指示がマーチングバンドを操り，音が物理的に鳴っているというだけのことである。音の大きさや保育者の指示が子どもたちの耳に届いてはいるものの，そこには音感受としての「感じる−考える」といったプロセスは存在しない。加えて，騒音計測で明らかになったように，轟音の鳴り響くなかでは，音感受は到底あり得ない。

　また，仕上がりを重視するあまり，上手く演奏できない子どものカスタネットに綿をつめたり，キーボードの電源を抜いたりするといったこともあると聞く。そのような楽器を与えられた子どもたちは，どんな思いでその時間を過ごしたのだろうか。このような活動は，音感受に関する教育として，というよりも，幼児教育として重大な問題をはらんでいる。

すべての合奏やマーチングバンド活動が上述のようであるとは言わない。マーチングバンド活動を通して子どもは忍耐力を身につける。しかしながら，マーチングバンド活動が，指導のあり方次第で，子どもの心の成長や音楽的な成長に負の影響をおよぼしかねないこともまた，事実である。精神力の育成をめざすのであれば，多大なエネルギーと時間を費やし，子どもの感性の発達に負の影響をおよぼしかねないような活動を選択しなくとも，ほかに適切な活動はいくらでも考えられよう。

2 歌遊びとそのアイデア

　保育者の表情豊かな語りかけや歌唱は，子どもにとって大切な音感受の機会となる。だが，保育者は，表情豊かに話したり歌ったりすることが得意な人ばかりではない。絵本の読み聞かせや紙芝居の語りでは自信をもって声を出すことができても，子どもたちの前で歌うことに対して苦手意識をもっている保育者は少なくない。また，子どもの音楽表現としての歌唱活動の多くは，単に歌詞を覚えて歌うだけの活動になってしまっており，自分の顔や声の表情が子どもたちの音楽表現を引き出すようなものになっているかどうかについては，ほとんど意識できていない。

　保育者が一人で歌うことを躊躇するのは，保育者自身，歌うためのトレーニングを受けていないからかもしれない。歌唱活動が，歌詞を覚えて歌うだけのものに終始するというのは，保育者もまた，それまで受けた教育のなかで，表情豊かに歌うことを経験して来なかったためである。ここで提案するアイデアは，子どもの歌声を表情豊かなものにするだけでなく，保育者が自信をもって歌声を発し，曲のもつおもしろさを上手く引き出し，音楽表現を工夫する指針となるものである。

◎ゆったりとした環境のなかで保育者とともに歌う

●子どもと歌唱

　子どもは，自分に歌いかけられたり話しかけられたりするなかで，歌ったり話したりすることを学びとっていく。ほとんどすべての子どもたちが，幼稚園や保育所における学びの機会に歌うことを経験してきたにもかかわらず，小学校での音楽授業において正確に歌えないという子どもが少なくないことは事実であり，このことは音楽教育においてきわめてありふれた光景である。その原因について，マクドナルドとサイモンズ[31]は，「まだ経験の浅い子どもにとって声を合わせる訓練がそれほど十分でない」からだと述べている。

　幼稚園教育要領解説では，領域「表現」の内容（6）に，「音楽に親しみ，歌を歌ったり，簡単なリズム楽器を使ったりなどする楽しさを味わう」とあり，「幼児が思いのままに歌ったり，簡単なリズム楽器を使って遊んだりしてその心地よさを十分に味わうことが，自分の気持ちを込めて表現する楽しさとなり，生活のなかで音楽に親しむ態度を育てる。ここで大切なことは，正しい音程で歌うことや楽器を上手に演奏することではなく，幼児自らが音や音楽で十分遊び，表現する楽しさを味わうことである」と説明されてある。音や音楽で十分遊び，表現する楽しさを味わうことと，情感豊かに声を合わせ，正確な歌唱をすることとは，相反する活動ではけっしてない。幼児期は音感受の敏感な時代である。保育者が，子どもの歌声をしっかり聴きとる耳と，表情豊かに楽しく歌唱するための適切で豊富なアイデアをもち合わせていれば，彼らは，「訓練」とはまるで感じられないおもしろさのなかに，声を合わせることを身につけていくであろう。

　マクドナルドとサイモンズ[32]は，歌唱指導の始めに，話し言葉の可能性を探求するための，リズミックな言葉遊び＝チャント（一定のリズムをもった唱え言葉）やライム（韻を踏んだ言葉）＝をとり入れるべきであると主張している。彼らのアイデアでは，歌唱表現のための言葉遊びは，「聞きとった音を声で表現する」ことに始まり，「話し声に近い，2～3音で構成されるチャントを歌う」活動へと広がっていく。「聞きとった音を声で表現する活動」とは，電話が鳴る音，小鳥の歌声，蛇口から流れ出る水の音，掃除機の音，街路に響くサイレンや自動車のクラクションなどといった身のまわりの音を聴き，その音をまねるというものである。聞きとった音と声に表現する場合，擬音語が用いられるわけであるが，発声する際に一音ずつの音高を変化させることで，歌声のような発声を実現することができる。また，「話し声に近い，2～3音で構成されるチャント」は，模倣唱や問答唱の形式であいさつとして歌ったり，会話として歌ったりされる。

　子どもたちは身近に聴こえる音を感受し，それらを自らの声に表現する活動を「訓練」でなく「遊び」として受けとる。また，2～3音で構成される話し声に近いチャ

ントは，大げさに抑揚のついた会話として，おもしろく表現される。このような，会話を歌遊びにつないでいく活動をとおして，歌声のイメージを形成することができる『声の音高探検遊び』のアイデアを，以下に紹介していく。

●歌声づくり　―声の音高探検遊びのためのアイデア―

　『音高探検』（"THE BOOK OF PITCH EXPLORATION"）は，J.M.ファイアーアーベント[33]の著作である。これは，幼児期の子どもが人の声の不思議さを体験し，魅力的でおもしろい活動を通じて広い音域の声を自在に操れるようになることをめざしたテキストである。彼は，アスリートが試合に備えてさまざまな筋肉を鍛えるときのように，歌う場合も声帯筋を鍛えるウォーミングアップを行うことが必要不可欠であると説いている。知らず知らずのうちに自在に声を変化させる術を身につけたり，音域を広げたりするために，音高を何かの形や動きと視覚的に対応させ，イメージを描いたり想像力を働かせたりしながら発声する工夫が，この著作の随所に見られる。子どもたちは，はじめ，全体的な活動の一員としてパフォーマンスをするのだが，みんなの前に出て一人でパフォーマンスをする機会が次第に増えていく。全体発声と個別発声とが，活動時間のなかに，徐々に混じり合っていくのである。そこには，クラスの声の動きを統括する役割を担う仕掛けも盛り込まれている。子どもたちが擬似的に保育者の役割を演ずるのである。また，高い声から低い声へと音高を変化させる遊びのなかで，歌声としての頭声的発声を身につけていく展開となっており，幼児期の一斉歌唱が陥りやすい「怒鳴り声」（騒音）を解消することにもつながるのである。

　ファイアーアーベントの提案する音高探検のアイデアのすべてを検討して，ここでは，その内容を次の三種類に分類した。

　　①形や動きを見たり感じたりして声を変化させるもの
　　②自分の動きに合わせて声を変化させるもの
　　③声まねをしたり声合わせをしたりするもの

　それらを，著者が我が国の保育事情に合った遊びのかたちにアレンジしたものを，以下に示す。なお，文中で使用しているグリッサンドとは，ある音からある音に向かって，上あるいは下から滑らせるように演奏する奏法を指す。歌唱の場合，ポルタメントでも同じような声の出し方をするが，ポルタメントに比べ，グリッサンドは，同じ速さで2音間を移行するイメージや，ポルタメントよりも幅広い音程間を移行するイメージがある。

❶形や動きを見たり感じたりして声を変化させる
＜エレベーターゲーム＞

- ・12階建てビルに敷設されたエレベーターのオペレーターになりきることを伝える
- ・保育者がまず，エレベーターを上下させ，子どもたちを異なる階へと連れて行く。エレベーターが上昇するときには子どもは腕を頭の上にあげ，自分の声をグリッサンドで上行させる。エレベーターが下降するときは，子どもは腕を下げ，グリッサンドで声を下行させる。声をグリッサンドで下行させる場合，発声が頭声で始められるよう，12階からゲームを始めることとする
- ・ゲームに慣れたら，子どもは一列に並び，一人ずつ前に出てエレベーターを操作する。最初の子どもは12階から始め，順番に前の子どもが止めた階から始める

＜紐楽譜＞

- ・全体を少人数のグループに分け，グループのそれぞれに長い紐を渡す
- ・各グループのなかの一人が，床（あるいはフェルト版）の上の紐を動かし，何らかの形状（楽譜）をつくる
- ・形状（楽譜）をつくった人は，紐の流れを，端から端まで指差してなぞり，グループの他の子どもたちは，紐の線の形にあわせ，声を変化させて発声する
- ・全員が一人ひとり紐楽譜を体験するまで，順番に続ける

＜背中の描画＞

- ・二人組になって，一人がパートナーの背中に何かを"描画する"
- ・描画されている子どもは，背中に感じた描画の輪郭を声で表現する
- ・交代して行う

＜懐中電灯＞

- ・保育者は，強い光線を放つ懐中電灯を用い，光を壁に照らして，ゆっくりと上下に動かしたりさまざまな形に動かしたりする
- ・全員で，光が動く筋道をなぞるように声で表現する
- ・一人ずつ懐中電灯を持ち，順に壁を照らす

＜指揮者＞

- ・保育者が指揮棒を用い，子どもに声でグリッサンドを表現させる
- ・手を上下に動かしたり，あるいはぐるりと回したりして，子どもは，指揮棒が動くとおりに声を出すようにする

・一人ずつ順番に，クラスの「指揮者」になってみる

＜リボン棒＞

・棒に，長い一本のリボン（3メートルくらい）を取りつける
・棒を動かしてリボンの流れるパターンを空中に描き，子どもはリボンの描く形に合わせて声を変化させる
・一人がリボンを持ち，みんなを先導してみる

＜空飛ぶパペット＞

・空を飛ぶ動物パペット（鳥や蝶々，幽霊など）を用意する（製作してもよい）
・そのパペットをいろいろな方向に動かし，子どもは，そのパペットの動きに合わせて声をグリッサンドさせる
・一人がパペットを手にとって，みんなを先導する

＜ジェットコースター楽譜＞

・ジェットコースターの軌道の絵を提示するか，または黒板にそれを描く
・保育者はジェットコースターの軌跡をたどり，子どもはそれに合わせて声を変化させる
・折り返して活動を行う
・一人が声を変化させて音の形（楽譜）をつくり，残りの子どもは，聴いた音の形を描いてみる

<巻き尺>

- 保育者が巻き尺を引っぱり出す間，子どもは声を出す
- 下行する音を出すには裏声が必要なので，まず下の方向へ引っぱり出してから，いろいろな方向へ引っ張る
- 一人が巻尺を引っぱり出す役になり，グループを先導する

<ゴムバンド>

- ゴムバンドを縦に持って，それを伸ばしていく間，子どもは声を出す
- 裏声から始められるように下の方向へ引っ張ることから始め，方向を変化させる
- 一人がゴムを伸ばす役になり，グループを先導する

<水鉄砲>

- 保育者が水鉄砲から水を噴射し，子どもはその水が描く形に合うようなグリッサンドを声で表現する
- さまざまなグリッサンドの声がつくられるように，水鉄砲をさまざまな方向に向けてみる

<動くおもちゃ>

- 次のおもちゃは，声でグリッサンドを表現するのに適している
    回転木馬・動く車・跳び出すパペット・ヨーヨー・しゃぼん玉
- 保育者がおもちゃを動かし，子どもはおもちゃの動きの変化を声でなぞる
- 一人の子どもがおもちゃを動かして，クラスを先導してみる

❷自分の動きにあわせて声を変化させる

<バウンス＆シュート>

- まず，次のチャントを覚える
    「Bounce, bounce, bounce, bounce, aim, and shoot!」
- 「バウンス」と声を出すときはいつも，グランドでバスケットボールを弾ませているようなふりをする。「エイム」では，止まってシューティングポジションでバスケットボールを抱えるふりをする。最後の「シュート」は，ボールをバスケットのほうに投げ，腕をゆっくり下げるふりをしながら，下行するグリッサンドで声を長く響かせる。
- グループで行った後，一人で「バウンス，エイム，アンド　シュート」をやってみる

<パラシュートゲーム>

・シーツもしくは小さなパラシュート面の端をつかむ
・シーツを頭上に持ちあげたり，ゆっくり滑らかに床に下ろしたりする
・シーツの動きに合うような声を出す

<フクロウ渡し>

・輪になって座り，フクロウを捕まえたふりをして，空中に持ちあげたり下ろしたりする
・フクロウを下げるときは「ホウゥ……」と，グリッサンドで声を下行させる
・各自が，フクロウを上げたり下げたりする動作を2回ずつ行い，隣の人に渡す。フクロウ渡しを全員に順番が回るまで続ける。美しく長く，声を響かせてみよう

<お手玉渡し>

・立ったままで輪をつくったら，一人にお手玉を渡す
・お手玉を持った子どもは，次の子どもを指名して名前を言い，お手玉を宙に投げて渡す。お手玉を渡される子どもはお手玉が宙にある間，その軌跡を上行や下行の声のグリッサンドで表現する
・渡した子どもは，お手玉が受けとられたらすぐに座り，全員が座るまで続ける

<ボイスウェイブ>

・立ったまま輪になり，同じ方向に顔が向くように左もしくは右を向く
・メジャースポーツのイベントで群衆がするような，「ウェイブ」を始めることを伝える
・ウェイブを始めるにあたり，まず，腕をゆっくりあげたり下げたりしてみる。保育者の後ろに立っている子どもは，保育者が始めるらすぐに，自分の腕を動かし始め，次は3番目の子どもへ……とつないでいく。高くなったり低くなったりする動きがスタート地点に戻るまで，輪のまわりで滑らかに続けられる
・ウェイブの動きができるようになったら，あげたり下げたりする腕の動きに合わせて「フォー」と言いながら，声をあげたり下げたりする
・向きを変えて，逆の方向でもう一度繰り返す

❸ 声まねをしたり声合わせをしたりする
＜家族見つけ＞

- 音の探検にふさわしい鳴き声をもった動物は？
  - 牛：モウ　　　猫：ミャオ　　　鯨：ムーー
  - 馬：ヒヒーン　カラス：カーカー　など
- 保育者は，何種類かの動物を決めたら（20人のクラスに対して4～5種類），クラスの子どもたちに動物を当てはめる
- 子どもは，動物の鳴き声を出すことで自分の「家族」を見つけ合う
- 全員が自分の家族を見つけたら，クラスに向けて，もう一度家族ごとに鳴いてみせる

＜パートナー見つけ＞

- 保育者は，グリッサンドの形を描いたフラッシュカード（インデックスカードに声に出すグリッサンドの形を線で描いたもの）のセットをつくる
- どのカードも2枚ずつあることを確かめて，子どもにそのカードを配る
- 子どもは，フラッシュカードに描かれてある線の形から感じた音を，声で表現する。そして，同じカードの相手を見つける
- もし二人とも音が同じだと思ったら，お互いのカードを見せて確かめる。カードが一致していればその組は座り，もし一致していなければ，探し続けなければならない
- 全員が座るまでゲームを続ける

＜パターン記憶＞

- 異なる4種類のグリッサンドを声で表現し，4種類のグリッサンドを表すための手のサインを決める
- 子どもがサインを覚えたら，保育者が示すサインに対応する声を出すようにうながす
- 徐々にスピードをあげる

＜サイレン＞

- 三つのグループに分かれ，各グループが，パトカーのサイレン，救急車のサイレン，消防車のサイレンを担当する
- いろいろな場面を提案し，その場面にふさわしいグループがサイレン音を声で発して応える。たとえば，次のような感じ
  - 「強盗だ！」……パトカー
  - 「猫が木のなかで動けない！」……消防車（梯子車）
  - 「誰かが気絶している！」……救急車

<グリッサンド楽器>

- グリッサンドを演奏することのできるいろいろな楽器がある。たとえば，次のようなものがある
    スライドホイッスル　サイレンホイッスル　トロンボーン
    ヴァイオリンや他の弦楽器　ピアノ　ダルシマー　カズー　など
- 子どもは，声で，楽器のグリッサンドの音まねをする。下行する音から始め（裏声を用いるため），そのあとで，上行するグリッサンドやほかの動きの音を加えていく

<音カード>

- 保育者は，グリッサンドのフラッシュカードのセットをつくる（声のグリッサンドの形をカードに線描する）
- 子どもにカードを見せ，それぞれの形に合ったグリッサンドを，子どもは声で表現する
- その後，子どもは一人ずつ順に4枚のカードを並べて音の作品をつくり，ほかの子どもはそれを声で表現する

<風遊び>

- 子どもたちは，「オオオ」の母音で「風」の音をつくってみる
- その後，一人ずつやってみる
- 「Hot & Cold」のゲームをする。何かを宝物に見立てて隠し，一人の子どもがオニになって，それを見つけようとする。もしオニが宝物に近づいたなら子どもたちは風の音を高く強くしていく。もしオニが宝物から離れたなら，子どもたちは風の音を低く弱くする

<あくびと背伸び>

- 保育者が背伸びをして，あくびの声を出す
- 子どもは，その動きと声のまねをする。あくびの声を何種類か考えてやってみる
- その後，一人ずつみんなの前でやってみる

<ヤッホー>

- 子どもを保育室のドアの外側に集めて，一人ずつなかに入るよう伝える
- どの子どもも，入り口で「ヤッホー」と声を下行させて歌ってからなかに入る
- 部屋の向かいの壁に届くように，声をしっかり出す

<クジラの会話>

- 子どもたちに鯨の鳴き声の録音を聞かせ，その鳴き声の動物を想像させる
- 鯨のパペットを探し，それを使って「クジラの会話」をしてみる（ハミングでグリッサンドする）
- その後，二人の子どもにパペットを持たせ，二人で「クジラの会話」をしてみる

　これらのアイデアでは，子どもと一緒に声を出すことで，保育者も歌唱のための声をウォーミングアップすることができる。また，グリッサンドのための頭声的な発声を会話に生かしていくことができれば，喉声での発声を防ぐことになり，保育者の職業病である声枯れを予防することができる。

●「会話」を「歌」につなぐ

　次に，子どもと保育者の両者にとって，抵抗なく歌うことができるようなアイデアについて検討していく。『声の音高探検』のテキストでは，声遊びのアイデアに続き，詩や短いお話と簡単な歌による活動が紹介されている。詩やお話では，保育者の表情豊かな声と詩やお話の内容に沿った動きを楽しみながら，グリッサンドを用いたり，効果音的な声を発声したりするように構成されている。簡単な歌の活動は，保育者の歌唱に合わせて動いたり，フレーズの終りに挿入された効果音的な声を発声したりして，楽しむように構成されている。つまり，会話の声と，「歌声」のウォーミングアップのためのグリッサンドや効果音的な発声とがミックスされ，話し声から歌声へのスムーズな移行が試みられているわけである。

　またファイアーアーベントは，3年間にわたる幼児期の音楽カリキュラム[34]をまとめているが，そのなかに用いられている歌は，民謡や伝統的な歌や韻文詩（ライム）

である。その選曲の理由について，彼は，言語表現とメロディーの自然なつながりがあることをあげている。会話から歌へと自然に移行できるようなメロディー構成になっているので，子どもは民謡や伝統的な歌を，詩や短いお話をおおげさな抑揚で読むような感じで歌うことができる。このカリキュラムでは，歌の構造として，曲の一部を繰り返して歌唱するエコーソングや問答歌（call-and-response song），単純な歌（simple song），短い歌（arioso），子どもを想像の世界に導く物語歌（song tales），身体を動かして楽しむ手あそび歌やアクションソング，輪になって動きながら歌う歌などが取り入れられている。

　これらの歌唱曲は，我が国の幼児教育でもほとんどすべての幼稚園や保育所で取り入れられている「わらべ歌」「手あそび歌」「アクションソング」「童謡」などと，まるで同じ種類のものである。歌唱活動がただ歌うだけの活動とならないようにするためには，その活動のなかで，子どもからどのような声を引き出したいのか，あるいは今歌っている曲にはどのような音楽的要素があるのかといった「音楽的なねらい」を保育者が意識する必要がある。このとき，子どもの音楽的な発達の状況をよく理解し，音楽的なねらいとそれにふさわしい活動，教材を選択することが，保育者に求められる。

　初期に歌われる曲は，チャントや2〜3音で構成された，単純で覚えやすい，話し声から移行しやすいものが適当である。マクドナルドとサイモンズは，こうした言葉から歌への指導が，音高の正確さを獲得するのに有効であるということを，いくつかの研究から見いだしていて，「歌唱能力は，話し言葉の不安定さをコントロールする能力と関連しており，話す活動は旋律的に歌う技能を発達させるのに役立つようである」[35]と述べている。したがって，声遊びやおおげさな抑揚で物語や詩を声に出すことと，単純で無理のない音構成でできた歌を歌う活動とを並行して行うことが，正確な音高に声をコントロールして歌うことの学習につながるのである。声を合わせるという行為は，お互いの声をよく「聴く」ことである。したがって，前述のアイデアを柔軟に組み合わせることにより，歌唱活動のなかで子どもの音感受力が発揮されることになる。音感受力が高まれば，それだけ，お互いの声を合わせることもできるようになるといった循環が期待される。

＜絵本で遊ぼう①　声を合わせてノリノリ＞[36]
　絵本のなかには，リズミカルに言葉が並んでいるものがある。また，同じ言葉の繰り返しは特定のリズムパターンをつくり出す。たとえば，『チューチューこいぬ』（長新太作）や『きゅうりさん　あぶないよ』（スズキコージ作）などである。子どもたちと一緒に声に出して読んでみれば，まるでラップの大合唱を聴いているかのような印象をもたれることと思う。

　前者では，仔犬が母さんとはぐれてしまった後の場面から，リズム読みが可能である。「チューチュー，こいぬが，トリのおっぱい，のんでるよ，みたいだけど，おっぱいは，でません」のページ以降，仔犬は，消防自動車，魚，月，などと出会っていくわけであるが，すべてのページに「おっぱいは，でません」のフレーズが繰り返される。保育者が，拍の流れに乗って読み聞かせるなかで，「おっぱいは，でません」のフレーズを子どもたちと一緒に唱えてみるとよい。子どもたちは，拍の流れを全身に感じとりながら，そのフレーズを唱える瞬間をわくわくしながら待っている。

　後者は，すべてのページが「きゅうりさん　そっちへいったら　あぶないよ　ねずみがでるから」という台詞だけで構成される。その場面場面に登場する動物の声色をまねて読んでみるというのも楽しいが，そのあとで朗読をラップ調に変えてみる。このとき，「きゅうりさん」を二度繰り返すとフレーズが引き締まり，収まりがよくなる。また，「ねずみがでるから」のあとに「Yeah」などの掛け声を挿入したり，足踏みをしながら唱えてみたり，あるいはカホンのようなリズム楽器に朗読の調子を合わせたりしてみると，おもしろさが倍増することと思われる。

 ## 楽器遊びとそのアイデア

●子どもにとっての楽器

　子どもにとって，身のまわりにあるモノすべてが楽器であり，叩く，揺らすなどしてさまざまに音を出して遊んでいる。音が出ることや自分の動きが生み出すリズムをおもしろいと感じていることもあれば，偶然出会った美しい響きに感動することもあ

るだろう。一方，人類史の途上に発明され，芸術性を追求するなかで改良されてきた楽器は，人の声では表現し切れない多様な音色を始めとするさまざまな音楽的要素，あるいは自然界には存在しない音を生み出すことで，私たちの精神を魅了する。多種多様な響きと出会うことによってインプットされた音のイメージは，遊びのなかでの子どもの音の鳴らし方に，いくつもの新しい発想を与える源泉になる。

　だが，子どもにとって魅力的な（音楽）楽器も，すでに検討したように，好奇心からくるおもしろさに演奏発表のための無味乾燥な訓練が優先してしまっては，彼らの興味・関心の対象でなくなってしまう。また，リズム楽器が身近に置かれていたとしても，音の響きに耳を澄ませることなく，ただガチャガチャと鳴らしてしまうようなあり様では，音を感受する活動が行われているとは言えない。本節では，子どもの想像力と創造性を引き出すような楽器遊びのアイデアについて，身のまわりにあるモノを用いた音と楽器の音の，二つの側面から検討していく。

●身のまわりにあるモノの音で遊ぶアイデア

❶正解のない音のおもしろさ

　子どもは，遊びのなかで，身のまわりにあるどんなモノでも楽器に変えてしまう。どんなモノであれ，音を出して遊ぶ道具に変えるのである。このとき，偶然聴こえてきた音に興味をもち，その音源であるモノを鳴らすこともあれば，視覚でとらえたモノの形にアフォードされることで音を出してみることもある。身のまわりのモノは，いわゆる「正しい音」や「正しい鳴らし方」をもたないため，子どもたちの自由に音を見つけていく探究心をくすぐる。

❷紙を使って

　シェーファーの『サウンド・エデュケーション』でも，たとえば，紙を楽器に仕立てる次のようなアイデアがある[37]。

> 　一枚の紙を楽器だと思ってみよう。クラスみんなが，それぞれ違った音をつくらなければならない。いくつくらい，違った音がつくれるだろう？
> 　紙をおったり，息をふきかけたり，落としたり，ちぎったり……。ほかにもどんなことができるかな。ただし，最後までまるめないように。

　紙で音をつくる経験によって，子どもは一つの素材から実にさまざまな音をつくり出せることを学ぶ。つくった音を順に並べたり，友だちと重ね合わせたりすることで，紙は楽器に変身する。

❸音の道

　異なる素材を集め,「音の道」を作るアイディア[38]もある。まず,何かおもしろい音のする材料を考え（たとえば,米,かわいた葉っぱ,コーン・フレーク,プラスチック,小石,いろいろな種類の紙など),それらを集めて床に道を作る。そうして「音の道」を完成させ,交替しつつそこを歩くのである。素材が変わることで音がどのように異なるのかを聞きとる課題として提示されているのであり,たとえばその上を何人かで連れ立ち,さまざまに動いてみるならば,道を作る素材の醸し出す音によるオーケストラがつくられる。身のまわりの楽器は,手だけでなく,足で鳴らすこともできるのだ。足で鳴らす場合には,それぞれの素材の持つ感触を,足の裏に感じとることができる。身のまわりのモノを楽器にしたとき,音を出す私たちの趣向は自由であり,鳴らし方の多様性を学習することによって,遊びのなかに見つけ得る音の響きは,豊かなものとなっていく。

　次の写真は,奈良市立大宮幼稚園での「音〜遊びをつくる」取り組みである（http://

◎音〜遊びをつくる　©奈良市立大宮幼稚園

◎大宮幼稚園での取り組み

www.sony-ef.or.jp/sef/preschool/blog/20150507.html）。子どもたちはジャングルジムに大小の樋を交わし，その途中にはミュージックベルや鈴，ウィンドチャイムなどの部品を吊るしている。頂上から放たれるビー玉は，それらに当たるたびにキラキラと音を響かせて地面に向かって転がり落ちていく。終点には，木琴やフライパン，釜などが並べてあり，ビー玉たちの音の旅は華やかな終結を迎える。

❹ 手づくり楽器

　生活廃材や身のまわりのモノを素材にした「手づくり楽器」は，保育のなかでよく行われる楽器遊びの一つである。手づくり楽器の製作も，（音楽）楽器の音の出る仕組みを参考にすることで，発想豊かなものとなる。マラカス，タンブリン，ギロ，小太鼓，ギター，木琴などすでにある楽器のもつ発音の仕組みが応用できるような素材を用意したいものである。

　そして，丁寧な音感受のためには，仕上がった手づくり楽器を鳴らしてみて，「音の仲間分けゲーム」をするのが効果的である。音の細かな差異を聴きとろうと試みることで，素材による音色や発音方法の違いによって音の特徴がどのように変化するか，感受することができる。

　前述の大宮幼稚園には，2014年の10月と2015年2月に訪れたのだが，室内では，CD音楽に合わせた合奏が行われていた。幼児は，鍋やフライパン，プラスチック容器や段ボール箱などの手作りドラムセットを自由に叩いている。生活廃材で製作したドラムセットには，実物に近い音を作ろうとした子どもたちの努力の跡が垣間見えた。衣紋掛けに吊るされていたのは，台所用品。台所は楽器の宝庫である。また，音楽に合わせて踊るダンサー役の子どもが履いた上履きの裏側には厚紙に貼り付けられた王冠が装着され，足元の動きがタップダンスのように音楽にリズムを重ねている。子どもたちのタップは，音楽に合わせて踊っているというよりも，ひとつの楽器として，軽快な音を保育室に鳴り響かせていた。

●楽器遊びのアイデア

　幼児期の楽器遊びには，三種類の音感受のあり方がみられる。それは，異なる楽器の多様な音，特定の楽器の音の奏法の相違による多様な音，および環境の音響と関係した楽器の響きの特徴の感受である。

❶ 異なる楽器による多様な音（簡単なリズム楽器）

　幼稚園教育要領解説には，幼児期の音楽表現として「簡単なリズム楽器を使って遊んだりしてその心地よさを十分に味わう」と記されてある。簡単なリズム楽器とは，

どのような楽器を指すのであろうか。

　リズム楽器としては，一定のピッチをもたない打楽器と，一定のピッチをもつ打楽器がある。前者には，いろいろな大きさの太鼓類，リズムスティック，タンブリン，クラベス，カスタネット，マラカス，ギロ，鈴，フィンガーシンバル，トライアングルなどがあり，後者には，トーンチャイム，ミュージックベル，シロフォン（木琴），メタロフォン（鉄琴），グロッケンシュピールなどがある。このうち太鼓や鈴などは，その音色の違いに，民族による差異が顕著である。また鈴は，握って鳴らすタイプのものだけでなく，革バンドに結わえつけられたタイプのものもある。また，足や腕に装着することで，身体の動きとともに音が出るようなタイプのものもある。木琴・鉄琴・グロッケンシュピールは，そのままの状態なら演奏するのがむずかしいのであるが，鍵盤を取り外すことのできるタイプであれば，子どもにも容易に必要な音を出すことができる。さらに，ベビーハープのような弦楽器は，爪弾くことで音を出すことが楽しめる楽器である。

　容易に音を出すことのできるリズム楽器にも，さまざまな種類のものを用意しておき，子どもに，多様な音色を感受し得る可能性を準備しておくことが大切である。

◎ミュージックベル・トーンチャイム・グロッケンシュピール

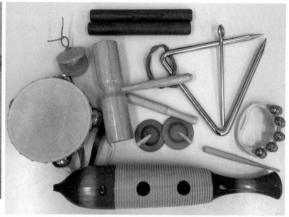
◎一定のピッチを持たない打楽器

❷特定の楽器の奏法の違いによる音の多様性

　たとえばタンブリンで，何種類の音をつくることができるであろうか。革の部分を叩く場合にも，単に叩く強さだけでなく，叩く場所によって音はさまざまに変化する。親指を革に滑らせるように演奏するロール奏法もあれば，ジングルを揺らして音を出したり，小さなジングルを一つずつ触って音を出したりすることもできる。子どもたちが，はじめてその楽器に出会ったときの姿を想像しさえすれば，鳴らし方の工夫がいろいろと思い浮かぶ。奏法の違いや鳴らす箇所により，それぞれに異なる音を聴き

分けたいものである。

　トライアングルではどうだろうか。叩く位置によって音は異なり，鳴らす動作の速い遅いによっても音は異なって鳴る。音を長く伸ばすだけでなく，トライアングルをぶら下げたほうの手で楽器を握り，音の響きを短く止めることもできる。これの応用として，トライアングルを握ったり離したりすることで，4ビートのリズムをつくる奏法もある。長さや音量だけでなく，トライアングルのもつ音響（音色）そのものもまた，変化させて演奏することができるというわけである。

　このように，一つの楽器でも鳴らし方を工夫するならば，さまざまな音と出会うことができる。子どもが自由な音の探究遊びをしていくなかで，保育者は，子どもの要求に応じ，さまざまな音を出してそれらを聴かせ，彼らにその奏法を示していけるようにしたい。そのためにも，保育者が，それぞれの楽器の仕組みや音色の特徴について幅広い知識を得ておく必要がある。

❸音響との関係による楽器の響き（音の出る仕組み，音の響く仕組みを知る）

　我が国において，ほとんどの保育室に配置されているピアノは，子どもにとって大変親しみのある楽器の一つであろう。しかしながら，その音の出る仕組みを，どれだけの保育者が知っているだろうか。鍵盤から音が出ているわけではない。グランドピアノあるいはアップライトピアノの蓋をあけてなかをのぞいて見ると，鍵盤を抑えることによってハンマーが動き，それで弦を鳴らしていることがわかる。弦の長さや太さを見れば，異なる音の高さが鳴る仕組みもわかるであろう。音の出る仕組みを興味深く観察した子どもは，ほかの楽器の音の出る仕組みにも関心を寄せるに違いない。その関心は，音の聴き方に変化をもたらすはずである。

　音の響きに関して知ろうと思えば，大太鼓の革に手を当ててみたり，枠の部分に身体でふれてみたりするとよい。音が鳴るとそれに呼応して振動が生じ，その振動で手が震えるのを感じることができる。よく響く部屋であれば，壁に手を当ててもその振動は伝わってくる。このようにして，「音にふれる」ことができるのである。また，オルゴール機械（オルゴールの中身の部分）を，外枠を外してそれだけで鳴らしてみよう。かすかな音しか聴こえてこない。しかしながらそれを，机に当てたり，床に当てたり，窓やピアノの側面やタンブリン，腕やお腹や耳そのものなど，さまざまなものに当てて鳴らしてみる。当ててみた素材によって音の響きは増幅され，何の曲を奏でているのか，よりはっきりとわかるようになる。反響させる素材を変えれば，オルゴールの音色は変化する。このようにして，音の響かせ方の可能性をさまざまに試してみることが，子どもにとって音を注意深く聴くことへとつながっていく。

　あるいは，トーンチャイムやトライアングルなどを保育室から持ち出し，いろいろな場所に音を出してみたとしよう。園庭の築山にトンネルがあればそのなかで，トタ

ン屋根の下や狭い押入れのなか，遊戯室などで鳴らしたとき，音はすべて同じに聞こえるのか，それとも場所によって異なって聞こえるのか。楽器の音の響きを聴きながら，園内の音響探検をするのである。また，音響パネルのように響きを増幅させる素材を用意して囲みをつくり，そのなかに音をさせて響きの具合を聴いてみるというのも興味深い音体験となることであろう。

❹遊びと演奏をつなぐ演奏のアイデア

　幼稚園や保育所の，楽器を使った音楽表現活動には，二つのタイプがある。一つは，マーチングバンドや音楽発表会に熱心に取り組む演奏重視タイプである。もう一つは，楽器による演奏表現はとくに行わず，遊びのなかで楽器にふれ合う機会を用意するタイプである。この二つのタイプの中間を埋めるようなアイデア，すなわち，音遊びから演奏表現をつなぐ楽器遊びのなかに，音楽の音感受を豊かにしていくようなアイデアが大切である。

　それには，前述した「声の音高探検遊び」が参考になる。声を楽器に置き換えればよいのである。もちろん，音高の変化を求める遊びの場合，一定のピッチをもつ楽器を用いることが必要であるが，ピッチの部分を強弱，あるいは速さと置き換えるなら，リズム楽器で代用することもできる。たとえば，巻き尺を引き出すアイデアでは，音の高さを速さに置き換えて，太鼓を叩いて表現することができる。ジェットコースターのアイデアでは，軌道のうねりをグリッサンドで表現するのでなく，緩急の雰囲気をトライアングルで表現することもできるのではないだろうか。また「Hot & Cold」のように，隠された宝物にオニが近づけば音を大きくし遠ざかれば音を小さくするゲームも，さまざまなリズム楽器で表現すれば，音量の変化だけでなく，異なる音色が重なり合う，響きそれ自体のおもしろさをも感受することができる。

4　音感受を「ねらい」とする音楽表現　―小学校学習指導要領音楽科の[共通事項]を参考にした学びの連続性―

●音楽表現の「ねらい」のあり方

　子どもの成長へと向けられた保育者たちの日々の願いや思いは，幼稚園教育要領の「ねらい」に示されている。表現することに関し，幼稚園教育要領には，「感じたことや考えたことを自分なりに表現することを通して，豊かな感性や表現する力を養い，創造性を豊かにする」とあり，その「ねらい」として以下の3点をあげている。

①いろいろなものの美しさなどに対する豊かな感性をもつ
②感じたことや考えたことを自分なりに表現して楽しむ
③生活のなかでイメージを豊かにし，さまざまな表現を楽しむ

「楽しむ」ことは表現することの基本である。子どもの表現活動も，そうあるべきである。音楽表現において設定される「ねらい」が，「楽しむ」「感じる」などという言葉で結ばれることが多いように，音楽活動はそれ自体，子どもたちにとって「楽しい」活動である。しかし，多様な保育環境（教材）が準備されていなければ，「①**豊かな感性**」や「②**自分なりの表現**」あるいは「③**さまざまな表現**」といった「ねらい」は，十分に実現しない。自分なりの表現を楽しみ，イメージを膨らませて表現を深めていくためには，いろんなモノと出会い，他者とふれ合うなかで，豊かな感受の機会をもつ必要があるのだからである。表現をする際に，子どもが創意工夫を試みるというためには，自己以外の存在と遭遇する機会が，豊富に用意されていなくてはならない。

そして，子どもたちが「豊かで多様な」音楽表現を楽しむというために，「ねらい」の内容が，音楽そのものにかかわっていなくてはならない。音楽そのものにかかわる「ねらい」を考える際に，子どもの発達のあり方を考え合わせること。このことが，「見通し」をもった保育を実現することにつながっていく。

音楽そのものにかかわる「ねらい」を設定することに対し，「せっかく楽しく歌っているのに，音程やリズムを正確に取らせる必要があるのか」などといった批判が寄せられることがある。「技術偏重」に陥るかもしれないといった懸念が生じるのである[39]。しかし，技能の習得に関する問題は，音楽表現を考える際には，避けて通ることのできない問題である。好き勝手に音を発すればよいというのではなく，その音楽に合った表現を工夫することで，豊かな感性が育まれるのだからである。このとき，結果としての技能習得の成否のみならず，その習得過程に散りばめられた「感じること（感覚面の気づき）」「わかること（知識面の気づき）」を大切にしたい。子どもたちの成長にかかわるすべてのことを，大切にしたいのである。

子どもの発達を見ながら，むずかしすぎず，かといってやさしすぎもしない課題を見いだすのは，重要なことである。つまり，「実際の保育における子どもの反応を見ていき，そこから教材の持つ価値や意味を探り，保育にとっての可能性を取り出そうということ（ボトムアップ教材分析）」[40]の視点が，重要になってくるのだからである。そこで，教材研究の視点として，小学校学習指導要領音楽科に示された［共通事項］に着目し，子どもの「音感受」をめざした「ねらい」について検討していく。

●小学校学習指導要領音楽科の［共通事項］を参考にした教材研究
―音楽教育から展開する保幼小連携―

　2008（平成20）年に改訂された幼稚園教育要領・保育所保育指針，小学校学習指導要領では，幼児期の教育と児童期の教育が円滑に接続され，子どもに対し，連続的で体系的な教育が行われることが明記された。幼児期の教育と小学校教育の円滑な接続のあり方に関する調査研究協力者会議[41]では，幼児期と児童期の教育の目的・目標の連続性・一貫性が強調された。このうち，幼児期の教育では「児童期における教育の内容の深さや広がりを十分理解した上で行われること，いわば，今の学びがどのように育っていくのかを見通した教育課程の編成・実施が求められる」と報告され，他方，児童期の教育では「幼児期における教育の内容の深さや広がりを十分理解した上で行われること，いわば，今の教育がどのように育ってきたのかを見通した教育課程の編成・実施が求められる」と報告されている。

　音楽教育においても，音楽の表現・感受や理解は，発達段階に応じて深められる。日本における体系的な音楽教育課程については，日本学校音楽教育学会[42]が，幼稚園から高等学校までの音楽教育について，「人と地域と音楽」・「音楽の仕組みと技能」・「音楽と他媒体」を柱とした，緻密なカリキュラムとプログラムを提案している。しかしそれは，幼児期における音楽表現の具体的な展開にまで踏み込んだものでないため，実践面での困難が想定される。そこで本項では，新学習指導要領の［共通事項］（「音楽の仕組みと技能」に相当する箇所）にあげられた，「音楽を形づくっている要素」に焦点を当てることにより，音感受の「ねらい」を設定し，教材研究のための視点の明確化を行い，学びの連続性を組み込んだ具体的な展開例を提案する。

　小学校学習指導要領音楽科の低学年における［共通事項］は，以下のような指導内容を示すものである。ここにあげられている「音楽を特徴付けている要素」や「音楽の仕組み」は，幼児期においても，音楽表現の活動を行うなかで感受され得る内容である。子どもはそれらを感受することで，音楽表現をよりいっそう楽しむことができる。音楽表現を楽しいものとするために，保育者が，音楽を特徴づける要素について

ア　音楽を形づくっている要素のうち次の(ア)および(イ)を聴き取り，それらの働きが生み出すよさやおもしろさ，美しさを感じ取ること
　(ア)音色，リズム，速度，旋律，強弱，拍の流れやフレーズなどの音楽を特徴付けている要素
　(イ)反復，問いと答えなどの音楽の仕組み
イ　身近な音符，休符，記号や音楽にかかわる用語について，音楽活動を通して理解すること

自覚的に知っている必要がある。

　では，［共通事項］に示される内容を手がかりに考えることで，幼児期の音楽表現について，どのようなねらいを設定することができるだろうか。ここでは，［共通事項］に沿いながら，5歳児の音楽表現場面における「音感受」のねらいを探り，それに適合する小学校低学年のねらいを明らかにし，具体的な教材の提示をこころみる[43]。

　その一覧を以下に示す。

［共通事項］にそった5歳児の「音感受」を目指した音楽表現のねらい

共通事項	5歳児おける音楽表現のねらいの例	教材例	小学校低学年のねらい
音色	友だちの声をよく聴き，その違いに興味・関心をもつ（態度）	かごめかごめ	いろいろな音に対する興味関心を育てるようにする
	さまざまな声色で歌うことを楽しむ（心情）	笑った声・泣いた声・カラスの声など	
	動物に合った楽器の音色を考える（意欲）	山の音楽家	
	鳴らし方を工夫することで，いろいろな音色が表現できることを知る（意欲・態度）	トライアングル，タンブリン	いろいろな楽器の音の鳴らし方を工夫しながら，様子に合う音を探して演奏することができるようにする
	素材による響き（共鳴）の違いを感じる（心情）	オルゴールの中身を使った共鳴	
リズム	言葉のリズムに合わせて，タッカのリズムの理解し（態度），その表現を楽しむ（心情）	おつかいありさんかたつむり	リズムの違いに気づいたり，拍の流れにのって簡単なリズムを演奏したりすることができるようにする
	拍の流れのなかで，言葉を唱えながらそのリズムを叩いて表現することを楽しむ（心情）	言葉のリズム遊び（模倣から即興表現へ）	
速度	身体を動かす（指揮者になりきる）ことでテンポの変化を感じとり，その表現を楽しむ（態度・心情）	カリンカ　ハンガリー舞曲	楽曲の気分を感じとりながら，想像豊かに聴いたり思いをもって表現したりすることができるようにする
旋律	高さを変えて声を出し（意欲・態度），その違いを楽しむ（心情）	音のエレベーター	鍵盤ハーモニカに親しみながら，基本的な演奏の仕方を身につけることができるようにする
	紐楽譜を見ながら，声の高低の違いを表現することを楽しむ（意欲・態度）	紐楽譜	

旋律	アクションソングを楽しみながら音の高低を感じる（心情）	ひげじいさん，おおきな栗の木の下で	階名で模唱や暗唱をしたり，これをもとに楽器を演奏したりすることができるようにする
	異なる2曲が同じ旋律であることに気づく（態度）	いとまき ゆきのこぼうず	音の高さに気をつけながら，階名で模唱や暗唱をして音程感を養うようにする
	言葉に簡単な節をつけて歌うことを楽しむ（心情）	言葉と旋律（エコー唱，問答唱）	
強弱	情景を思い浮かべ，それに合う声の表現を工夫する（態度）	めだかの学校	互いの歌声や楽器の音を聴き合いながら，気持ちを合わせて演奏することができるようにする
	繰り返されるメロディーで，だんだん声を大きくしていくことを楽しむ（心情）	コンコンクシャンのうた	
拍の流れ	拍の流れに乗って歩き，音楽に合わせて友だちと関わることを楽しむ（態度・心情）	あくしゅでこんにちは	音楽を聴いたり体を動かしたりしながら，拍の流れを感じとることができるようにする
	拍の流れに乗るなかで，拍子の変化するおもしろさを感じる（態度）	あんたがたどこさ	歌ったり体を動かしたりして，2拍子や3拍子の曲の気分を感じることができるようにする
	拍子の変化に合わせて，身体表現を工夫することを楽しむ（心情）	（拍子を変化させた）なべなべそこぬけ うみ	
フレーズ	手あそび歌やわらべうたを楽しみながら，音楽のフレーズに合わせて身体表現を変化させることを楽しむ（心情）	なっとう 川の岸の水車 こどもとこども	いろいろな楽器の音の鳴らし方を工夫しながら，様子に合う音を探して演奏することができるようにする
	息継ぎを合わせて歌うことで，言葉と音楽のまとまりの一致を感じとる（態度）	はるがきた	
反復	同じメロディーの繰り返しを感じる（態度）	おはながわらった	互いの歌声や楽器の音を聴き合いながら，気持ちを合わせて演奏することができるようにする
	同じリズムが繰り返される緊張感と楽しさを味わう（心情）	かぜ	
問いと答え	同じメロディーの呼びかけ合いを楽しむ（心情）	アイアイ	互いの歌声や楽器の音を聴き合いながら，気持ちを合わせて演奏することができるようにする
	相手を思い浮かべ，呼びかけるように歌うことを楽しむ（心情）	おかあさん ぞうさん	

歌詞	ストーリー性のある歌で，物語の描く世界を想像しながら歌うことを楽しむ（心情）	あめふりくまのこ 思い出のアルバム	楽曲の気分を感じとりながら，想像豊かに聴いたり思いをもって表現したりすることができるようにする
	歌詞の表す気持ちを想像して歌うことを楽しむ（心情）	サッちゃん	歌詞の表す様子や気持ちを想像して，歌い方を工夫することができるようにする

●「音感受」に着目した音楽表現指導プラン例

次に，こうした「ねらい」に即応した具体的な指導の展開を例示する。ここでは，保育で日常的に行われている音楽表現活動として，「身体の動きを伴った音楽表現」を取りあげる。音楽に合わせて身体を動かすことは，子どもにとって自然な表現であり，好んで行われる活動である。このとき，しっかりと音楽を聴くことにより，音楽を形づくっている要素を感受した活動の展開が可能となる。子どもが活動を楽しみながら音楽を形づくっている要素を感受するには，教材曲の何に着目するかというポイントが重要であり，それに応じて，活動の内容や保育者の働きかけが見えてくる。

本書では，「身体の動きを伴った音楽表現」として，アクションソング（動きをともなう歌）と身体表現の指導事例を提示する。それぞれ，［共通事項］の「旋律」の項目の音高の変化，および「速度」に着目した指導案である。

❶『ゆきのこぼうず』 ―降るゆきになってみる―

アクションソングのなかには，歌詞の意味と旋律の音高の両方に，動作が当てはまっているものがある。たとえば，『おおきな栗の木の下で』の「きのしたで」と歌う個所では，音高は「ミミレレド」と下行し，腕の動きも頭→肩→膝と，音高に応じて下行する。『ゆきのこぼうず』をアクションソングとして表現するのは一般的ではないが，「やねにおりた」の部分で順に音がさがっていく音高の変化に，動きを一致させることができる。その指導の一例を，次に示す。

	指導案 「ゆきのこぼうず」		
子どもの姿	○音楽に合わせて動くことを楽しんでいる ○音の高さや速さの違いに興味をもちながら，歌ったり自由に身体を動かしたりする姿が見られる		
ねらいと内容	○「ゆきのこぼうず」歌いながら，歌詞に合った手の動きを楽しむなかで，音の高さや速さの違いを感じる ○雪がはらはらと舞い降りる様子を表現したり，歌詞に合った身体表現を工夫したりして，イメージを描きながら歌うことを楽しむ		
時間	環境構成	予想される子どもの姿・活動	保育者の援助と配慮
10：30	準備 ・人数分の椅子 保育者 ○ ○○ ○ ○○○○○○ ○○○○	○片づけ，排泄，手洗いのすんだ子どもから保育者のまわりに集まって椅子に座る	○早く集まってきた子どもたちと，よく知っている『ひげじいさん』の手遊びをしながら，全員がそろうのを待つ
10：35	○自由に身体が動かせるよう，十分なスペースを確保する	○保育者の歌う「ゆきのこぼうず」の1番を聴く ○保育者のやり方をまねて，1番を一緒に歌う	○『ゆきのこぼうず』の1番を歌う ・「ゆきのこぼうず，ゆきのこぼうず」の部分は，両手を高く上げ，細かいリズムにあわせて手のひらをキラキラと振りながら，風に舞う雪の様子を表現する ・「やねにおりた」の部分は，音の変化に合わせて手を順に下ろしながら，丁寧に歌う ・「つるりとすべって」は，滑る感じを手で表現し，「風に乗って消えた」は，腕を横に揺らして遠ざかる感じを表現する
		○2番，3番を順に聴いて，「するりと潜ってみんなみんな消えた」，「じっと座って水になって消えた」の表現を考える ○歌詞の意味を確認しながら，歌を覚えてイメージ豊かに表現する ・ファミレドの音程に気をつけて歌う ・雪が解けて消えるイメージを，曲の終りの余韻に重ねる	○『ゆきのこぼうず』の2番，3番を歌う ・後半部分では，「どんな動きをつけて歌ったらいい？」と問いかけ，歌詞のイメージにあった表現を子どもと一緒に工夫する ・歌詞が正しく歌われるよう，「やねにおりた雪はどうなった？」，「3番では，どこに座ってたのかな？」など問いかけて確認する ・「ファーミーミレレド」の部分を，意識して歌う

時刻			
10:55		○既習の『いとまき』の歌を、動きをつけて歌う ・『ゆきのこぼうず』に比べてテンポを上げ、快活に歌う ○もう一度『ゆきのこぼうず』を歌って表現する ・旋律が同じであることを確認する ・速さや雰囲気を変えて歌うことで、音楽の表情が変わることを感じる	○『いとまき』の旋律と同じであることに気づいている子どもの発言をとりあげる ・「元気よく歌っているね」、「調子よく糸が巻かれているね」など、歌い方や曲のイメージが変わっていることに気づくような言葉をかける
11:00			

　指導上の留意点として、音高の変化のほかに、音符の長さの違いを、身体の動きによって伝えたい。「ゆきのこぼうず」と繰り返し歌う部分は、ほかの部分より細かい16分音符で歌うこととなる。これに応じ、手のひらをひらひらと揺らすことで、雪が降っている様子を表現することができる。また、解けては消える雪の雰囲気が感じられるよう、曲の終りのニュアンス（余韻）をていねいに表現したい。

　『ゆきのこぼうず』は『いとまき』の歌と同じメロディーである。はじめて『ゆきのこぼうず』を歌ったとき、子どものほうから「どっちが替え歌？」との質問があった。そして、誰からともなく『いとまき』を歌い始めたのであるが、それは『ゆきのこぼうず』とは違い、元気よく軽快な印象の歌唱表現であった。同じ旋律でも、歌詞の違いによって歌い方を変化させることで音楽のニュアンスが変わってくることを、子どもたちは敏感に感受するであろう。

　音の大きさの違いは自然にわかるが、音の高低の概念を獲得するためには学習が必要となる。たとえば、ピアノで高い音を弾いたとき、子どもはその印象を「キラキラした」とか、「水色みたい」「きれい」「小さい」と答え、低い音に対しては、「怖い」

ゆきの　こぼうず

「黒色」「濁った」「大きい」などと答える。子どものこのような表現を大切にしながらも，保育者が音の「高低」の概念を意識しながら音高の変化に動作をともなわせることで，子どもたちはそれを確実に感受することができる。上述の「学習」とは，こうした学びのことにほかならない。

このように，アクションソングのなかには，楽しく歌うことはもちろんのこと，音楽的ねらいについて，保育者が意識的・自覚的な視点をもつことで，活動の内容を「音感受」に向けることの可能な作品がある。たとえば，『ひげじいさん』のアクションソングは，「手はお膝」の歌詞で終わるため，次の活動に移行する際のあそび歌として用いられていることが多い。しかしながら，手を顎に当てる「ひげじいさん」は「ド」の音から始まり，頬の「こぶじいさん」は「レ」の音から始まり，鼻に手が当てられる「天狗さん」では「ミ」の音から始まる，というように，音が高くなるのに合わせ，もってくる手の位置も上行していることに着目するべきである。また，動作をつけて歌うだけでなく，「ひげじいさん」「こぶじいさん」「天狗さん」「メガネさん」のグループにわかれて分担唱したり，「トントントントン」は動作だけで行い，その後のフレーズを歌でつないだりするような歌遊びを行うこともできる。子どもたちはサイレントシンギング（心のなかでの歌唱）をゲーム感覚で行い，拍の流れに乗ることや，音高をしっかりと聴き取って歌うことを経験し，フレーズごとに一音ずつ変化していく曲の形式を感受する術(すべ)を学びとっていく。

❷鑑賞としての身体表現 ─『指揮者になって，気分はマエストロ』─

音楽に合わせて身体を動かすことの好きな子どもは多い。自由な遊びの際にも，CDデッキを用意し，音楽に合わせて手足を動かし，踊っている光景がよく見られる。しかし，音楽に合わせて踊っているようであっても，よく見ると，身体を動かすことに気をとられ，音楽を注意深く聴くことはしていない。むしろ身体を動かすことが，おもな活動内容となっている。そこで，音楽の速度や音の大きさの程度，リズムの展開といった要素にしっかり耳を傾け，聴くことに意識を集中させるための活動として，「指揮者になりきる」という指導プランを提案することとした。

子どもたちは，速度，音色，音の勢い，大きさの程度，リズムの展開といった，絶えず変化していく音楽の要素を注意深く聴き分けながら，指揮棒を振り動かす。本来は，指揮棒の動きによって音楽が動かされるのであるが，聴こえてくる音楽に指揮棒の動作を合わせることで，音楽表現を楽しむという趣意の活動である。

保育者は，子どもたちが指揮者になりきるための準備運動として，歌を口ずさみながら指揮らしきことをやって見せ，声の大小やテンポの変化に合わせて指揮をすることのイメージをつくる。さらに，曲の終息を表すマエストロの特徴的なポーズを考案しておく，といった準備活動を周到に行い，子どもたちにあらかじめ伝えておくこと

がコツである。保育者のピアノ演奏は，速度の変化が子どもたちに視覚的に伝わるよう，演奏中の動作をデフォルメしたり，フレーズの変わり目がわかりやすいよう，大袈裟な呼吸法を工夫したりして，曲調の変化が逐次伝わるよう，全身で演奏をする。子どもの活動に臨機応変に応ずるというためには，保育者がピアノを弾くことが望ましいのであるが，諸々の要因からピアノの演奏がどうしても困難だという場合は，録音された音源を上手に活用するという工夫があってもよい。

　子ども同士，お互いに向き合ったりみんなの前で披露したりするなどして表現をわかち合い，そのなかで「(クラス公認の) なりきりマエストロ・チャンピオン」を選出したりすることもまた，意義深い活動である。そのことが一人で音楽表現をする体験へとつながっていくのであるし，クラスに居合わす友だちの表現に共感を寄せたりする体験は，子どもたちにとってたいへんに有意義なものとなり得る。

　指導案の最後に述べたように，より難易度の高い曲にチャレンジしたい5歳児には，ブラームスの『ハンガリー舞曲第5番』などを用意するのがよい。テンポの変化がはっきりしており，あまり長くない曲が望ましいのである。自分自身が躍動する音に変身したつもりになって，指揮棒を振り動かすことが大切である。そのようにうながすことで，よく音楽に耳を傾けるような子どもに成るのだからである。指揮棒だけでなく，フルート，クラリネット，トランペット，ヴァイオリン，といった楽器を，廃材を活用して製作して見るのもよい。そうすることで，楽器への興味や音色への好奇心が育ち，豊かな音感受活動が繰り広げられるのだからである。

指導案 「指揮者になって，気分はマエストロ」		
子どもの姿	○音楽に合わせて動くことを楽しんでいる ○新しいことに，意欲的に取り組もうとする ○音の高さや速さの違いを感じて，それに合う動きを自由に表現している		
ねらいと内容	○音楽を聴いて，音楽の雰囲気を感じたり，音の大きさやテンポの違いなどに気づいたりする ○指揮者になりきって音楽をよく聴き，音楽に合わせて身体表現することを楽しむ		
時間	環境構成	予想される子どもの姿・活動	保育者の援助と配慮
10：00	準備 ・ピアノ・椅子・机 ・新聞紙・広告 ・カラーマジック ・CD	○保育者のまねをして，指揮者のように腕を動かす	○『カリンカ』の曲の，特徴的なフレーズを歌いながら指揮者の振りをして見せる ・マエストロ＝指揮者について，何をする人なのか，何をしているのかを伝える
10：05	保育者　ピアノ	○音楽をよく聴き，指揮者になりきって身体表現することを楽しむ ・保育者の弾くピアノの音に耳を澄ませる ・テンポや音の大きさの変化に気づく ・指揮者の身体表現をとおして，音楽の雰囲気の変化を楽しむ	○保育者の弾くピアノに合わせて，『カリンカ』の指揮をすることを告げる ・中間部でのテンポの変化が視覚的にも伝わるように，演奏する動作を大げさに表現する ・フレーズの変わり目では，子どもと呼吸が一致するように，大げさに呼吸して示す ・慣れてきたら，アッチェレランド，リタルダンド，クレッシェンド，ディミヌエンドなど表情を付けて演奏し，指揮の楽しさを伝える
		○友だちの指揮ぶりを見る ・向き合って指揮を見合ったり，みんなの前に出て指揮したりして，友だちと表現を共有する	○それぞれの子どもの表現を認め，具体的にほめる。 ・表現することを難しいと感じている子どもには，傍で一緒に表現する
10：20		○指揮棒を製作する ・新聞紙や広告を細く丸めて指揮棒をつくる ・マジックで色を塗ったり模様づけをしたりする	○指揮棒のつくり方の手順を説明する
10：45		○指揮棒を使って『カリンカ』の身体表現を繰り返し楽しむ ・マエストロになりきることがうれしい	○力を入れすぎるとすぐに折れてしまうので，あらかじめ注意しておく。壊れてしまった子どものために，予備の指揮棒を用意しておくとよい
10：55		○ブラームス作曲の『ハンガリー舞曲第5番』を聴く	○『ハンガリー舞曲第5番』のCDを聴かせる

		・難しい曲にチャレンジすることへの期待をもつ	・「マエストロのみなさん，明日の演奏曲はこの曲です。がんばって指揮をしてみましょう」など，少し難しい課題にチャレンジすることへの期待感がもてるように話す
11：00			

5 「擬音語」の表現遊びのアイデア
―感性のつむぎ出す言葉として―

　第2章でも例示したのであるが，子どもはモノの名前を声に発する前に，そのモノの生み出す音を口まねすることにより，対象となるモノの存在様式を擬態的に表現する。擬態であるところの擬音表現は，聞こえたとおりの音をまるっきり再現しているというわけではない。車は「ブーブー」，犬は「ワンワン」のように，一見すれば即物的とも聞きとれる擬音表現であるが，それこそが子どもたちが森羅万象をカテゴリーへ分類することを学びとるプロセスである。すでに2歳児の段階で，人は食べる行為を，「モグモグ」あるいは「ムシャムシャ」と表現するようになる。この擬音語は，実際に食事をしている自分の口の音を表わしているのではなく，擬音語でありながらも，食べる行為を表現する言葉としての「モグモグ」「ムシャムシャ」なのである。

　このように，擬音語が，発達の途上でステロタイプ化されることは，人間発達における自然の成り行きである。そうであるからこそ，子どもの音感受が活性化されるよう，目新しい擬音語と出会う機会を用意し，擬音語そのもののもつおもしろさに気づく芽を大切に育んでいきたいのである。

　ここでは，サウンド・エデュケーションを応用した擬音表現，そして，絵本に描かれ，童謡に歌われる擬音表現をもとに，擬音語のインプットとアウトプットを増進させるアイデアを提案していく。擬音表現は，聞こえてくる音と表現したい音との隙間を埋める言葉である。それだから，表現者がその音にどのようなリズムや響きを感受したのかという音に向き合う感性が，ありのままに表れると言っても過言ではない。自分なりの擬音表現を探し求めることは，そこに聞かれる音を「よく聴く」ことへとつながる。そして，他人の擬音表現を理解することは，注意深い音の「聴き直し」へとつながっていくというだけにとどまらず，本人の音ボキャブラリーを豊かにすることへもつながっていくのである。

●サウンド・エデュケーションとしての擬音化表現

　シェーファーの『サウンド・エデュケーション』においても，身のまわりの音を擬音化する課題は多く見られる。

❶美味しい音

　野菜を切る音，肉を炒める音，湯が沸く音など，料理づくりは音と共にある。日常的に聞いていたはずの料理の音を擬音に表現し，何をつくっているのか当てるという

課題である[44]。身体を動かして確かめてみてはいけない。包丁で野菜を切る身振りをしてみて確かめるのはルール違反となる。

音だけで何か美味しいものをつくってみよう。たとえばカレーライス。まず、野菜を切る。タマネギ、ニンジン、じゃがいも、それに、にんにくも忘れずに。次にフライパンで肉と一緒に炒める。うまく音にできるかな？　さて、最後はカレールーと一緒によく煮こんで。さあ、できあがり。
　ほかにもいろいろなものをつくれる。ケーキ、てんぷら、トンカツ、ちょっと凝ってラザニアとか。音だけでうまくやってみよう。友だちの音を聞いて、何をつくっているのか、わかるかな？

　普段聞いているはずの音も、擬音にして声で表現するのはむずかしいことである。子どもたちには、保育者が表現した音で、料理を当てさせることから始めるのがよい。この課題を経験すると、翌日から家庭でつくられる料理の音をより注意して聞きとってくることだろう。

　また、『おいしいおと』[45]（文：三宮麻由子、絵：ふくしまあきえ）という絵本がある。絵本では、はるまきやほうれんそう、ご飯、レタス、ウィンナーなどを食べる音が、まさにうってつけの擬音に表現されている。たとえば、プチトマトは「パキッ　チュプ　クシクシ　クシ　クシ」である。この絵本の読み聞かせをしたあとの給食は、子どもたちが言い合う擬音でとても賑やかになる。食べるときの音は、実に多様である。「モグモグ」「ムシャムシャ」だけではない音をしっかりと感受し、自分なりの表現を試みるきっかけとなる絵本である。

❷ 身体のなかで音がする

> 音について，これまでのまとめの問題は，心臓の音とか，おなかがグーグー鳴る音とかいった，あなたの身体のなかの音。あなたの身体のなかから聞こえてくる音ぜんぶのリストをつくってみよう[46]。

シェーファーの課題として提示された身体のなかから聞こえる音のリストを擬音で表現してみてはどうだろうか。思い思いの擬音で表現し，それが何の音なのか当てるゲームにしてみるのである。また，『からだソング』（井上絵里作詞作曲）[47]は，「身体のなかって動いてる，身体のなかって歌ってる」と歌われ，2番以降の歌詞は，「〇〇ちゃんの△△が動いてる，歌ってる」と替え歌になる。そして，曲の後半にある1小節の休符の部分で，〇〇ちゃんの△△の音を擬音で表現するという構成になっている。身体のなかから聞こえてくる音はいくつもあるはずであるが，いざ思い出すとなると，なかなか思い浮かばない。実際には，誰か一人が「くしゃみ」「咳」「あくび」などの音をひらめいてはじめて，さまざまな音が表現されていくといったことが多い。自分の発する音であっても，それが自分でもなかなか気づいていない音だと発見することに意味がある。

さらに，『からだのなかでドゥンドゥンドゥン』[48]（文：木坂涼，絵：あべ広士）の絵本も，子どもに，身体のなかの音を想像することをうながしている。この絵本は，「きいてごらん おとがする」，「耳をぴったり むねにつけてね」と，音を聞くよう呼びかけることから始まっている。そして，犬，猫，鳥，土竜，クジラなどの動物の音が擬音に表現され，それが生命の織り成す音であることを伝えるところで終わりとなる。子どもの興味は，動物の種類（大きさ）により，それぞれ鼓動の擬音が異なっていることへも向けられる。

❸ 聞こえる音を声で表現する

　サウンド・エデュケーションには，動物の鳴き声や水の音など，聞こえてくる音を声まねで表現する課題も多くある。5～6人のグループで行う「自然のコンサート」[49]もまた，そのうちの一つである。

　まずあなたが，いったいどんな場所にいるのか考える。それから，そこで聞こえる音をぜんぶ思いうかべてみる。そこは公園だろうか？　それとも農場？　水や風はあるのかな？　グループ全員で，そういう音をできるだけうまくまねしてみよう。
　クラスのみんなのために，あなたたちの「自然のコンサート」を発表してみよう。そして，そこがどんなところかを，みんなに当ててもらおう。

　記憶のなかの音を想像するのがむずかしい場合，絵本や紙芝居や写真を見せ，それぞれのグループが，異なる場所を別々の音に表してみるという方法で，同様の課題を楽しむことができる。あるいは，園外保育や園庭での活動のなかに「自然のコンサート」のための場所をそれぞれのグループが見つけ，それを表現し，場所当てを競うゲームを企画することもできる。

❹ 聞こえない音も声で表現する

　サウンド・エデュケーションには，聞こえない音を声に出して表現する課題があって，シェーファーはそれを自分にしかわからない「秘密の言葉」と呼んでいる。その対象として，「大きな鐘」「小さな鐘」「くしゃみ」といった，実際に聞こえる音のほか「月の光」があげられている[50]。本来，月の光に音はしないのだが，光のイメージを音に換える課題である。その例として紹介のある，カナダの子どもたちがつくった「月の光」を表す擬音は，以下のとおり。

「ミ-ユ-ユル」「シー-レスク」「ヌール-ウォーム」「ル-ニ-オウス」
「マウン-クリンデ」「スルーフ-アルプ」「マ-ルー-マ」
「シ-ヴェル-グロ-ワ」「シム-オ-ノー-エル」「ネシュ-ムール」

　いかにも不思議な響きをもった「秘密の言葉」である。それぞれ発音してみると，

いずれの音のニュアンスにも,「月の光」が目に浮かぶような韻律がある。カナダの子どもたちの表現した音は, 視覚に聴覚的なイマジネーションを重ね合わせることにより, 生まれたのではないかと推測される。

＜絵本で遊ぼう② リズムと音高変化を装う擬音＞

『ぽぽぽぽぽ』,『ビビビビビ』,『はははははは』,『るるるるる』など, 五味太郎による擬音絵本を音楽的に読んでみよう。

たとえば『はははははは』の本は,「は はははははは」,「はな はははははは」,「はてな はははははは」といった風に展開していく。つまり, 頭韻となった「は」が1～3文字の単語をしたがえ, それに続けて「はははははは」と展開する構成になっているのである。これらを,「タンタン, タタタタタン」のリズムに当てはめてリズミカルに唱えるのである。

さらに「はははははは」は, 上行形, 下行形, 同じ高さの3種類に描かれているので, それに合わせて朗読の声を音高変化させることにより, 子どもたちは, 保育者と一緒に声遊びをよりいっそう楽しむことができる。

『るるるるる』は飛行機の音であるが,「る」の大きさが飛行機の音の大きさであったり,「る」の色が飛行機の音の変化であったり,「る」の数がさまざまな飛行機の音の種類であったり,「る」の向きや並び方が飛行機の飛び方であったりするなど, それぞれのページにさまざまな趣向が凝らしてある。それぞれの特徴を読みとりながら声に出してページをめくっていくならば, 子どもたちは知らず知らずのうちに声を自在に変化させ, 一冊の絵本がまるで一つの楽曲のように聴こえることであろう。

●感性の言葉を歌う

童謡など, 歌唱曲では, 作詞者の用いた擬音語の「音（オン）」のニュアンスに,

作曲家がリズム・メロディー・ハーモニーといった音楽の属性を与えることによって，その質感はよりいっそう深くて豊かなものとなる。

次に，詩人の使う擬音語のおもしろさと，それへ音楽がつけ加えられたときの効果について，具体例をあげながら考察することとする。

❶ ゆき（作詞：佐藤恭子　作曲：中田喜直）（楽譜はp.203参照）

「りんりん」という擬音語は，雪は「こんこん」あるいは「しんしん」であるというカテゴリカルな想像を，根底から覆すものである。この「りんりん」は，雪の擬態語であるとともに，「散る桜」，「舞う蝶々」，「言葉」の擬態語とも結びついている。

伴奏の和声と音形は，雪が静かに軽く，しかしながらリズミカルな運動のうちに，中空からはらりはらりと舞い落ちてくる様子を，ものの見事に表現している。後奏部分の，静寂のなかへと消え入るような音の行方は，まるでそれを聴く者に雪が現前してあるかのように聴き手を詩（うた）の世界へと連れ去っていく。「りんりん」の体現する音感覚は，ピアノによる伴奏と相まって，子どもたちの頭のなかに，イメージ豊かな世界の像を形成することになるのである。

❷ かぜ（作詞：三好硯也　作曲：中田喜直）（楽譜はp.204参照　早川史郎編曲）

「しゅる　しゅる」という風を表す擬音語がたいへんにおもしろい。この擬音語は，軽快なタッカのリズムに反復され，はじめの2回は休符を挟み，3回目から連続する。このリズムの反復が生み出すエネルギーは，木枯らしが落ち葉を巻き込みながら勢いを増していく光景と重なる。勢いは高音まで駆けあがり，「おれさま」という言葉へと向かっていく。

この歌では，子どもたちのなかから，自然発生的に身体表現が生まれ出た。「おれさま」の箇所で腕組みをし，尊大な「風の大将」に成りきって歌う。後半部分の連続するパ行音の部分は，身体を低く沈めたあと，上行する音に合わせ，「ぴゅー」の箇所に到達するまで徐々に背伸びをし，「っトン」を最後に，肩の上まで持ちあげていた両腕をストンと落とす身体表現が見られた。音の方向性や音楽のエネルギーを，全身で素直に表現している姿から，子どもが，この曲の音楽的な構成を把握し，歌詞のおもしろさを感じとっているということがわかる。

❸ あまだれさんおなまえは（作詞：関根栄一　作曲：湯山昭）（楽譜はp.205参照）

天から落ちてきた雨滴が水たまりに跳ね返っている様子が，「ツーポチャン！」，「ツーピチョン！」という擬音に表現されている。「ツー」と線を描き，落ちてくる様は，装飾音をともなう2分音符で示され，雨だれの落ちる様は下行三度，軽やかに跳ねあがる様がスタッカートに表されている。この音形は三度登場するのであるが，前

奏として現れることで曲のイメージをつくり出している。後の二回では，いずれも雨だれの音として歌われる。mp（メゾピアノ）の擬音語は実際の雨だれの音を，mf（メゾフォルテ）の擬音語は話者を表しているということが，詩の内容とその表記からうかがえる。

　雨だれへの語りかけでは，徐々に音が上行し，擬音語が導かれ，間を挟んでから，「あっそうか」の呟きが表現されており，雨だれとの会話が見事に音に置き換えられている。子どもたちに，「ほかにどんな雨だれの音がある？」と問いかけ，友だちの見つけた擬音を言葉にして楽しむこともできる。雨の降る日には，雨だれの音に耳を澄ませて聴く子どもたちのかわいい姿が，窓という窓にあふれることであろう。

　本章では，子どもの音感受をうながす音楽表現の指導方法について，まず，サウンド・エデュケーションや「声の音高探検」などのアイデアを参考にしながら，「歌遊び」，「楽器遊び」の具体的な指導内容について提案を行った。そして，音楽を形づくる諸々の要素を音楽表現の「ねらい」のなかに盛りこむ試みを行った。そうすることで，子どもの音感受への保育者の意識の向上をねらい，指導の具体的な展開を示した。
　さらに，成長につれて豊かに表現されることが稀になり，母国語の学習と歩調を合わせるかのようにステロタイプ化してしまう「擬音語」に着目し，それらを音感受のためのツールとして用いる指導法について検討した。このような指導を行うためには，子どもの「音感受」に十分共感し得る，保育者の鋭敏な感性が必要となる。次章では，保育者が自ら，音感受の感覚を研ぎ澄ますための実践について検討する。

ゆき

かぜ

あまだれさんおなまえは

バス停に「フェルマータ」!
―音楽用語のルーツに読む音感受のヒント―

　音楽用語のほとんどはイタリア語である。イタリアでは，バス停の標識に，"Fermata"の表示がある。延長記号であるフェルマータは，原語では，「停止」「休止」といった意味である。やわらかく，優しくという意味で用いられる「ドルチェ（dolce）」は「お菓子」。つまり，やわらかさ，優しさとは，デザートのように甘美であることを意味するわけだ。音楽用語の意味をそのルーツに求めるなら，そこには演奏表現の微妙なニュアンスが隠れている。

　「p（ピアノ）」だって，「弱く」だけでは今一つピンとこない。辞書を引き「平らな，平坦な」「平地，平野，平面」といった意味を知ったとき，著者は思わずなるほど！　と膝を打ち，納得した。指揮者は「pp（ピアニッシモ）」の際，指揮棒を横にして平面を穏やかになぞるような動きをすることがある。ピアノを弾いたり歌ったりする際も，単に弱く表現するというより，「平らな」音の動きをイメージすることで，その曲や歌の音楽的なニュアンスが的確に伝わるということがある。強弱記号では，「強く」と訳される「f（フォルテ）」には，「体力がある，丈夫な，濃い，神をおそれない」など，「だんだん強く」の「クレシェンド（crescendo）」には，その動詞である「crescere」に「成長する，発達する，草木がはえる，動物が育つ」などの意味がある。

　ここで，本文中にあった「アクセント」「レガート」「マルカート」「スタッカート」「シンコペーション」の意味を以下に記しておく。

演奏記号	意味
アクセント（accento）	強勢，揚音，強音。「accentrare」は，「集中させる」
レガート（legato）	結ばれた，縛られた，不自由な。音楽用語としては「滑らかに」
マルカート（marcato）	印のついた，刻印入りの，強調された，目立つ，はっきりした
スタッカート（staccato）	分離した，切り離された，独自の，中止された，はっきり切って発音した，結合を絶った，連絡を絶った，砕かれた，死んだ
シンコペーション（syncopation＝英語，伊語ではsincope）	語中音消失，仮死，気絶，失神。音楽用語では，切分音と訳され，拍節の強拍と弱拍のパターンを変えて独特の効果をもたらす

引用・参考文献

1）資料に挙げる2種類のアンケートは，2003年，ノートルダム清心女子大学女子児童学科4年の古矢陽子氏が，吉永の指導のもとに卒業研究として配布・集計した。資料1は，岡山県内の幼稚園・保育所（郵送数55園，回答数22園）を対象にマーチングバンド活動の実態を問い，資料2は，ノートルダム清心女子大学の学生289名に，マーチングバンド経験の有無などを尋ねた。
2）マーチングバンドとは，行進しながら演奏する，管楽器と打楽器で編成された演奏集団であるが，幼稚園・保育所では，打楽器だけのもの，音楽に合わせて打楽器を演奏するもの，メロディー楽器を含むもの，吹奏楽器を含むものなど多種にわたる。呼称についても，鼓笛隊，鼓隊，鼓笛，マーチングバンドなどさまざまであり，それがその実質を表していない場合もある。本論ではそれらを総称してマーチングバンドと称する。
3）保育園で，保育士としてマーチングバンドの指導の経験のある大学院生の発言である。
4）本吉圓子編『今の保育のどこが問題？』フレーベル館 1988 p.81．
5）大山美和子『幼児の音楽教育』国土社 1991 pp.31-32．
6）高杉展「保育内容の歴史的変遷」；森上史朗・大豆生田啓友・渡辺英則編『新・保育講座，保育内容総論』ミネルヴァ書房 2002 pp.42-45．
7）佐伯胖『幼児教育へのいざない－円熟した保育者になるために－』東京大学出版会 2001 p.51．佐伯はこの変容を，その間の発達心理学における発達観の転換（ピアジェ発達論から脱ピアジェ発達論へ）を反映していると指摘している。
8）本吉 前掲書4）1988 pp.81-83．
9）高杉自子・森上史朗『保育対談 下巻／保育内容の充実を求めて』教育出版 1984 p.151．
10）平成15年度全国保育士養成セミナー 実施要綱 p.33．
11）ほかにも，調査形態の違いによる差が考えられる。アンケートでは，「今思えば，楽しかったかなあ」といった感覚で記入する一方，インタビューでは，話をしているうちにいろいろなことが思い出されることによって，否定的な感想が多く見られたとも考えられる。
12）黒川建一編『新・保育講座：保育内容「表現」』ミネルヴァ書房 2004 pp.29-31．
13）井上智賀「幼児の音楽活動に関する考察－マーチングバンドの現状と問題点」；『日本保育学会大会第47回研究論文集』1994 p.74．
14）高杉 前掲書6）2002 pp.48-52．
15）高橋史朗編『感性教育による人間変革』明治図書 1999 pp.42-43．
16）藤永保『幼児の心理と教育』フレーベル館 1967．
17）2004年幼児マーチングバンド全国大会 プログラムより
18）D.T.マクドナルド＆J.M.サイモンズ；神原雅之・難波正明・里村生英・渡邊均・吉永早苗共訳『音楽的成長と発達－誕生から6歳まで－』渓水社 1999 pp.121-131．
19）Moorhead & Pond Music of Young Children 1978．McDonald & Simonの引用による。同上書 p.131．
20）Rainbow,E.L A Final report on three-year investigation of the rhythmic abilities of preschool aged children Council for Research in Music Education: Bulletin 66-67 1981, Frega,A.L Rhythmic tasks with 3-,4-,and 5-year-old children :A study made in Argentine republic Council for Research in Music Education 45 pp.1-20 1971 McDonald & Simonsの引用による。前掲書18）p.126．
21）総合幼児教育研究会ホームページ http://www.soyoken.com．
22）澤口俊之『幼児教育と脳』文藝春秋 1999．

23) 無藤隆『早期教育を考える』日本放送出版協会　1998　p.112.
24) 木下弘貴『幼稚園が危ない－変わる時代の子育て教科書－』文芸社　2005　pp.154-157.
25) 国立教育政策研究所　教育課程研究センター『幼児期から児童期への教育』ひかりのくに　2005　p.17.「揺さぶられる」とは，何らかの情動や感情が喚起されることであり。こうした体験が心に訴えてくる場合に，子どもは何かをよく学ぶ。近年この「揺さぶられる」体験の重要性が注目されている。
26) 國安愛子『情動と音楽－音楽と心はいかにして出会うのか－』音楽之友社　2005　p.112.
27) 木下　前掲書24）　2005　pp.35-40.
28) 労働省労働基準局　第546号　騒音防止のためのガイドライン1992.
29) 日本音響学会HP　http://www.asj.gr.jp/qanda/answer/10.html「音の何でもコーナー：ヘッドフォンで大きな音を聞いていると難聴になるという話を聞いたのですが本当ですか」(執筆者：瀧浪弘章)
30) 日本音響学会編『音の何でも小事典－脳が音を聴くしくみから超音波顕微鏡まで－』講談社ブルーバックス　2002　p.213.
31) D.T.マクドナルド＆J.M.サイモンズ　前掲書18）　1999　p.111.
32) 同上書　pp.112-113.
33) J.M.Feierabend　THE BOOK OF PITCH EXPLORATION　GIA Publications　2003.
34) J.M.Feierabend　First Steps in Music for Preschool and beyond　GIA Publications　2006.
35) D.T.マクドナルド＆J.M.サイモンズ　前掲書18）　1999　p.113.
36) 本書で紹介する絵本で遊ぼう①②の絵本はいずれも，ノートルダム清心女子大学教授村中李衣教授に紹介していただき，遊びのヒントを得た。
37) R.マリー・シェーファー＆今田匡彦『音さがしの本－リトル・サウンド・エデュケーション－』春秋社　1996　p.46.
38) 同上書　1996　pp.53-54.
39) 三国和子「音楽活動のねらい」；保育音楽研究プロジェクト編『青井みかんと一緒に考える幼児の音楽表現』大学図書出版　2008　p.65.
40) 無藤隆『現場と学問のふれあうところ』新曜社　2007　p.161.
41) 幼児期の教育と小学校教育の円滑な接続の在り方に関する調査研究協力者会議「幼児期の教育と小学校教育の円滑な接続の在り方について（報告）」2010.
42) 日本学校音楽教育実践学会編『生成を原理とする21世紀音楽カリキュラム－幼稚園から高等学校まで－』東京書籍　2006.
43) 著者が代表（分担研究者：無藤隆・岡本拡子・高見仁志）で取り組んだ科研費研究基盤C『音楽教育から展開する保幼小連携－深化と分化のプログラム』(2010-2013) の一部である。
44) R.マリー・シェーファー＆今田匡彦　前掲書37）　1996　p.130.
45) 三宮麻由子（文）・ふくしまあきえ（絵）『おいしいおと』福音館書店　2008.
46) R.マリー・シェーファー＆今田匡彦　前掲書37）　1996　p.37.
47) 神原雅之『体を楽器にした音楽表現リズム＆ゲームにどっぷりリトミック77選』明治図書出版　2006.
48) 木坂涼（文）・あべ弘士（絵）『からだのなかでドゥンドゥンドゥン』福音館書店　2008.
49) R.マリー・シェーファー＆今田匡彦　前掲書37）　1996　p.59.

50）同上書　1996　pp.61-69.
付記：楽譜の出典は，①「ゆき」，②「かぜ」が，早川史朗編：『最新子どもの歌1000曲シリーズ　子どもと自然』，エー・ティー・エヌ社，1999年であり，③「あまだれさんおなまえは」は，日本童謡協会編『日本の童謡150選』音楽之友社，2004年である。

第 5 章

音感受教育のすすめ
―子どもの「耳」を取り戻そう―

　ここまで，子どもの音感受の実際と，音感受力を高める音楽表現指導のアイデアについて述べてきた。保育者は，子どもたちの音感受力の成長をみとり，そのために必要な音環境をデザインしていかなくてはならない。そのために，保育者自身の音感受力もまた，育っていくべきであろう。ここでは，「音日記」と「サウンドウォーク」の実践について紹介するが，これらはいずれも保育者の音感受を育て，音楽表現指導の実質を豊かなものにするために必要な実践である。

 1　音環境を考えてみよう

●音感受教育としての音環境

　幼児教育の基本となる理念の一つに，「環境を通して行う教育」がある。それは，環境のなかに教育的価値を含ませながら，子ども自らが興味や関心をもって環境に取り組み，試行錯誤を経て，環境へのふさわしいかかわり方を身につけていくことを意図した教育である。保育における環境は，保育室内も廊下も園庭も，そして保育者も含むすべての構成要素が，保育内容としての配慮のもとに整えられている。その環境観は，主体によって意味づけられ，構成された世界であるという見方である。授業という形態をもたない保育の営みのなかでは，子どもは，園内の環境とのかかわり合いのなかで学び，育っていく。たとえば，その場に昔から生えていた樹々については，四季折々の枝の広がりや鳥のさえずり，紅葉や落葉，雨に打たれる音や風に揺られる

音といった諸相が，そのときどきの保育目標を投射し得る環境＝教材となる。

今泉[1]は，教材発掘・選択のルートとして次の三つの類型をあげ，授業においては②と③のルートでの体験を増やすように提案している。

①授業のねらいや目的から，教材を発掘・選択していく場合
②教師がある事実や事物に驚いたり，ある作品に感動したりして，授業してみたい気持ちに駆られる場合
③子どもたちの疑問や問いから授業が創られていく場合

保育における環境をどのようにつくっていくかを考える際には，この①〜③のすべての条件が同時にそろうよう配慮することになる。環境のなかで，子どもたちは，保育のねらいどおりの出会いを体験することもあれば，そうでないこともある。そしてまた，偶然の出会いによって予測されない結果が生み出される場合もある。子どもたちは，好奇心のおもむくままに環境とかかわり，遊びや観察を通じて，モノや出来事との出会いの経験を広げていくのだからである。

したがって，保育者は，子どもたちが常時いろんなモノと出会い，その感性の体験を豊かにしていけるような環境を用意しなくてはならない。そのことは，現存する環境へ意識的に注意を向け，それらを見直すことから始まる。

子どもは，自然の，あるいは意識的につくられた環境のなかでまるごと育っていく。いいかえれば，教材は環境のなかに遍在しているのである。このとき，保育者のわずかな視点の転換や配慮が，子どもの感性の育ちに多大な影響をおよぼす。本節では，子どもが音や声を聴いてその印象を感じとり，共鳴したり何らかの感情を抱いたり，さまざまに連想したりすることのできる音環境づくりについて「**自然の音**」「**声**」「**自分の動きがつくる音と響き**」「**楽器の音**」，連想を導く音として「**心のなかの音**」「**感性の言葉**」という合計六つの視点から，子どもの音感受のための音環境をどのようにつくっていけばよいか提案していく。

●自然の音に出会う環境

第2章第1節に紹介した広島県のB幼稚園（騒音測定調査）では，園庭の木の根元にロープが張られ，立ち入り禁止スペースがつくられていた。わざわざ雑草を生やしているのである。しかも，「風に運ばれてきた種子が芽を出して成長するのを待っている」のである。雑草が生えれば，そこに虫が飛んでくる。草が生え，虫が集まれば，そこに生命の息吹が聴こえるようになる。その過程を観察する子どもたちの精神に，自然への好奇心と愛着，尊敬の気持ちが育まれることであろう。木葉のざわめき

から，子どもは風の強弱を感じとるかもしれない。虫の声を聴き，四季の移ろいを感じることもあるだろう。鳥の声は鳥たちのおしゃべりと聴こえるかもしれない。こうした体験を重ねることで，子どもたちは，風の音や虫や鳥の鳴き声を単に物理的な音として知覚するのでなく，生命の響き合う音として感じるようになる。

　岡山県のW保育所の園舎は古い設計のまま保存されており，園舎から園舎へと，石を渡って移動する造りになっている。その70センチほどの隙間に，笹が植え込んであった。この石をわたるたびに，子どもたちに風の音が聴こえる。葉の揺らぐわずかな音から風を感じることのできる仕掛けなのである。

　水の音も，子どもたちにとってはとりわけ興味深いものである。東京都のY幼稚園では，雨の日に保育者が子どもをベランダへと誘い，「雨の音を聴いてみよう」とうながす光景が見られた。テラスの屋根の素材が一様ではないのは，屋根に落ちる雨音の違いを感じるための仕掛けである。そして，落ちてくる雨滴を受けるための容器がいくつか用意され，子どもたちは思い思いの器に雨水を溜めるのだ。容器の素材が変われば，雨滴の落ちる音も変わる。容器の高さを変えたり，溜まった水の量が変わったりしても音は変化する。

　また，雨のなか，園庭に飛び出して発泡スチロールのような容器を泥に突っ込んでは離し，突っ込んでは離しという行為を繰り返している2人組の男児が見られた。発泡スチロールの容器が泥に吸いつく感触と，泥から離れるときの音の感触を楽しんでいるようであった。2人はまるで飽きることなく，何度も同じ動作を繰り返しながら，視覚，触覚，聴覚を十分に活用し，泥遊びに没頭していた。室内に戻ってきた彼らは，次にザリガニの水槽の水換えを始めた。ペットボトルに水を入れ，それを水槽に注ぎこむ音をさまざまな擬音に表現していた。擬音は，音を感受しているからこそ生まれてくる表現である。シェーファーも，「水はサウンドスケープの基音であり，無数の形に変容する水の音は，他の何にもまして大きな喜びを与えてくれる」[2]と述べている。水の音が，私たちの音感受を目覚めさせる重要なきっかけになることは多い。このことについては，次節の「後楽園のサウンドウォーク」や「音日記の実践」に詳述したが，園庭のサウンドデザインとして「水の音」を仕掛けることは，子どもたちの音感受を活性化させる。

●表情豊かな声に出会う環境

　第3章で考察してきたように，保育者の声もまた，子どもにとって重要な音環境である。それは，保育者の大声が子どもたちの怒鳴り声を引き出してしまうといった物理的なレベルの音環境のことだけではない。語りかけや歌いかけなど，音声をともなうコミュニケーションは，保育実践の基本的な部分を成しているが，子どもが保育者

の音声のニュアンスから，感情や意図の微細な違いを的確に読みとっていることが，「ハイ」の音声評価の調査で確認された。また，「おはよう」の感情判断では，音楽的に発声された音声の細かな違いを感受する精度が，家庭での楽器の習い事のような音楽経験と関係しているのではなく，幼稚園や保育所で過ごすなかでの保育者との声遊びのような音楽活動や，応答的なやり取りなどと関係しているということが示された。

　子どもは，音声における感情表現を，保育者の声まねをすることで習得するだけではない。表情豊かな音声を聴くことにより，その音声の主の感情や意図を感じたり考えたりする。そうすることで，どのようにして感情を音声に込めるか学んでいるのである。したがって，表情豊かに語りかけたり歌いかけたり，あるいは子どもの話に応えたりしながら，保育者自身が自分の音声を意識することで，子どもたちの感性的な出会いを保障する音環境をつくっていくことができるのである。

●自分の動きがつくり出す音に出会う環境

　前述のB幼稚園とY幼稚園に仕掛けられていたのは，自然の音だけではなかった。子どもの足音がリズミカルに響くテラスが仕掛けられていたのである（第2章第3節）。はじめのうちは，著者には，響きわたるその音が騒音にしか聞こえなかった。だが，子どもたちの様子を観察していると，2～3人が同じリズムで歩調を合わせながら，走ったりスキップをしたり，あるいは，そこに生まれたテンポやリズムで歌い始めたりしたのである。また，Y幼稚園の玄関に臨時の渡り廊下として置かれるスノコのうえでも，音遊びが展開されていた。子どもは，自分が動くリズムに合わせて響きわたる音を楽しんでいるように見えた。

　保育室の音環境については，その劣悪な騒音性が指摘され，近年，防音材・吸音材などが使用されるようになってきた。身のまわりの繊細な音や，コミュニケーションにおける音声の微妙なニュアンスを感受するには，静かな音環境への配慮が必要であるが，自らの生み出す音に気づくような環境を整備するのも大切なことである。

　体の動きに合わせて音が響くことは，リズミカルに動くことのおもしろさを引き出す。子どもたちは，遊びのなかに，モノの音（「図」としての音）をさせたり聴いたりして楽しむというだけでなく，その場の音の響き（「地」としての音）を遊びのなかに取り入れて楽しんでいるということが，第2章の調査から確認された。子どもの遊びは，「視覚による知覚が関係するもの」と「聴覚による知覚が関係するもの」とに大別されるが，後者，すなわち「響きの持つアフォード」は，子どもの前音楽的表現を引き出すものである。音感受のために，保育環境における静けさは重要であるが，響きの多様さもまた，音環境の大切な構成要素である。

●楽器の音色に出会う環境

　楽器の音色との出会いは，子どもにとって魅力的なものである。はじめて見る楽器と，その非日常的な響きは，子どもの想像力をかきたてる。しかし残念なことに，「音楽教育に力点を置いている」とされる幼稚園・保育所ほど，それらの楽器は発表会のためだけのものであり，それが終了すれば，楽器は子どもの手の届かぬところへ収納されてしまっていることが多い。もちろん，楽器を大切にするのは大切なことであるが，音環境においてより重要視すべき対象は，鳴り響く楽器の「音」それ自体である。日常的な「音」で遊べる環境と，質の高い音（音楽）に出会う環境，この両方がともにあるというのが望ましい。

　楽器は，できるだけ子どもの手の届くところに置いておきたい。自由な遊びのなかに楽器を手に取り，思いのままに音を出してみようとする子どもがいれば，その音に誘われるように子どもたちが集まってくる。そうなれば，自然と「合奏」が始まることだろう。子どもたちにとって，友だちと音を重ね合わせるのはたいへんに楽しい体験である。違った音色を重ねることで生まれる音を発見する好奇心が育まれていくというのは，こうした体験を通じてのことである。

　子どもは，自由な探求を通じ，楽器について多くのことを学ぼうとする。さまざまな楽器と親しみ，それらの音色を感受することは，音に対する想像力を豊かなものにする。子どもにとって，身近な楽器は打楽器だけではない。保育室のピアノも身近である。音の高さ，大きさ，音色といったさまざまな音の属性を感受することのできるピアノは，子どもが自ら親しめる楽器にしておきたいものである。蓋に手を挟まないよう安全上の配慮をしたうえで，ピアノの蓋はつねに開けておき，ピアノの音を感受したり音の出し方をいろいろと工夫したりして遊ぶことの可能な環境の整備が望まれる。

　保育者が，ピアノを弾きながら行う保育室での音楽活動は，90～100dBの騒音レベルに達し，それは電車のガード下の騒音に相当する[3]というデータにあるように，物理的な音量に配慮することもまた，音環境にとっては重要な視点である。オーケストラの演奏会で感じる心地よさから経験されるように，大きな音がそれ自体，騒音であったり不快であったりするわけではない。心地よさの如何は音量のみならず，音の質にもよる。かつて，某市内でのいくつかの保育所の子どもの集まりに，合唱の練習を指導したときのことである。やわらかい音色で弾いていた伴奏者から，鍵盤をたたきつけるような弾き方をする伴奏者へ交代した瞬間，子どもたちの声は，怒鳴り声へと変わってしまった。その変化はまったく一瞬の出来事であった。この事実から，子どもたちがピアノ伴奏をよく聴いて歌っていること，そして伴奏の音質が子どもの声の出し方に大きく影響しているということがわかる。楽器，保育者の声，ピアノの音

色など，すべての音楽的な働きかけが，子どもにとって意味のある音感受の機会となるよう配慮することが大切である。

写真1　K幼稚園での自由な遊びの時間のひとこま

●心のなかの音に出会う環境

　日本の俳句には，音風景の詠まれているものが多くある。その作法の一つである題詠は，「実際の風景に接して詠む吟行とは異なり，想像して詠む俳句であり，作者にとって愛着を覚え，印象に残った音がそこに詠まれている」[4]のだそうである。つまり，音との感動的な出会いのインプットが俳句の音風景を生み出しているのである。「今，ここ」に鳴り響いてはいないけれど，何かしら音を想い出すことのできるような環境もまた，音環境の一種である。

　サウンド・エデュケーション[5]では，「パチパチと燃える焚火」「ゆっくりと回る水車」「落葉道の散歩」「鳥の群れ」などのほか，「ナイアガラの滝」や「たくさんの大工の金づち」のように，実際に聴いたことのない音であっても，その響きを「耳の目」で思い描きなさいと勧めている。オリヴェロスのソニック・メディテーション[6]でも，「よく知っているいくつかの音を思い浮かべる。それをこころのなかで聴いて見る。この音のメタファーを見つけよう。この音の現実的あるいは空想的な情況は何だろうか……」と問いかける課題がある。

　想像のなかの音が現実の音と違っていたとしても問題はない。出会いの再現には心情が加味されるため，その音に変化があるのは当然のことである。聴覚的な想像のうちに音の像を描いてみる，心のなかの音に出会う，といった体験に大きな意味がある。

心象として鳴り響く音もまた，子どもにとっては音環境のうちに入る。子どもの想像のなかの音は，それまでにインプットされた音や，それらの組み合わせによって連想され，創造されていく音環境である。心のなかに音をイメージすることで，実際に響く音の聴き方やその感受の中身も深まっていく。

●感性の言葉に出会う環境

　感性の言葉とは，「擬音語」「擬態語」のことを指していう。それは，聴こえてくる音と表現したい音との間を埋める言葉である。苧阪[7]は，「擬音語とは，音響や鳴き声などの動作や状態の，何らかの感覚，感情や情緒を伴う感じや様子を表し，一方擬態語は，事物のありさま，現象，動きや状態の描写的表現であるが，視覚や触覚さらに身体のイメージとかかわることが多い」とし，「擬音語・擬態語は，それ以外の語よりも我々の感覚や心情に響き，情動を喚起させる語である」と述べている。

　また黒川[8]は，こうした擬音語・擬態語に見られる音の表情（クオリア）に着目し，たとえば，粘りのある子音［B］，爽快感があってすべりのよい子音［S］，辛口のキレをもつ子音［K］，確かな手ごたえの子音［T］など，子音とそのイメージの分類を行っている。擬音語・擬態語は，脳が音から感じる心地よさの程度にしたがい，誰に教わるでもなく，広範な人々に共有された感覚に由来するイメージをもって生まれる，感性の言葉である。

　こうした感性の言葉の表出（音の擬音化）は，前述したような豊かな音環境において，多いに発揮される。このとき保育者は，子どもたちのとらえる音の感触に共感する存在であってほしい。子どもたちは，自分の表現に共感してもらうことで，擬音語・擬態語を生み出す喜びと自己の感性を表現する意義を感じることができる。それと並行し，読み聞かせなどを通じて，宮沢賢治の作品[9]に見られるような自分では思いもつかなかったような擬音語・擬態語と出会う機会をつくってほしい。さらに，前の章で紹介したとおり，こうした擬音語・擬態語は，作曲家の手でリズム・メロディー・ハーモニーといった音楽の属性を与えられることにより，その質感をよりいっそう深く豊かなものにする。

2　子どもの耳をもってみよう
―保育者の音感受を高める「音の記録」―

　子どもの素朴な音への気づきや，音楽表現が芽生えるきっかけとなるような音楽行為に，私たちはどれほど気づいているであろうか。子どもの遊びにはかならず何らか

の音が鳴っているというのに，保育の観察記録のなかにそれらの音を表す記述を見出すのはまれなことである。また第1章の，「耳の感受性は衰え，また，怠惰になってしまった」との武満の指摘にあるように，聴覚的な出来事に対して私たちの耳は鈍感になってしまっている。音は四方八方から私たちの耳へと届いていて，聴覚はその情報から得た印象を元に，音空間の写像をつねに脳内に生成し続けている。視覚優位な生活を送っている私たちは，音が氾濫するなかにあって，「聴くこと」よりも「聴かないこと」を耳に学ばせているのである。

　保育において聴覚的な出会いの豊富な音環境をデザインしたり，音楽表現を介し子どもの心が揺さぶられたりするには，保育者自身が音感受に敏感でなければならない。ここでは，保育者が「聴く」意識を高め，音感受を豊かにするための試みとして，音を文章化する二つの実践を紹介する。

　なぜ，文章化することがよく聴くことにつながるのか。たしかに，どれだけ正確な表現をめざしても，記述された音は鳴り響く音そのものには成り得ない。音は，鳴り響くことによってはじめて，「音」となる。しかし，音を文章化するには，私たちが音への意識や聴き方を変えなくてはならない。

　音を文章化するには，**「音を感受する力」**と**「音を表現する力」**が不可欠である。まず「音感受力」であるが，文章化するという目的を果たすため，音の物理的特徴をできるだけ忠実に再現しようと，音を聴くことに意識を集中させるようになる。そうなると，それまで聞き逃していた身のまわりの音への気づきが拡がっていく。さらに，音から感じたことを表現するため，自分と環境との関係のなかに音をとらえたり，それがどんなイメージをしているかと考えたりすることによって，想像力が働き始める。これが音の聴き方に変化が生ずるという意味である。

　小松[10]は，「音が生起する現場は，さまざまなフェイズ（局面）が多角的にあらわれる。その際，有力な技法が文章表現であり，重層的かつ一回限りの感覚事象を漸進的に記録することが可能になる。そのためには，音の感応力を自らの手ですくいあげ，音の持つ躍動感や臨場感を他者に伝達する技術の方法化が欠かせない」と，音を記録することの意義を説き，音の印象を文字に変換する技法を獲得するためには，自分の身体を「感覚装置」に見立てることが起点になると述べている。自らの身体を感覚装置に見立てるとは，「五感で音をとらえる」ということでもある。

　また，音を文章化するには，「表現力」が必要である。小松[11]は，フィールドに感じた音風景の空気感を鮮度よく保たせながら，未体験の読者に伝達し，読者を引き込ませる「音の物語」を再構成するために，読者に共振作用（喚起力）を与える「想像性溢れる構成や文体」の模索が欠かせないと述べている。

　言葉をもたない「音」の質感を言葉に置き換えるのは，けっしてやさしいことではない。しかし，よく聴けばよく聴くほど，音の文章表現も，想像性にあふれた構成や

文体へと変わっていくことであろう。文章化する過程は，音について考えをめぐらせる過程でもある。聴こえた音を言葉に表す行為は音をよく聴くことにつながり，よく聴こうとすればするほど，その表現もまた，多彩なものとなる。

　ここでは，「音を文章化」するための二つの試みとして，「今，ここにある音」に耳を研ぎ澄ます「サウンドウォーク」の実践と，一日の音を振りかえる「音日記」の実践から，それを経験した学生の記述を検討する。音の文章化は，保育者にとって，大きく分けて二つの意味がある。第一に，子どもの感覚に共感する音感受を体験するという意味である。このときの記述の方法としては，音をストレートに表現する手法，すなわち擬音化を行うことが妥当である。擬音語は感性を表す言葉であるといわれる。第4章にも述べたが，犬は「ワンワン」，カラスは「カアカア」といったように，私たちは実際の聞こえとかならずしも同じでない擬音のカテゴリーに，動物の声を当てはめる。こうしたステロタイプ化は言葉を覚えていくなかで必然の成り行きなのだが，そういう固定観念を打破し，聴こえたとおりに音を擬音化するよう試みることで，「幼子の耳」で音をとらえる「音感受」の力を回復させることができると著書は考える。第二に，保育場面に観察される子どもの音感受の様子を，保育記録として他者に伝わるように文章化する表現力を身に付けるという意味である。それは，聴覚的な出来事を的確に物語ることのできる豊かな語彙の獲得のことである。これらの視点から，「音の文章化」が「聴くことの教育」に対してもつ可能性について考察する。

音の記録❶　サウンドウォーク　—後楽園を耳で歩く!?—

　サウンドウォークとは，音に意識を集中させながら特定の場所を歩くことである。聴覚を研ぎ澄ませて歩いていると，さまざまな音が見つかるだろう。そして，ある場所にたたずみ，耳を研ぎ澄ませてみると，環境を五感の全体でとらえ，徐々に環境のなかへと溶け込んでいくかのような感覚になる。サウンドウォークもまた，シェーファーの提唱するサウンドスケープの理念にもとづいた活動の一つである。音環境を考えたり，音を意識的に聴いたりすることを目的に，今日では，「音の宝探し」企画など，日本全国でワークショップが開催されている。

　保育・学校教育においては，たとえば今川[12]が，保育者養成における学生に対し，構内サウンドウォークや音地図の作成の実践を行っており，表現者としての子どもたちの育ちを支えるため，保育者自身もまた，自然環境との交渉が豊かにできなければならないと述べている。また，小学生や中学生を対象とした音地図づくりの試みとして，長谷川[13]は，日常的に聞いている街の音や自然の音を地図に書き込んだり，聞こえてくる音の分類をスケッチシート（横軸＝時間，縦軸＝距離）に記入したりする音整理ゲームをしてみるよう提案している。こうした音地図の発想もまた，

シェーファーのサウンドスケープの手法によるものであり，音を地図に書き表すため，観察者は身のまわりの音を聴くことに意識を集中させる。こうした聴き方について藤枝[14]は，聴覚を手がかりに自分がまわりの環境のなかへと浸透していくような体験であり，自らも聴いていると同時に，環境も自らを聴いているような相互作用的な意識の交換をもたらすという。

　2011年12月に，著者は学生を引率し，岡山市の後楽園においてサウンドウォークを行った。実践の基本的な内容は，シェーファーの提案にもとづく今川や長谷川の実践と同様である。後楽園のなかを歩きながら途中のある一点にたたずみ，音を聴くことに親しみ，まわりから聴こえてくる音に意識を集中させる。そして，音の種類や方向，強さなどを記入したサウンドマップを作成する。音の事実の記入としてのサウンドマップに加え，本実践では，音の特徴やその音に何を感じとったかといった，音に対する主観的な気づきや感想を書き残すよう試みた。そのため，読み返したときにその場の音の記憶が蘇るような記述であること，他者に音風景が伝わるように音を記述することを参加学生に求めた。そして，音を観察したあとでそのメモにもとづいて情報を交換し，文章化された音の風景を共有することを通じて，「聴き方」や「音感受」の多様性を確認した。ここでは，こうした体験が，学生の聴くことに対する意識を高めるとともに，将来保育者として「音を記述する語法」を豊かにしていくということについて検証する。

●サウンドウォークの方法

❶実施場所

　実践を行った岡山市の後楽園は，日本三名園の一つである。面積はおよそ13ヘクタールで，主要構造物としての延養亭のほか，能舞台，池，築山，梅林，茶畑などが配置され，それらは，水路・園路・植込みなどでつながっており，回遊性を特徴としている。ほかの日本庭園と同様に，さまざまな水の響き，風の音，木々の葉っぱのそよぐ音，小鳥たちのさえずりを聴くことができる。後楽園はとりわけ水の豊かな庭園であり，池や滝のほかに，「流店」とよばれる水の流れを楽しむ場所もある。また，市の中心部に位置するため，庭園の外からは車や工事の音など街の生活音が聴こえてくる場所もあり，多様な音が存在している。

❷手順

　2011年12月8日の13時から16時まで，10名の学生と著者でサウンドウォークとその記録を行った。サウンドウォークには，学生のほかにも近隣にある保育所の所長と大学教員1名が同行した。参加者には「観察場所と時間」「その場を選んだ理由」「五感

の気づき」および,「サウンドマップ」を記録するシートを5枚ずつ配布した。また,サウンドマップを描くにあたっての留意事項として,以下の内容を紙面で伝えた。

> ・見えない音を,目に見える図で表現する
> ・1分間,じっくり観察して音の様子に慣れる
> ・5分を目標にして,聴こえてきた音を図にする。具体画,抽象画,文字など描きやすい方法で自由に書き込む。音の種類を区別して書いてみる
> ・自分のいる位置を基準にして,音の位置に意識を向けて書いてみる
> ・移動する音も工夫して書いてみる
> ・5分経過したら仕上げる

観察と記録に慣れるため,まず「水車」の周辺で全員が手順にしたがって音を聴き,サウンドマップへの記録を行った。水車の周辺を選んだのは,水の音をはじめ音の種類が豊富であるだけでなく,水車のつくり出すリズムが一様でないからである。それは,小川の形状や水流の速さの変化がつくり出すものではなく,水車の歯車に仕掛けがあって,回転する速さに変化が生じることでリズムが一様ではなくなるように設計されているのである。

リズムの変化に気づいた時点で,その変化をつくり出す要因を問いかけた。このようにして観察内容についての情報交換を行い,音観察の気づきのヒントを学生に体験させ,その後13時30分から,各自思い思いの場所で15時まで観察を続け,最後に検討会を行った。参加学生には,自分が記録した音の特徴や五感の気づきを文章にまとめて提出するよう求めた。

❸分析方法

観察当日は,午前中にかなりの降雨があったが,午後1時の観察開始時にちょうど雨があがった。そのため地面は湿り,草木は滴をたたえており,よりいっそう多様な音の感受が期待できそうな天候であった。学生の観察ポイントは15地点であったが,そのうちの11か所が,池や小川・滝などの水の聴こえる場所であった。

本書では,参加学生のレポートにおいて,複数者の記録があった地点のなかから「水車」「茶畑」「流店」「御舟入跡横」の四か所の記録と,そのほかの箇所における特徴的な気づきの記録を抜粋して取りあげる。

これら五種類の記述にあった音を,**(1)** 水の音 **(2)** 雨滴の音 **(3)** 風や木の葉の音 **(4)** 鳥の鳴き声 **(5)** 人のつくり出す音 **(6)** その他の音および気づきの六種類に分類し,それぞれの記述の方法を,「擬音」「音の内容や違いの分析(比較)」「五感などの感覚」「感情」および「比喩」に区分して表に示した(表1〜5)。このとき,木や葉の音であっても,人が働きかけることで生じた音は **(5)** 人のつくり出す音に分類し

た。こうした分析から，学生がどのように音を聴いたり感受したりしたのか読みとっていく。なお，各地点では，普通騒音計（リオン社NL-21）での測定を行った。

●サウンドウォークの結果と考察

❶水車のまわり（写真2，3）

13時5分頃から，全員で水車の周囲に立ち，音を聴いた。騒音計での計測値は，49～50dBであった。著者の立ち位置でのサウンドマップは，図1のようになった。この場所では，水車の回るリズムのなかに木々の間を通り抜けていく風の音が聴こえる。

水車のつくり出すリズムに包まれた感じ
小鳥の鳴き声が背景音のように聞こえる

園庭外の騒音　　　　　　　　　　　　園庭外のボーっという音

　　　　水車の音が反射するような感じの音

鶴の足音　　　　　　　　　　　　チャプチャプと、水面を打ちつけるような
　　　　　　　　　　　　　　　　持ちあげるような音は、速くなったり
　　　　　　　　　　　　　　　　遅くなったりする

小鳥の鳴き声

　　葉にたまった水が落ちる音　　　　カラスの鳴き声は、
　　　　　　　　　　　　　　　　　時折けたたましくなる
　　葉っぱの落ちる音

図1　水車を中心としたサウンドマップ

写真2　水車

写真3　水車の近くで音を聴く学生

学生のレポートには，以下のような記述があった。水車がつくり出す音だけではなく，さまざまな音に気づいている。擬音や比喩を用いて記述を工夫したり，感情を重ねたり，音から想像をふくらませたりしていることが見てとれる。

(1) 水の音
　a．音を聞くだけで，水車の回るスピードが変わっていることがわかった。
　b．目に見えている距離に比べて，音は少し遠くで鳴っているような気がした。
　c．水車が回るたびに，「シュポン，ジュポン」と不規則な水の音がした。
　d．水車の回る速さには，一定でなく緩急がある。音が速くなるにつれて，急かされるようにドキドキ感が増し，遅くなると落ち着いていく感じがする。雨あがりには，よく耳をすまして見ると，葉から川に水が滴れる音が「ポチャン」とする。水車が絶え間なく発する音のなかに，たまに「ポチャン」という音が重なることで，音楽が流れているように聞こえる。

(2) 雨滴の音
　a．雨の落ちる音は，湿った場所と乾いた場所で異なる。
　b．頭の上に落ちた雨だれは見えないし聞こえないけれど，その感触でポタンという音の感じがする。
　c．水滴の音は，下から跳ねあがるように聞こえる。
　d．葉から落ちた水滴が葉に落ちる音は「パタパタパタ」と，子どもが走っているようだ。

(3) 風や木の葉の音
　a．風で葉が落ちる音は，落ちたところが葉の上の場合は「パサッパサッ」と軽い感じがして，落ちたところが土のうえでは「バサッバサッ」と，重くて身が詰まっているような感じがした。
　b．風によってモミジが地面に落ちるとき，「ス，……ス」と，とても小さな音がした。
　c．もみじがヒラヒラと地面に落ちるときの小さな音は，本当に意識をしないと聞こえない音だった。日常に，こうした音がたくさんあふれていることに気づかされた。
　d．落ちている紅葉を，葉と葉だけをこすり合わせるように足でなぞってみると，貝殻を手のなかでゆらしているような「カラカラカラ」という音がした。この音を聞くだけで，音を鳴らしている素材の重さを想像することができた。

(4) 鳥の鳴き声
　a．カラスの鳴き声は「クァークァー」で，ほかにも「トゥーイトゥーイ」「フィーッ　フィーッ」「トゥィ　トゥィ」といった鳴き声が聴こえた。

b．いろいろな鳥の声が，上から降ってくるように聞こえた。
　　c．目を瞑ってまわりの音を聞いてみると，鳥の声が騒がしいほどによく聞こえ，ジャングルにいるような感覚になった。
（5）人のつくり出す音
　　a．鼻を吸う音は「ズッズー」，足音は「ブサッ」。
（6）その他の音および気づき
　　a．まつぼっくりが落ちるのは，どす黒い感じの音に聞こえた。
　　b．川のなかに紅葉がいっぱい落ちていて，紅葉が星のように見え，キラキラと光りながら流れる水を見て，天の川のようだと思った。
　　c．土と雨が混ざり合っているような匂いがした。
　　d．車の音が，「ズゥーズゥー」。
　　e．雨あがりだったこともあるのか，全体に「スーーーーーーーっサーーーーーーーーっ」という音（空気）を感じた。とても気持ちがよかった。
　　f．目標物を決めて聞くと，その物の音がとりわけ大きく聞こえる気がした。

表1　水車のまわりでの音の種類と記述方法

	擬音	分析（比較）	感覚	感情	比喩
(1)水	c, d	a	b	d	d
(2)雨滴	b, d	a	b, c		d
(3)風・葉	a, c, d	a, c, d	b, c, d		a
(4)鳥	a		b, c		c
(5)人	a	a			
(6)その他	d, e	f	a, c, e	e	b

　音に意識を向けることで，それまで気づかなかった身のまわりの小さな音にも気づくようになっている。意識できるようになると，水車の回る音の変化にも気づくようになり，擬音を使って表そうとしたり，その原理に好奇心をもったりするようになる。
　変化する音とそれをつくり出すものへの気づきは，風や葉っぱ，人がつくり出す音の多様さに耳を向けるようになり，比較したり分析したりする聴き方をもたらしているようだ。音に遠近感を感じる，感情を重ねる，想像力を働かせるなど，文章表現から音感受の高揚していく様子が読みとれる。

❷竹林と茶畑に沿った路で（写真4）

　東側には竹林と茶畑，西側には，池や岡山城などが見える。広々としていて，風がさまざまな方向から吹いてくる。立つ方向を変えると，聴こえる音がまったく変わった。竹林のほうを向くと風の音がよりはっきりする。著者の立ち位置でのサウンド

マップは，図2のように表わされた。音量は45～54dBであった（14時の著者による測定）。2名の学生（14時10分～）の音の記録には，風の音がおもに描かれていた。

(3) 風や木の葉の音

a. 竹が，「サワサワサワサワ………」「スーーーーーーっ」「サーーーーーーーっ」という音を発していた。竹が出す音は，すごく透明感があった。竹は風に吹かれるままであるがままな感じで，とても自然な音だった。

b. 竹林は心地よい音で，ずっと聞いていると心が落ち着いた。一方，車や工事の機械音がこの静けさを邪魔しており，もったいないような気がした。

c. 左耳から聴こえた，風によって竹林が「ササササササー」と揺れる音は，静かだけど存在感があった。

写真4　茶畑と竹林に沿った路

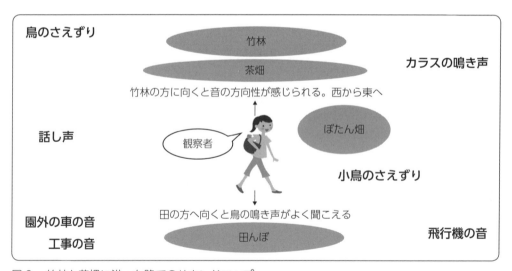

図2　竹林と茶畑に沿った路でのサウンドマップ

(4) 鳥の鳴き声

a. 前方から，「千入の森」の方で多くの鳥たちが話をするように絶え間なく鳴いていた。

(5) 人のつくり出す音
　a．人の足音は，砂のきめの細かさや湿り方によって異なり，靴によっても変わっていた。
　b．後方から，観光客の話す声や「ザ，ザ，ザ」と歩く音が聞こえた。
(6) その他の音および気づき
　a．この場所は近くにあまり植物や建物がないので，すごく空が開けている感じがした。水車のあたりは，植物などいろいろなものに包まれて，音が反射してくるようなものを感じられたが，この場所では音が広い範囲を（横も空も筒抜けて）行き渡っている感じがした。
　b．右耳から，「ビュー，ゴー」と車の走る音や工事をしているような機械音が聞こえてきた。飛行機が全部の音を掻き消してしまうくらい，「ゴー」と低い音が立てながら三度通過した。
　c．前後左右でこんなにも音が違って聞こえることに驚いた。

表2　竹林と茶畑に沿った路での音の種類と記述方法

	擬音	分析（比較）	感覚	感情	比喩
(3)風・葉	a, c	b	a, c	b	
(4)鳥					a
(5)人	b	a			
(6)その他	b	a, b, c	a, b, c		

　「水車のあたりでは，植物やいろいろなものに包まれて音が反射してくるようなものを感じられたが，この場所では，音が広い範囲を（横も空も筒抜けて）行き渡っている感じがした」と記述にあるように，学生は反響する音と通り抜ける音との違いを感受している。そして，周囲が開けたところでは前後左右から多様な音が風に乗って届くことについて，(3)c，(4)a，(5)b，(6)b，(6)c（同一人物の記述）に，正確に音の種類と聴こえ方が描かれている。また，足音が変化して聴こえる理由についての言及や，自分の向きを変えて前後左右の音の聴こえ方の違いを確かめるなど，積極的な聴き方が行われている。最初に水車の音の変化を観察し，音の変化する要因を考えてみた体験が生かされていると考えられる。

❸ 流店（写真5，6）
　流店は庭園の中心にある休憩所で，中央にせせらぎが配置されている。屋根があり，屋外なのか屋内かがわからない感じのする場所である。水の流れのなかに石を置くことで水流に変化が生まれ，音が複雑に変わっている。水の流れは，結構速く感じ

られた。人の通りも多く，座って耳を澄ませていると足音がよく聴こえてくるが，その音は人が近づいてくるから大きく聞こえるといった単純なものではなく，地面の性質（土，石，砂利，乾いているか湿っているか）によって，響きがずいぶん異なっていた。足音を聴くだけで，その人の歩き方が見えるようであった。

著者のサウンドマップを図3に示す。静寂時の音量は45〜47dBであった。14時20分くらいからの観察である。流店は興味深い場所であったらしく，学生のほとんどが観察を行っていた。レポートは，変化する水の音の記述に集中していた。水の音を詳細に観察し，音の特徴をとらえるとともに，なぜそうした音が聴こえるのかについての分析の視点が多様である。

写真5　流店　　　　　　　　　　写真6　流店

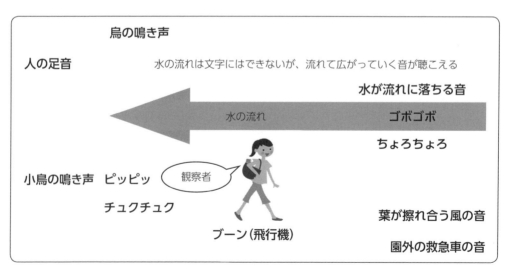

図3　流店にたたずんだときのサウンドマップ

(1) 水の音

a. 流店では，水のせせらぎの音の違いを聴くことができる。流店の唯心山寄りでは「ゴゴゴゴゴー」と大きな音が聴こえる。20センチぐらいの直角の段差があり，勢いよく水が流れている。水の勢いがあるので大きな音がする。

b. 流店の間を流れている川の先では，「コポコポッ」や「チチチチチー」と音がする。そこの段差は，10センチぐらいで緩やかなスロープ状になっている。小さな石を乗り越える水は，「コポコポッ」と聴こえる。これらの音は，緩やかな水の流れのなかで，しっかりと耳を澄ませると際立って聴こえてくる。

c. 流店には，建物に水が入って出ていく。水が入っていく個所（A地点）では，「ジョボジョボジョボ」「コポコポコポ」「ジョロジョロジョロ」「ザーザー」と濁った大きな音だった。逆に水が流店から出ていく個所（B地点）では，「チロチロチロ」「チョロチョロチョロチョロ」と可愛らしくてか弱く，混じり気のないようなとても小さな音だった。この違いは，水が流れ落ちる段差がA地点とB地点では，全然違ったからではないだろうかと思った。また，水の流れる幅がA地点では急に狭くなっているのに対して，B地点では広い。水の流れる速さや勢いが変えられることで，音の違いが生じていたのかなと思った。また，建物のなかにいたらA地点の音がよく聴こえるのに，建物の屋根のところから一歩出ると，A地点の音がほとんど聞こえなくなった。建物の屋根がドームのような役割をして，音を反響させていたからなのかなと思った。

d. 水路の高い段差は，「ジャラー」という高い音と，「ゴボゴボ」と低い音が混ざって聞こえた。水路の低い段差は，ピチャ，ポクと，高い音がして，あぶくがたっていた。

e. 水が落ちる音には，「ポコポコ」と「シャー」の二種類がある。低い方の「ポコポコ」という音は遠くまで聞こえるため，流店では「ポコポコ」という低い音がベース音になっている。高低差がある方では，全体を「シャー」が覆っている。

f. 水の流れに変化を出すために高低差をつけて，高い段差は直角にして，大きく低い水の音が出るようにし，低い段差は緩やかな傾きをつけて，静かでより高い音が聞こえるようにしていた。

g. 屋根のもとでは大きな段差の水の音がよく聞こえ，屋根の外では静かな水の音が聞こえて不思議だった。このような点も計算されてつくられた場所なのだと思った。

h. 「ジャー」「ポトポコ」「タラララ」「トロロロロ」「グログロ」「ボコボコ」「ピンッ」などが聴こえた。高低差が少ない方では，「ピロ，ピロロ」「カン，カラ」「ポン」という音。

(4) 鳥の鳴き声
　a．カラスの声がよく響いていた。
(5) 人のつくり出す音
　a．踏み石の上を歩くと「スースー」としており，砂の上とはまた違った軽い音がした。
　b．流店の川は浅いので，セグロセキレイという鳥がよく飛んできた。水のなかを歩くときは，音をほとんどたてないように繊細に歩く。しかし，人が近づくと，水のなかを歩くときとは違い，「バサー」と大きな音をたてて飛んでいく。

表3　流店での音の種類と記述方法

	擬音	分析（比較）	感覚	感情	比喩
(1)水	a,b,c,d,e,h	a,b,c,d,e,f,g,h	b,c,d,e	d,g	c
(4)鳥			a		
(5)人	a, b	a, b			

　水の流れる音を楽しむためにつくられた休憩所であるだけに，学生の気づきも水の音の変化に集中している。観察が非常に細やかになっていることや分析的な聴き方をしていることが，音の違いについてのていねいな描写やその変化をつくり出す要因への言及からうかがえる。擬音の使い方も多様になっている。このような音感受の経験は，水の音を聴覚的な出来事として保育の音環境に取り入れるアイデアにつながるだろう。

❹御舟入跡横（写真7）

　竹林と茶畑に沿った路と同様，そこには水のたたずまいはない。また，開かれた環境ではなく，樹齢の長い樹木に囲まれた空間は木立のホールのようで，銀杏の落ち葉の絨毯と太陽の光が，まぶしいほど黄色い世界をつくり出していた。雨あがりなので，歩くたびに落ち葉が足に吸いつくような感じであった。小鳥の声には，遠近感があった。音量は46～48dB（14時40分頃）で，園内で最も静かな空間であった。14時10分。3名の学生の記述である。

　学生のレポートには，ほかの場所に比べ，視覚的な記述が多くあった。「御舟入跡に通じる小路は，木の葉が低く近いところに茂っており，寒く，

写真7　御舟入跡横

薄暗かった。何かが近づいてきそうな雰囲気だった。御舟入跡横の開けたところに銀杏があった。これまで薄暗く茶色と青緑だったところに突然日が差し，落ち葉の黄色が，なおさら輝いているように思えた」と書かれてあるように，薄暗い所から明るい空間に出た光の変化が，感覚を大いに刺激したのであろう。

(2) 雨滴の音
 a．風と葉の音のなかで「ポト，ポトポト，パチッ」と水滴が落ちる音がした。

(3) 風や木の葉の音
 a．まわりには高い木が多く，風が吹くと葉の揺れる音が降ってくるようだった。
 b．静かな場所だったので，風の音や葉っぱの落ちる音がよく聴こえた。風の「サー」という音のあとに，葉が「カラ，カサ」と落ちる音。
 c．自然の奏でる音を一番体感できた場所であったと思う。

(4) 鳥の鳴き声
 a．風と葉の音のなかで，「チュンチュン，ピヨピヨ」と鳥の鳴く声がした。

(5) 人のつくり出す音
 a．きめの細かい土だった。歩くと「シャッシャッ」と音がする。アイスやシャーベットをよく尖ったスプーンで引っかいたような感覚の音に聴こえた。落ち葉の上を歩くと葉が，「カサカサ」擦れる。濡れた土の上とは違って，紙のように乾いた音だった。
 b．自分の足音は「フシュフシュ」といっていた。遠くから人の歩く音も聴こえてきたが，「クシャクシャ」という音だった。
 c．足元は石畳で，靴についた砂利と石がジャリジャリ擦れていた。
 d．大きなイチョウの木を叩いてみたが，叩く場所によって音が異なっていた。外側の皮のようなところは軽くて「スカスカ」していて，「コンコン」という音がしたが，内側に近いところは硬くて「カチカチ」という音がした。また，木の根に近い下のほうが，音が響いていたような気がした。雨で湿っていたところと乾燥したところがあったが，乾燥している部分のほうが音が響いていた。木に生えたキノコを触ってみたが，音はしなかった。

表4　御舟入跡横での音の種類と記述方法

	擬音	分析（比較）	感覚	感情	比喩
(2)雨滴	a				
(3)風・葉	b		b, c		a
(4)鳥	a				
(5)人	a, b, c, d	a, b, d			a
(6)その他				a	

(6) その他の音および気づき
　a．電車や車の音がよく聴こえてきた。木に囲まれている分，電車や車の音が不自然に思えた。

　ほかの場所に比べて，ここでは叩いたり触ったりして学生が自ら環境に働きかけ，音をつくり出そうとしている。銀杏の枯葉の上を踏みしめるたびに音が聴こえ，それが囲まれた環境のなかで響き，自分の耳によく届いたからであろうと思われる。

❹ その他の場所での気づきから
　「よく聴く」ことによって，学生の記述は分析の様相を帯びてくる。また，自分と環境との関係性を記述したり，想像をめぐらせて記述したりしている内容から，聴いた音を文章化することを楽しんでいるようにも読みとれた。たとえば以下のような内容である。

(1) 水の音
　a．鯉が餌を食べるときに，水がはねて「ジャボジャボ，ポチャポチャ，ドボン」と，大きな音がした。我先にと餌を求める鯉の気持ちが音になって表れているようだった。
　b．池の水が風の影響でなびいているのを見て，視覚的に見ると「サワサワサワ」というように聞こえて軽い感じだったのだが，整備の人が池のなかで歩く音を聞くと，重く聞こえた。視覚的に感じたときは浅いと思ったのだが，音を聞いて，思っていたよりも池が深そうだと感じた。
　c．滝は上から下に流れているが，下から上に沸いてくる感覚もあり，まっすぐ流れ落ちているが，横に広がったり縮まったりしている感覚もあった。

(2) 雨滴の音
　a．三つ並んでいる大きな石に，葉から雨滴が落ちて跳ねる。水の跳ね方は落ちるたびに違うので，「タタン」や「タタタターン」など，一回ごとに違うリズムを聴くことができる。
　b．風が吹くと水滴が落ちてくる。水滴は，葉の上に落ちると「パリッ」と弾かれる。濡れた地面に落ちると「ペチャッ」となじんでいく。
　c．同じ滴が葉に当たっているのに，葉を滑り落ちてくる度に違う音のように聞こえた。滴が落ちる葉の位置が高いほうが，音は高く聞こえた。

(3) 風や木の葉の音
　a．乾燥した葉が落ちるときは，「パリパリ」「ピラピラ」のように聴こえる。水を含んだ葉が落ちるときは，「しとっ」「ぺとっ」と聴こえる。また，木の柵の上

や大きな石に落ちるときは，「パリパリ」「ピラ」「パリ」といった音だった。湿った草の上に落ちるときには無音であり，素材同士の組み合わせによって出る音が違ってくることがわかった。目を閉じていても，音の質からその音を発する素材を想像できるなと思った。

(4) 鳥の鳴き声
a．カラスの鳴き声は，遠くでは「カァーカァー」と聴こえていたのに，木々にカラスが入ると「クァークァー」と聴こえるようになる。
b．鳥の鳴き声がよく聴こえる場所では，つねに鳴いているように感じていたが，よく聴いていると，一羽が鳴き出すとほかの鳥達も返事をするように鳴き始めていた。尖っているような，丸いような鳴き声がした。

(5) 人のつくり出す音
a．同じ土の上を歩いていても，右足と左足で歩く音が違うように聞こえた。一歩目，二歩目の違いかもしれないが，最初に出す足音のほうが高く聞こえた。
b．私の後ろを誰かが通ったときに，「ザッザッ」「チャッチャッ」「ペチャペチャ」と，いろいろな音が聴こえてきた。後ろの道を見て見ると，地面が小石の散らばっているところ，砂が乾いているところ，雨で地面がぬかるんでいるところに分かれていた。土は，こんなにいろいろな音をつくり出してくれるのかと思って，うれしくなった。アスファルトではできない発見だ。
c．石段を登るときのほうが音は高く，石段を降りるときのほうが音は低く聴こえる。降りているときのほうが，一歩一歩を踏みしめているからかな？　石の階段を歩くのと，側のコンクリートを昇り降りするのでは，聴こえてくる音が違う。右足と左足で違う音を奏でていることもわかった。

　　　石段・昇り・右足→ツァッ・ツァッ
　　　石段・昇り・左足→ツォン・ツォン
　　　石段・降り・右足→トン・トン・トン
　　　石段・降り・左足→タン・タン・タン
　　　コンクリート・昇り・左右とも→ザッ・ザッ・ザッ
　　　コンクリート・降り・左右とも→チャッ・チャッ・チャッ

d．石畳を歩くと，土の上を歩いたときより，歩いていたときに生まれる音がまわりのモノに反響しているように聞こえた。少しこもったような音でもある。石の一つひとつに音が響いているように感じた。

(6) その他の音および気づき
a．アメンボの泳ぐ音は「ツィー，ツィー」だと思っていたが，アメンボが泳いで進む距離は短く，「ツィッ，ツィッ」という音に聞こえた。
b．たくさんのコイが泳いでいる様子をじっくり見ていると，実際に音は聞こえな

いけれど，鯉の泳ぐ音が聞こえるような気がした。
c．風の「クォークォー」という音と，鯉の出す音をずっと聴いていると，自分が水のなかにいるような気分に感じる。
d．人や生き物のたてる音が静かな自分の世界に入ってくると，自分の音の世界に動きが生まれてくるようで，おもしろかった。
e．屋根のあるところは静かなので，音が遠くから聴こえる。異質の音にびっくりする。休憩場の壁が格子になっているのは，休憩した人が風景を楽しめるためだけではなく，音も360度楽しめるようになっているのであろう。

表5　その他の場所での音の種類と記述方法

	擬音	分析（比較）	感覚	感情	比喩
(1)水	a, b	b, c	b, c		a
(2)雨滴	a, b	a, b, c	a, c		
(3)風・葉	a	a	b		
(4)鳥	a	a, b	b		b
(5)人	b, c	a, b, c, d	a, c, d	b	
(6)その他	a	a, e	b, c, d, e	d	

　学生の聴き方は，明らかに積極的なものとなった。たとえば(6)eの学生は，「休憩所には仕掛けがあるはず」と思ってその場を選んだと書いていた。「休憩場の壁が格子になっているのは，休憩した人が風景を楽しめるためだけではなく，音も360度楽しめるようになっているのであろう」の記述から，設計者の意図を洞察していることがわかる。「聴こえる音」を書くことから，「聴こう」「聴いてみたい」という思いで書き始めるようになっているのである。
　積極的な聴き方は(5)cにもはっきりと表れている。石段の昇り降りで，しかも右足と左足とで音が異なることを聴き分けることは，かなり高度な音感受である。擬音の多彩さや音の分析からも，それまでのステロタイプな音の聴き方から脱していることが読みとれる。カタカナとひらがなで表現し分けているところには，音質のニュアンスの違いが感じられる。

● サウンドウォークのまとめ

サウンドウォークのねらいは，次の二つであった。

① 聴くことへの意識を高める
② 音を伝える語法を豊かにする

今回の実践で，学生は，音を文章化するために，身のまわりの音をよく聴こうとしていた。明らかに聴くことへの意識は高まっている。そして，聴くことに意識を向けることで聴き方は変化しているが，それは，質と量のそれぞれをとらえる聴き方である。質とは特定の音に対する集中した聴き方であり，音の特徴を分析したり環境に働きかけて音の変化を聴いたりするなど，積極的な聴き方のことである。他方，量とは身のまわりにある多くの音に気づくことである。

　こうした聴き方により，学生の音感受は豊かで多様なものとなり，それを文章化するため，さまざまな工夫を凝らすようになったのであろう。その工夫とは，前述の観察記録に見られる分析的な記述，音を正確に表そうとした擬音，感情や比喩の表現などであり，音を伝える語法が豊かになっていることがわかる。そうした変化について，学生自身も実践を終えての感想に，「光が照ると，地面や空気が乾燥して，音が高く明るくなったような気がした。雨の方が，雨音や地面を歩くときの音など，いろいろな音が聞こえてきて賑やかだった。晴れているときのほうが，生き物の鳴き声がよく聞こえてきて，元気で明るい印象を受ける。雨が降っているときのほうが，雨滴がいろいろなものを動かしてくれるので，音はたくさん聞こえるのではないかと思うが，自分のなかには，雨＝静，晴れ＝動のイメージがある。動のイメージは，命のあるものの動きや音から生まれるのかもしれない」と表現している。音の聞こえ方を雨や光との関係にとらえ，音の多様性と，なぜそう聴こえるのかについて，自己分析的な記述をしていることが見てとれる。

　学生は，じっくりと耳を澄ませることにより，さまざまな音を感受し，それを自分の言葉で文章にすることを試みていた。雨あがりに遭遇したのも音探しには幸運なことであって，音を聴くことの楽しさを実感することができた。たとえば，「私たちはふだんの生活で，目に頼りすぎているなと思った。今回，耳に集中することで，耳で楽しむことの楽しさ，目をつむって，音から“これは何の音かな？”と想像することの楽しさを味わえた。子どもたちにも，“耳で楽しむことってこんなにおもしろいんだ”と感じてほしいと思った」というように述べた学生もあった。音を文章にする実践で学生たちが用いた擬音は多様であり，その表現の豊かさから，音を擬音化するのを楽しんでいたということがうかがえる。随所に見られる擬音はステロタイプなものではなく，音の聴こえ方にたいへん忠実であった。音のするままに書くことが，それらの音を正しく識別することにつながり，聴くことへの意識を高めたのだと考えられる。

　この実践に参加した学生たちは皆，後楽園をはじめて訪れたのではない。遠足や行楽などで，幼い頃からこの庭園を何度も散策していた学生がいたくらいである。それにしてもなぜ，このたびサウンドウォークを実践するまで，多様な音と出会い，音を深く聴くということがなかったのか。その理由として，実践の目的である「文章化す

ること」の効果があげられる。さらには，グループでの観察とファシリテーターの存在が重要な要因であった。最初の観察地点では，全員で音を聴くことにより，自分一人では気づかなかった音の存在に耳を向けるようになった。そして，「水車」がつくり出すリズムの不規則性から分析的な聞き方を習得し，それを後続の観察と表現へ応用して行くことができた。後楽園のサウンドウォークを経験した学生たちが保育者や小学校教員となり，子どもたちと野外観察に出かけた際には，このたび習得した知識を存分に生かし，ファシリテーターとして彼らを導くことができるであろう。

●耳で楽しむことって，こんなにもおもしろい

　岡山の後楽園は，水の音を楽しむという趣意に作庭されている。竹林を過ぎ，水の音の聴こえる方角をたどって歩いた先に滝（花交の滝）が現れた。滝に沿って延びる小路には石が敷き詰められてあり，路面の凸凹が足裏にも伝わってきた。凸凹があるうちは足元ばかりに向けられていた意識であったが，視界が開け，すべての感覚が滝壺に向けられるのを感じた場所では，いつの間にかその凸凹も途切れていた。音だけでなく，水や植物や土の匂い，足元の触感，視界の広がりや採光といった多面的な感覚の統合を楽しめる仕掛けが，周到に施されていたのである。

　轟音をともないながら落ちていく滝は，芭蕉の句「閑さや岩にしみ入る蝉の声」の表す情趣さながらに，著者の感性を，環境との鮮やかな対比的沈黙の裡に満たした。滝壺にわだかまる低音は，滝が水面を波打ち，拡散していくにしたがい，自らの立てる音律をいやがうえにも高めていくように感じられた。高音に啼く鳥獣の声のようなせせらぎは，水の深浅にしたがってその音階を変じ，常ならず移ろう水勢の緩急に，著者の聴覚を揺り動かしたのであった。

　少し場所を変えるだけで，木葉のそよぐ音が聴こえたり聴こえなかったりするのは，滝壺のかたわらに居据わる大樹の仕業であった。滝壺側には65〜67dBの音が響いていたが，大樹を隔てた騒音値は56〜57dBを得た。樹木もまた，音を吸収することを計算に入れて作庭したのではないかと思わせる意匠である。

　花葉の池にある滝は，豊かに変移する音を生み出すよう敷石が置かれ，落下する流水の作用を借り，多種多様な音高や音色を醸成している。水だけでなく，石も樹木も鳴る風も，ありとあらゆるものどもが，庭園を訪れる人びとの五感を刺激してやまないように設計されてあることを，サウンドウォークを通じ，実感することができた。

　佐野[15]は，聴覚が共感覚性を強く帯びていることについて，「聴覚世界は視覚・言語などの高次な知覚・知能とみなされている世界と，味覚・触覚・嗅覚・運動感覚などの低次の知覚・知能とみなされている世界の中心に位置している。眼は限定され自立した働きをもっているが，耳は実は耳のみでなく全身で聴かれるという特性をも

ち，この非限定性，非自立性が他の低次とみなされている感覚への通路をつくるのである。耳は，皮膚感覚（鼓膜は皮である），体性感覚の延長上にあるといってよいし，魚の鰓（えら）の塞栓（そくせん）の進歩したものである」と解説している。「耳で楽しむことってこんなにもおもしろい」と言い，自らの感得した歓喜を子どもたちへと伝えたい気持ちになった学生の述懐は，このような「共感覚性」に気づきを得たという驚きの，素直な表現であったかもしれない。

　本実践における学生たちの学びは，「一つひとつの音をていねいに聞くことは，その時間を大切にすることだと感じた」という感想のなかに実に端的に表わされている。サウンドウォークでとらえた音を文章へ変える体験は，「音感受力」や「音を表現する語法」を獲得しようとしてなされた，知的努力の歩みである。この歩みの道筋は，自己存在の「今ここ」性を実感することにつながるのだとわかった。

音の記録❷　音日記 ―大学生による「一週間の音日記」の実践―

●音日記の目的

　音日記とは，その日に聴いた音の記憶を文章化する試みであり，サウンドスケープの提唱者，マリー・シェーファーによる，サウンド・エデュケーション課題の一つである[16]。課題は，次のように示されている。

> 　この課題集の残りの部分をやっているあいだ，皆それぞれ「音日記」をつけてみよう。たとえば，珍しいと思う音，その音に対するあなたの反応，音環境全般についてのいろいろな意見，重要だと思うことなど，何でもいいから毎日綴ってみよう。

「音日記のヒントとしてひらめいた問い」として，次の四つがあげられている。

- 今朝，目が覚めて一番初めに聞いた音は？
- 昨夜，眠る前一番最後に聞いた音は？
- 今日聞いた一番大きな音は？
- 今日聞いた一番きれいな音は？

　著者は，この音日記を一週間連続して書くことを，講義のレポート課題の一つとして毎年学生に求めてきた。課題を遂行するため，学生は7日間，毎日その日の音の思い出を文章に起こす。描かれる音は「今そこにある音」ではなく，一日の記憶から想起された音である。初日はなかなか音を思い出せないかもしれないし，「たぶん聞こ

えていただろう」と想像される音を，あいまいな記憶を手がかりに書くだけとなるかもしれない。しかし，なかなか思い出せないというもどかしい体験を経ることで，翌日からは，思い出せる音を書くために，生活のなかの音をより注意深く聴くようになる。本実践は，このように「よく聴くこと」を学生が自分自身に課すよう期待する。

　ここでは，学生の「一週間の音日記」を分析することを通して，音に対する「気づき」が増加し，音の聴き方や主体の意識が変容する様子を明らかにする。そのために，次の二種類の分析を行う。

　まず，音に対する「気づき」の増加を確認するための量的分析を行う。2011年梅雨のデータから日々の記述音の種類と音数を抽出し，以下の三つの仮説を検証する（分析A）。

①記述される音の数は増加する
②自然の音への気づきは増加する
③自分の音への気づきは増加する

　また，音の聴き方や意識の変容については，過去の音日記の課題も含めた記述データから，その内容について質的分析を行う（分析B）。「音日記」による聴き方や意識の変容に関しては，東海林[17]が小学校2年生を対象に実施した試みがある。東海林は，ワークシートを利用した「音の日記」と，スケッチブックを活用した「音のノート」を併用し，音の聴取・表現と造形表現の関係に重点を置いた実践を行った。

　そして，この二種類の音の記録を経験した小学生の変容として，五感の一体化による聴取，音に対する認識の拡大，音に対する個々の価値観の形成などをあげている。本実践では，東海林のように，ワークシートや音の描画を使用することはしないで，音の文章化だけを試みた。それでも，東海林のあげた三点について，同様の効果が得られるのではないかと期待している。

●音日記の方法

❶対象

　分析Aは，N大学児童学科1年生（2010年度＝167名，2011年＝147名）の7日間の記録を対象とした。学生の95％以上が，保育士・幼稚園教諭・小学校教諭を志望している。分析Bは，N大学児童学科1年生および，O大学教育学部3年生の2007年度〜2012年度での感想を対象とした。O大学教育学部の学生は『幼児の音楽表現』の受講者であり，保育士・幼稚園教諭・小学校教諭・中学校教諭・特別支援学校教諭のいずれかを志望する者である。

❷ 課題の提示

学生には，シェーファーのサウンド・エデュケーションに準じ，以下のような課題を提示した。

- 7日間，『音の日記』を書いてみよう。何か珍しい音を毎日見つけて，その感想を日記に書いてみよう。
- あなたの日記に書いてほしいこと～～たとえば……
  - ＊朝，外に出ていちばん最初に聞いた音は？
  - ＊ゆうべ寝る前に，最後に聞いた音は？
  - ＊今日聞いたなかで，いちばん大きかった音は？
  - ＊今日聞いたなかで，いちばんきれいだった音は？
  - ＊今日聞いたなかで，いちばんお気に入りの音は？
  - ＊今日聞いたなかで，ドキドキした音は？……
- どうしてそう思ったか，それも考えてみよう
- 昨日に比べて，何か聴き方に変化があったかな？
- 気づいたことも書いてみよう

課題を提示した後の14日間のうち，連続した7日間の日記を記述し，日々の天候や一週間書き終えての感想を記すこと，書き方は，提示した記述例に沿った書き方でもよいし，自分なりの方法で書いてもよい旨，口頭で教示した。課題の提示時期は例年，梅雨入りの前後に行う。雨が降ると音の風景が変化するからである。ただし，2010年度は12月に実施し，時候の違いによるデータを得ることができた。

❸ 分析方法

＜分析Ａ＞記述音の分析

学生の日記に記述されたすべての音を，「自然音」「電子音」「BGM」「機械音」「他人の音」「自分音」「その他」の七種類に分類した。具体的には，それぞれの項目に以下のような音をカテゴライズした。

- **自然音**：風の音，雨の音，雷の音，鳥のさえずり，動物の鳴き声など
- **電子音**：携帯のアラーム，着信音電子レンジの「チン」となる音，合図・お知らせ音（電子音楽音を含む）など
- **ＢＧＭ**：CDの音楽，店で流れている音楽など
- **機械音**：電車の音，車の音，冷蔵庫の音，パソコンの音，テレビの音など
- **他人音**：他人が発する音，話し声，笑い声，スマッシュの音など他者がスポーツで発する音，他者の奏でる音楽，本をめくる音など
- **自分音**：自分自身が発した音，ふとんをめくる音，パソコンのキーボードを打つ

音，ため息，料理をつくる音など
　その他：上記項目に含められないもの，風鈴の音，噴水の音など

　なお，学生たちの記述の手法には，提示した例に沿って六つの音を毎日一つずつ記述したものや，その日印象に残ったある一つの音について，その状況や気持ちを精細に記述したものなど，さまざまな個性があった。

＜分析Ｂ＞聴き方や意識の変容

　2007年度～2012年度のデータから，学生の音の対する意識の変容が顕著に描かれている記録を抽出し，それらについて「日々の変化」「音のとらえ方の変容」「音の世界と認識の世界のつながり」の三つの側面から具体的な記述の検討を行った。

●分析Ａ：記述音の分析結果と考察

　記述音の分析は，二つの指標を基準に行った。2011年度の日記について，どれくらいの人数の学生が一週間にどのような音を記述したかという「音の種類と記録した人数の推移」，および，記述されている音について種類別の延べ数を数えた「音数の種類別の推移」という二つの指標である。

❶音の種類と記録した人数の推移

　まず，2011年度の梅雨に実施した147名の日記から，各人が記述している音をすべて拾いあげ，音の種類ごとの7日間の人数の推移を図4に示す。前述したように，学生の日記の音数の記述方法がまちまちであったため，7日間の音数や人数の推移がそのままグラフに反映されているわけではない。

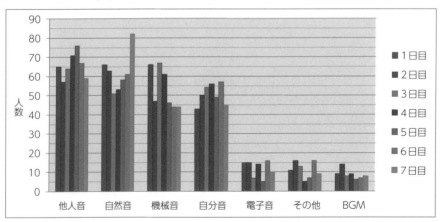

図4　音の種類と人数の推移（2011年度梅雨　N＝147）

記述されていた音は他人音が最も多く，自然音，機械音の順に少なくなっているが，週の後半になると，自然音や自分の発する音への記述が多くなっている。日常的な生活音であるにもかかわらず，電子音やBGMは記述が少ない。それには，音日記という課題の性格が，一日に経験した音の印象を個人的なエピソードとともに思い出すものだということが関係している。あまりにもありふれた凡庸な音なので，その音を聴いていたにしても，ことさらに記述する対象とはなりにくいのであろう。

❷ 音の種類別の音数の推移

　次に，7日間の日記に記述された音について，項目ごとの音数（表6）と音数の推移（図5 = 表6を図示したもの：p.240）から，仮説について検証する。

仮説1について：表6から，記述された音数の合計は日数の経過とともに増加するわけではなく，307〜345の間を推移しており，平均値は332.3（SD = 12.8）であった。したがって，仮説1の「記述される音の種類は増加する」は，この調査の場合には妥当ではなかった。これは，「音の種類と記録した人数の推移」に述べたように，今回の音日記が，気づいた音の総数でなく，印象に残った音や記憶に残った音を自由な形式で記述させたことによると考えられる。数は問題ではなかったというわけである。

表6　項目ごとの音数（2011年梅雨　N = 147）

	他人音	自然音	機械音	自分音	その他	電子音	BGM	合計
1日目	85	76	95	54	11	15	9	345
2日目	80	74	67	63	17	17	15	333
3日目	83	58	84	74	13	9	8	329
4日目	104	58	78	77	5	14	9	345
5日目	93	67	61	68	7	5	6	307
6日目	91	71	60	79	16	7	7	331
7日目	75	117	63	54	9	10	8	336
合計	611	521	508	469	78	77	62	2326
平均	87.3	74.4	72.6	67	11.1	11	8.9	332.3
標準偏差	9.6	20.1	13.4	10.4	4.5	4.3	2.9	12.8

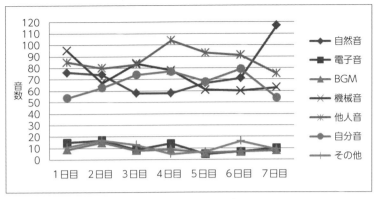

図5　音数の推移a（2011年度梅雨N＝147）

仮説2について：自然の音について，音の種類と記録した人数の推移（図4）を見ると，初日から自然音を記述していた学生数は全体の45％でしかない。しかし記述内容には，「最初は機械の音や自分の身近な音がよく聞こえたが，日々意識して聞いていると，その向こうにほかの音，とくに自然の音が聞こえてきたことが印象的だった」というように，最初のうちは自然の音になかなか気づかなかったことが，多く記されていた。そこで，自然の音が果たして何日目に記述され始めるのか，個々のデータをもとに確認したところ，全体の約30％が3日目以降に自然の音を記述していた。また，3日目以降の記述数が徐々に増加していることも，グラフから見てとれる。したがって，仮説2の「自然音の記述は日ごとに増える」について，記述された音数の増加は明らかではないにせよ，自然音に気づく学生の人数は，徐々に増えていったということになる。

また，今回のところは，風鈴や噴水の音などの音を「その他」の音として分類した。しかし，元来，風鈴の音は風の音であり，噴水の音は水の音である。すると，これらは自然音の分類に入ることとなる。そのため，自然音とその他

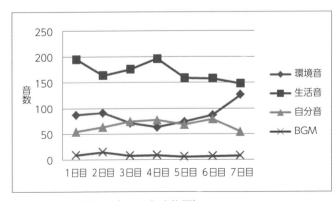

図6　音数の推移b（2011年度梅雨）

の項目をあわせて「環境音」，機械音，電子音と他人音を合わせて「生活音」とし，「自分音」および「BGM」をあわせた四項目の分類による7日間の音数の推移のグラフを改めて示す（図6）。

グラフから，BGMの音数に7日間の変動はほとんどないこと，生活音は緩やかな下降傾向にあること，環境音は後半から増加していることなどが見てとれる。しかしながら，自然音（環境音）への気づきが増加したのは，天候がデリケートに推移する梅雨時に調査を実践したからではないか，という疑問が残る。

そこで，2010年12月に行っていた音日記のデータと今回のデータの比較を行ってみた。2010年の対象学生数は167名であったので，本比較では，それぞれの項目における7日間の記述人数の合計が全体にしめる割合（％）を示す（図7）。このグラフからは，他人音や機械音にほとんど差はないが，電子音と自然音には大きな差のあることがわかる。梅雨時の調査結果に自然音の記述が多いのには雨音が影響し，冬の調査結果に電子音が多く記述された背景には，室内で過ごす時間が長かったことが理由として考えられる。

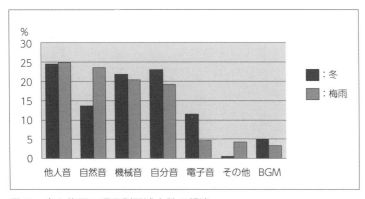

図7　冬と梅雨の項目別記述人数の相違

仮説3について：図5および図6から，自分の音への記述は，多少の変動をともないながら緩やかに増加しているということがわかる。音日記を開始してから4日目までは，グラフはきれいな上昇を描いており，「自分の音への気づきは増加する（仮説3）」ことがわかった。また，自分のつくり出す音を意識するようになった学生のうちには，次のように，環境に働きかけて自らの音を聴く，というような記述が見られた。

　一番おもしろかったのは風の音だ。自転車をこいでいるときに聞こえてくる「ヒョウヒョウヒョウ」という音がおもしろかった。自転車を速くこげば，風の音も「シャオ

> シャオシャオ」とテンポアップして少し高い音になるが，遅くこぐと「ヒュウウヒュウウ」とテンポダウンして少し低い小さい音になる。また，風向きによっても変わっていることに気づいた。自分とは横向き風のときは「ヒャオー」とよく聞こえるが，追い風のときはあまり聞こえない。向かい風のときは「ヒュー」という音だった。風の音は，自分でつくり出すことができる側面とそうではない側面がある（風の強さや風向き）ことに気づき，とてもおもしろかった。

　これは，音日記をつけ始めてから6日目の記述である。この学生は，自分の動きとそれにつれて変化する風の音のなかに高低や大きさの違いをとらえ，擬音もまた，ステロタイプなものを用いず，忠実な音の再現を試みている。このことから，この学生が意識してよく音を聴いていることがうかがえる。記述からは，環境と行為との相互作用が生み出す音の変化を楽しんでいるということがわかる。意識して聴こうとすることが，自ら環境に働きかける行為を生み出すことにつながったのではないかと考えられる。

●分析B：聴き方や意識の変容についての結果と考察

　学生は，音日記の実践を通じて，音を聴くことのおもしろさに徐々に気づくようになっている。たとえば，「今まで意識してなかっただけで，おもしろい音やきれいな音などさまざまな音がありました。そしてそれらが，場所やそのときの状況によって，毎日少しずつ変化していることにも気づくことができました。そうしているうちに，毎日耳に残る音を探して，日記にしていくという行為が，とてもおもしろく思えてきました」という記述から，日記を書くという目的のために音を意識するようになり，意識することで多くの音の存在に気づき，気づくことによって「聴く」行為を楽しめるようになっていったという過程が読みとれる。

　分析Bでは，2007年度から2012年度までの学生の音日記のなかから，音に対する意識や聴き方の変化に関する記述を抽出し，音への気づき，聴き方，音のとらえ方の変化，音を聴くことがもたらす認識の変容の四つの観点から考察を行う。

❶音への気づきの変化

　音日記には，「はじめて音日記をつけて，日頃自分がどれほど音を意識していないかがわかった」といった記述が多くあった。「音への気づき」が日々どのように変化して行くのか，その変化が明快に読みとれた日記を紹介する。

1日目	「ピン」というオーブンの音にわくわくした。
2日目	暖房を「ピッ」とつけると「ウィーン」と機械音がし，しばらくして「ボー」と温風が出始める。「ガタンゴトン」と電車が近づいてきて徐々に大きくなる音に，これから電車に乗っていくことを憂鬱にも思いながら，よし明日もがんばろうと思う。

　この学生もそうであるように，初日の日記には，電化製品の機械音や合図音への気づきが多く書かれてあった。しかし2日目になると，機械音への気づき方にも変化が見られるようになる。音の変化に気づいたり，音に感情を重ねたりするなど，記述の中身が詳しくなっていくのである。

3日目	自分のヒールの「コツコツ」という音に混じって，雪を踏むと「ジャリッ」という音がして，次の一歩を踏み出すために地面を蹴ると「ギュッ」というような「ギシギシ」というような音がした。学校でクリスマスプレゼントをもらったとき，プレゼントを開ける包装紙の「ガサガサ」という音や，テープをはがす「ペリッ」という音にわくわくし，期待が高まり，なかなか出せない発泡スチロールの「キュ」という音がもどかしかった。

　3日目には，自らがつくり出す音に気づき，自分の動作と音の変化の連動を試している。このような動作と音，音と感情との関係についての記述が徐々に増えるのは，音に対する好奇心の芽生えなのだといえよう。「音っておもしろい。私たちの身のまわりには本当に音があふれていて，音のない世界など存在しないのだなあと深く感じた」というような記述が多く見られるようになる。

4日目	アルバイト先はさまざまな音で満ちている。

　どのようなアルバイトをしているのかは書かれていないが，この一文のあと，「商品を並べる＝ガサガサ」，「段ボールのテープをはがす＝ザー」，「ショーケースを開ける＝キュルルル」，「レジが開く＝カチャン」，「レシートが出てくる＝ガー」，「ショーケースを拭く＝キュッ」，というように，仕事中に聴きとった音が多様な擬音で詳細に記述されていた。アルバイト先での音がたくさん思い出され，それぞれに異なる擬音を当てていることは，5日目の記述にあるように，身のまわりの音への気づきを楽しんでいることの表れであると考えられる。

5日目	聞いていて楽しくなった。普段学校やアルバイトのために慌ただしく電車に乗っているのであまり意識したことがなかったが、電車の音もよく聞いて見るとおもしろい。心に余裕があるときには、いつも聞いている音とは違って聞こえると感じた。
6日目	小雨の音は何となく寂しく感じる。人が少なく、しんとした休憩室で口紅を塗り直した自分の口から「パッ」と音がして、恥ずかしかった。

　心に余裕のあるときに、音がいつもと違って聴こえたのは、音を意識している自分によく気づいているということであろう。また、口紅をつけ終わったときの唇を勢いよく離すしぐさから聴こえるのは、漫然と聞いておれば看過してしまうくらいに微かな音である。その音をていねいにすくい取ることに静寂を感じ、静けさのなかに響く自分の音に「恥ずかしさ」を覚えている。日記を書くことによって音を聴く意識が目覚め、自分の生み出す音を客観的にとらえられるようになることで、「社会のなかの自分」の存在が明晰に意識されたのではなかろうか。

7日目	お昼に台所に行くと母がいて、お鍋の煮える「グツグツ」という音、まな板のうえで「トントン」という包丁の音、スリッパの「パタパタ」という音がする。さまざまな音に満ちていて騒々しいが、なんとなく安心する音である。

　人がつくり出す音や機械音の多くは、生活の音である。谷村[18]は、「台所の炊事の水の音には何か我々の心を癒す働きがある」と述べているが、学生もまた、台所の音を「さまざまな音に満ちていて騒々しいが、なんとなく安心する音である」と記述している。「安心する音」の表現からは、家族のために昼餉をつくることで生じた音に、家族への優しい思いやりを感じ取っていることがうかがえる。身のまわりの生活音を「よく聴く」ことは、種々雑多な音のなかに人びとの営みを垣間見る意識の表れである。おおよそ生活というものは、人が生きることそのものである。そのなかに存在する音を「よく聴く」ことは、人が自らを生かしてあるものに、束の間意識を向け、それら存在の根拠を内省的に観想する謙虚さの表現ではないだろうか。

❷音の聞き方の変化

　上記のような音に対する気づきの変化は、聴き方に対する意識の変化でもある。ここでは聴き方の変化について、次の日記を検討する。

1日目	音は意識しないと聴こえてこないことがわかった。今まで，毎日たくさんの音を無視して生活していることがわかった。意外に機械音の多いことが気になった。
2日目	音を文字で書きとると，見えるようになる。音は目に見えないものなのに，読み直すと，頭の奥や耳のそばで鳴っているような気がする。不思議だなあと思った。1週間の音日記は，音を見つめる，音に耳を傾けられる，とても有効な機会になっていると思う。
3日目	「私」がその日何もせず，微動だにせず過ごしたとしても，「私」の周囲では，私の出さない音の代わりに，何か音がしている。－中略－ 物理の授業で習った音の定義とは違う音の感じ方をして，私たちは毎日生活しているんだなあと思った。
4日目	音の大きさの変化を，文字の大きさを変えることで示して見る。同じパンプスが発する音でも，床が変わることで聴こえる音が変わってきた。音量だけではなく，響きや音程，音の長さなどさまざまな要素が変わることに気づいた。
5日目	今日初めて「目覚めの音」を意識できてよかった。一番好きだった音に，「お好み焼きを焼く音」や「パンプスで廊下を歩く音」などがあった。その音だけが好きなのではなくて，視覚や嗅覚も合わせているから，心地よく聴こえているのではないかと思った。
6日目＆7日目	音の変化や規則性などに注目して音を聴くことができるようになった。もっともっと，音について考える機会をつくろうと思う。まわりの音を聴くように心がけると，自分の音がよく聴けるようになるというのは本当だと思った。毎日の生活のなかに，どんなにたくさん不快な音があるのかということもわかりかけてきた。人によっても音のとらえ方がさまざまであることをふまえると，私の日常の行動をもっと考え直す必要があることもわかった。考えるだけではなく，きちんと実行に移していきたいと思う。音日記を1週間続けることは辛かったが，とても意義のある1週間だったと思った。

　初日には「音は意識しないと聴こえない」，2日目には音日記の実践が「音を見つめる，音に耳を傾けられる，とても有効な機会」と記述されていることから，音の聴き方が積極的になり始めているのではないかと考えられる。そして「音を文字で書きとると，見えるようになる。音は目に見えないものなのに，読み直すと，頭の奥や耳のかたわらで鳴っているような気がする」という記述からは，音の記憶にそのときの状況や気持ちの追憶を重ねているということがわかる。

　また，初日には機械の音の多さが気になると書いてあるが，3日目には「自分が微動だにせず過ごしたとしても，周囲では，自分が出さない音の代わりに，何か音がし

ている」と記述しており，意識を集中させた音の聞き方をしているように思われる。そして4日目には，同じ動きで生じる音も，床の材質に応じて変化すること，5日目には，音の心地よさは視覚や嗅覚と関連している，といった気づきが書かれており，音の聴き方が分析的なものに変わったことが見てとれる。さらに，「物理の授業で習った音の定義とは違う音の感じ方をして，私たちは毎日生活している」という3日目の記述からは，一つひとつの音に意味を見いだす聴き方をしていることがうかがわれる。

このような聴き方の推移変遷こそが，最終日での「日常の行動をもっと考え直す」必要性への気づきにつながっているのではないだろうか。自分のつくり出す音を，他者との関係性からとらえるようになる背景には，「よく聴くこと」によって，自分がつくり出す音を客観的に聴くことのできるようになった学生の，内的成長の足跡がある。最終日の「音日記を1週間続けることは辛かった」という感想には，この学生が音を聴くことに集中し，音と真摯に向き合った，労苦の跡がにじんでいた。

聞き方の変化については，別の学生の感想のなかに，「今日はきれいな音をとくに意識して聞いて見るようにした」，「毎朝アパートの玄関を出て外へ一歩踏み出す瞬間が楽しみになった」とあるように，日記をつける日々の経過のなかで，課題をもって音を聴こうとして変わっていく意識の行程が克明に記されたものもあった。「音日記」は日々経験する音の記憶について書くものであり，日記をつけるために音を見つけ出そうと意識することで，音を聴くことへの好奇心が芽生え育まれていく，人間成長の記録でもある。分析Aの「音の種類と数の変化」における考察では，記述される音の数の増減はほとんどなかったのだが，個別の記述内容を精細に検討したならば，聴いた音の数や種類は飛躍的に増加しているであろうことが推察される。

❸ 音のとらえ方の変化

これまでの考察から，一週間の音日記を書くことにより，学生の音への気づきや聴くことに対する意識が向上するということが明らかとなった。ここでは，音のとらえ方の具体的な記述をもとに，よく音を聴くことが結果する彼らの内的な気づきの変化とは，一体どのようなものであるか考察する。

(1) 音と命

> 音日記を開始して耳が変わった。はじめは，携帯や掃除機などの機械音がよく印象に残っていたのに比べて，後になるにつれて風の音や鳥の羽ばたく音など，自然が出す音に敏感になるようになった。「音」という視点から，多くの生き物の命を見ることもできた。

通常，私たちの日常においては，静けさは存在するが無音の状態は存在しない。生

きる営みのかたわらに，あまねく音は存在するのだからである。しかしながら，その音をとらえるというのはなかなかにむずかしいことである。なぜならば，それらの多くは，耳に届かないくらいひそやかなたたずまいの裡に，「静かに」隠れているからである。音を「聴く」という行為を介し，生命のありかについての小さな気づきを得る。そうした小さな気づきのつみ重ねが，人々の暮らしや，生きとし生けるものどもに対する温かな眼差しの萌芽を，私たちの精神の内に植えつけるのである。自然の音を「聴く」ようになってから後，自分がさまざまなものの命に囲まれて存在しているということを，以前よりはっきりと自覚した学生も数多くあった。

(2) 音と感情

　同じ素材の音でも，聴こえ方の違いには，それを聴く主体の感情が関係しているという記述も多くあった。たとえば，「湯船の"チャポンチャポン"という響きには心地よさを感じ，リラックスできると感じた一方，"ジャバジャバ"と荒くかき回すと，リラックスとは別の楽しい感情になった」という記述があった。これは，聴こえてくる音の性質（音量，リズム，音の響きや勢いなど）に，自らの感情を重ねているものである。

　一方，「朝から"ザーザー"と雨の音が聞こえていた。すごく嫌な音に聞こえた。雨が傘に当たる音は，"ポツポツ"と聞こえている間は少し楽しいけれど，"ボトボト"と聞こえ始めたら急に嫌な気分になる」という感想は，雨音の響きが直接的に感情の変化をもたらしたというよりも，聴こえる音によって雨の状況が認識され，その結果，感情の変化がもたらされたというべきものである。目に見えない音によって揺さぶられる感情を表す記述には，「友だちがパソコンでマウスをダブルクリックする音に"レポート書きたい"と思えた」，「ボーイフレンドのバイク音が聞こえたときのドキドキとうれしさは表現できないほどだった」などがあった。

　音と感情との結びつきに気づいた学生のなかには，以下のように，音にアニミズム的な心性を感じたという記述をする者がみられた。すなわち，①で述べたように，音がしたことによって気づかれた存在の醸す「命の音」ではなく，音そのものに宿る「命」を感じているのである。

　　音はその人の感情に寄り添うからこそ，人の心を揺さぶるのだろうと思った。草が風になびいて「さやさや」いう音でさえ，会話をしているように聞こえるようになった。音にも命みたいなものがあり，生きているように感じるようになった。だから，音の一つひとつをないがしろにするのではなく，ちゃんと聞こうと思った。

　音をよく聴こうとすることで，学生は，音と感情の重なり合う様子に気づいた。音の行方をしっかりと追うことで，音がその場にとどまらず，目には見えないながら運動する存在であることに気づき，音に命を感じたのである。この学生の記述からは，

その音を聴いている自分，すなわち「今，ここにある自己の存在（命）」を，見出しているようにも感じられる。

(3) 音と五感

「風鈴の音は本当に夏を連想させるもので，聞いているだけで涼しくなる」，「きれいな夕日を見たときに聞いた風の音が，いつもより心地よく感じた」，あるいは「窓を開けて見ると風が入ってきて，風の音は聞こえなかったが，風が入って来たり木の葉が揺れたりするのを見て，風の音がしているように感じて気持ちよかった」など，聴覚だけでなく，皮膚感覚（触覚）や視覚とともに音をとらえている記述も少なくなかった。以下のように，音を聴くという聴覚を意識する実践から，五感のつながりについて言及している感想もあった。

> 絵を描くとき耳は必要ではないという人もいるかもしれないけれど，私は五感を研ぎ澄まし，耳でさまざまな音を聴くなどすることによって，景色に入り込んだり，より景色を理解することにつながったりするのではないかと思った。

4歳で光を失った三宮[19]は，「色彩や景色の細部はわからなくても，音を通じた実感は数万の言葉を駆使した説明に勝る。音は大いなる世界にふれる手段なのである」と述べ，鼓膜によって景色を触知するのだという。一方，8歳で聴覚を失ったグレニー[20]は，「補聴器を外してみてわかったの。耳から聴こえる分は減るけれど，身体をとおして聴く分は増える」と語っている。ある感覚を補うためのほかの諸感覚の遠心的な統合の作用によって，見えないものが網膜に映り，聞こえないはずの音が鼓膜を震わせるのだろう。このような諸感覚の統合を，アリストテレスは共通感覚（sensus communis）と呼んだ[21]（前述）。感覚のすべての領域を統一的にとらえる根源的な感覚能力である。シェーファー[22]は，「環境をとらえるためには五感がある。それなのに私たちは，ものに触り，味わい，嗅ぐ能力を軽蔑しているので，これらの感覚相のどれかを芸術に近づけようとしなかった」と述べている。個人差はあるが，音日記は五感の働きを活性化させ，共通感覚を目覚めさすきっかけとなり得るものである。

(4) 音と想像

目に見えないからこそ，音は人間の想像力を高めるのかもしれない。たとえば，次のような感想がある。

> 私が一番気に入った音は，「想像」ができる音だ。猫が天井で動く音や，隣の家から聞こえてくる声などは，目には見えないけれども，すぐにでも情景がイメージできるような音であったため，ほかの音とはまた異なった味わい方をすることができ，非常に興味深かった。

細部まで聴いているからこそ，音を手がかりに，見えない状況を想像することが楽

しめるのであろう。逆に，実際に耳に届いてはいないのだけれど，木の葉の揺れに風の音を聴いたり，窓から見える雪景色に音を重ねたりといったように，目に見えるもの（視覚）から音を想像した記述もあった。

シェーファー[23]は『サウンド・エデュケーション』のなかで，「パチパチと燃える焚火」「落ち葉の道の散歩」「遊んでいる子どもたち」などの響きを，「耳の目」に思い描くことを提案している。過去に聞いたことのある音だけでなく，聞いたことのない音や実際にはあり得ない（「千人の大工さんがトンカチを使っている」ような）音を，心の耳を研ぎ澄ますことによって，心のなかに聴くのである。音を注意深く聞く経験は，音を表現する語彙のストックを増やすことで，想像可能な音のヴァリエーションを豊かにして行くが，逆に音を脳裡に想像してみることもまた，実際に鳴り響く音についての表現を豊かにしていくのだと考えられる。

また，「毎日聞いていて少しうるさいと感じていたドライヤーの音のなかに，風の音が聞こえた」という，気づきを記述したものもあった。音日記を綴るための耳は，ドライヤーの音に入り混じる「風の音」を覚知したのである。ほかならぬ想像力の作用が，ただの騒音を意味ある音へと変える，発想の転回を生んだのである。この学生にとって，ドライヤーの音はもはや，ただの騒音ではなくなっている。音を想像する感性は，本来無機質なものを生きた有機的な存在へと高め，生活に潤いをもたらす。

❹音を聴くことがもたらす認識の変容　―音の世界と認識の世界をつなぐ―

今日，多くの学生は，日常生活の多くの時間，イヤホンで自分の好きな音楽を聞いている。だが，それというのは，音楽を構成する音に意識を集中させ，耳を傾けているというのではない。むしろ，イヤホンで耳栓をすることで，空間的なつながりを保持しながらも意識のうえで外界と遮断された「個の空間」をつくろうという，無意識の意図の表現である。しかし，「音日記」を記述しなければならない7日間，学生は，耳からイヤホンを外さなければならなかった。

イヤホンを外すことで，「いろいろな音を聴くようになって，いろいろなことを考えるようになった」といった内容の記述がいくつも見られた。「好きな音はイヤホンから出るもの以外にあるのだろうか」と思っていた学生は，雪の降る静けさに感動し，「音は好きだと思うもののそばにひっそりとあるのではないかと思った」と記している。また，自分がイヤホンを外すことで，それまではあたり前にそこにあるものと思って見過ごしていた身近な人とのコミュニケーションが生まれたことに気づき，「下宿先のおばさんがあいさつをしてくれてうれしかった」と，その喜びを綴った学生もあった。日記を書くために外したイヤホンであったが，学生が得たものは，音を介した社会とのつながりであった。

こうした「つながる」実感を，次のように表現した学生もあった。

> 　音のする物体そのものに私自身が心を寄せることで，見えないものが見えるような感じがして不思議だった……私たちの生活環境は，知らず知らずのうちに聴こえる音の限界をつくってしまっているのかもしれない。

　ここでの「音のする物体そのものに心を寄せることで，見えないものが見えてくる」とは，どういう状態を指しているのであろうか。音日記を綴るため，学生たちは，日常の音環境に対して注意深く耳を澄ませる努力をした。注意深く音を聴こうとした瞬間瞬間に，学生たちの耳には，それまでの日常とは異質な世界が立ち現れたのではないか。異質ではあるけれど，それでも逸脱はしていない。その「異日常性」=「日常からまったく逸脱して生の感情を鼓舞する非日常性とは違い，日常に根を降ろしながらも，存在の根源へと到達している状態」[24]において，学生たちの感性認識は，音の世界と認識の世界とのあいだのへだたりを橋渡しするのである。

　学生の感想からは，「今ここにある」自己を省察し，その千変万化の存在推移を感得しながら，他者との関係における「自己」を明晰に観察することのできる「他者の耳」の出現が見てとれる。「他者の耳」を備えた学生たちは，外界から内面へと還帰していく意識のなか，客観的に位置づけられた「自己」の音を明晰にとらえているのである。そこでの感覚は，「聴くことをとおして自分がまわりの環境の中に浸透していくような体験であり，自ら聴いていると同時に，環境も自らを聴いているような相互作用的な意識の交換」[25]なのである。聴かれる環境と聴く環境。それらのあいだにあるへだたりを，「自己の耳」をもって埋め合わせる。環境とのあいだを往来するこの「橋渡し」にこそ，まさに音日記が明確に意識させる「自分」があるのだ。

●「一週間の音日記」の意義

　まず，仮説について以下のことが明らかとなった。

①記述される音数は増加しなかった
②自然音への気づきに関して。音数の増加は結果として得られなかったが，気づきを得る学生の人数は，日を追うごとに少しずつ増加している
③自分の音への気づきは，少しずつ増えている

　明らかな音の増加が得られなかったのは，音日記の記述が，その性格上，気づいた音の総数ではなく，印象に残った音や記憶に残った音を自由な形式に表現するものであったからである。つまり，気づいた音が，数として反映されていないことによる。一方，音に対する意識や聴き方に関しては，東海林の実践と同様に，五感の一体化に

よる聴取，音に対する認識の拡大，音に対する個々の価値観の形成などが確認された。ここでは「音を表現する語彙」「積極的聴取」「音に対する認識」の三点から，保育・教育職をめざす学生が「一週間の音日記」に取り組む意義をまとめておく。

❶ 音を表現する語彙

　音日記を書くことで，学生の多くが，音を文章にすることのむずかしさについて，あらためて気づいたようである。とくに擬音については，次の例のように，音をよく聴くことで，過去の擬音表現がステロタイプであったことに気づく学生が多くあった。

> 　どの音も，漫画などで目にしたことのあるような擬音語で書くことしかできなかった。「食器がふれ合う音」と「キーをタイプする音」は同じ「カチャカチャ」という擬音語を用いたが，この二つは言葉で表現すると同じでも，実際の音はまるで違うものである。

　聴いた音を，擬音として文字に表すことはできなくとも，「言葉で表現すると同じでも，実際の音はまるで違う」ことに気づいたということが，それ自体，音感受力が高まった証拠といえる。また，感想のなかに，「一つの音を聴いても，それを言葉に表すにはいろいろな言葉で表すことができるし，同じ音を聞いても，人によって聞こえ方や感じ方がさまざまである。また，音を表現した言葉を見て，どんな音かを想像することもできる」といった記述もあり，音を文章にしようとすることは，良好な音感受につながるということがわかる。さらに，「自分の聞いた音や，その音を聞いて感じたことを言葉で表現することが少しむずかしいと感じた。音を自分なりに言葉で表現する力も必要で，その力は音を聞くことで養われるのだと思った」と学生自身も述べているように，音を表現する語彙を豊かにもつことは，音感受を豊かなものにすることと関連している。

　保育者・小学校教諭には，音に対する子どもの素朴な気づきや，音楽的な表現に出会い，その折々に臨機応変な言葉を添えていくことが求められる。臨機応変に言葉を添えるためには，音を表現する語彙の豊かさが必要である。音日記に取り組むことは，その文章化のプロセスを媒介し，指導者養成のための効果的な経験となるだろう。

❷ 積極的聴取

　音日記は，学生の耳からイヤホンを外させる契機となった。イヤホンを外すことで耳が外界とつながり，身のまわりの多様な音の存在を意識するのである。たとえば，次の感想のようにである。

> 　家のまわりは工場地帯であるため，つねに工場の作業音が聞こえてきます。私はそれがとても嫌いです。そして私にとっての「音」とは，ほとんどそれに限られていました。そのため，極力人工的につくられた音楽以外の音を聞かないように過ごしていたのですが，今回音日記をつけるにあたり，注意してまわりの音を聴いてみたことで，自分のまわりにはつねに多くの音があふれていることがわかりました。

　身のまわりの音を注意して聴くようになれば，そこには実に多様な音が現れ出てくる。多様な音が聴こえてくるようになると，それらの音を互いに比較して聴き分けたり，分析的に聴いたりすることができるようになる。音を分析的に聴こうと試みることにより，自ら環境に働きかけて音響の違いを生み出したり，五感のつながりを感得したり，聴こえる音に自分の感情を重ね合わせたりしていることに気づくようになる。

　音日記の分析を通して，それを一週間書き続けることで，音の聴き方が積極的なものになることが明らかとなった。こうした積極的な変化を，学生自身は「音日記をとおして耳が変わった」というように記述している。はじめのうちは「耳が疲れた」と書かれたこともあるが，徐々に「聴く」ことを楽しめるようになっていく。音日記をつけ，音の様子を文章にしてみることで，学生は，あまりにもあたり前なものとなってしまった「聴く」行為をあらためて問い直し，「聴く」ことのおもしろさに啓かれていくのである。

❸音に対する認識

　谷村[26]は，「心眼という言葉があるが，音に深く耳を傾けることによって，自分の内面を見つめた結果，またはその見つめ方が音日記にはあらわれている」と述べている。学生もまた，音の感想を書く際に，「なぜ気に入ったのだろう，と掘り下げて考えることで自分自身の心の理解もできた気がする」というように，同様の印象を記述している。なかでも，次の学生の洞察はたいへんに興味深い。

> 　気がついた音には，自分がその時何を感じていたのか気づこうとしたり，一つの音から自分の考えを広げたりして，自分の世界を少し広げることができた。生活のなかの音に注目していると，不思議だけれど不満が少なくなった。外から自分のなかに入ってくる音をていねいに受け入れていると，自分のなかで考えや気持ちをじっくり温めることができ，何かがほしい，してほしいという欲求が減ったように思う。自分を知ることは，とても大切なことなのだと気づいた。

　音を聴くことで，この学生が心のなかの不満を解きほぐし，何かがほしい（あるいはしてもらいたい）という欲求を和らげることができたのは，なぜなのだろうか。
　学生自身，生活のなかの音を聴くことが，自分の気持ちの状態や「自分の世界」を

よりよく知ることにつながったと述べている。そのことは，音日記が，音を文章化することで，一日に生起した出来事を想起する取り組みだということによる効果である。行為が生み出されたほかならぬその状況が，音日記に記述されるのだからである[27]。学生は，「外から自分のなかに入ってくる音をていねいに受け入れていると，自分のなかで考えや気持ちをじっくり温めることができる」というように記述しているが，それは，オリヴェロス[28]の言うディープ・リスニングの感覚と通底している。こうした相互作用的な感覚の裡(うち)に音を「聴いた」ということで，実社会との接点が広がり，自分の認識世界が広がっていくのを実感できた。穏やかな気持ちが得られたというのは，そういう実感の結果であろう。

　その日の出来事を音の印象を媒体として振り返ることは，音の世界と認識の世界とを橋渡しする感性認識の筋道を再構成する営みではないか。子どもは，身のまわりの音を感受し，そのつど，それらについて印象を形成することで，イマジネーションをふくらませていく。子どもたちの感性認識の筋道が生き生きと構築される，そのプロセスに保育者は参画しなくてはならない。音日記の効果は，保育や教育活動における音環境への配慮を研ぎ澄まし，子どもの遊びに見られる音楽表現の芽生え（前音楽的表現）に共感できる感性を，子どものそれと寄り添うように再構成する営みなのである。

　音日記に綴られる音は，いわゆる「音楽音」とは呼べないものである。しかし，自転車通学のさなか，吹きすさぶ風と語らうかのように，移ろっていく音の変化を聴きとった体験や，窓の外の美しい銀世界と重ね合わせる音を想像した体験は，日常耳にする音楽音の響きのなかに，追憶の心象風景を浮かびあがらせるのではないだろうか。多様な音を体験することは，音楽表現を豊かにすることにもつながるはずである。

　ここでは，音を文章化する試みとして，サウンドウォークと音日記の実践について検討した。その結果，音を文章化することによって，音を意識的に「聴く」ようになることが実証された。そして，意識的に音を「聴く」ことではじめて音の多様さに気づくようになり，その後，特定の音を分析的にとらえたり，自ら環境に働きかけて音の変化する様子をとらえたりするなど，音の聴き方が積極的になることがわかった。また，積極的な聴き方によってとらえられた音の文章化は，精細かつ表現力豊かなものとなり，ステロタイプの擬音表現も，多彩な音をより忠実に表現するものへと変化していった。このように，音を文章化することで，音の聴き方は積極的になり，積極的な音感受は音を表現する語彙を豊かにし，両者が連動していることも明らかとなった。

　さらに，音を聴く行為は，環境とのつながりや社会のなかの自己の存在に気づいたり，自分自身の心の内を見つめたりする契機になり得るということが明らかとなった。「幼子の耳」に身のまわりの音を「聴く」ことは，子どもの音感受に共感する耳と客観的な認識を拓く他者の耳とを形成する，すぐれて人間的な営みなのである。

引用・参考文献

1) 今泉博「教材及び教材研究について－体験的教材論－」；『北海道教育大学紀要』第57巻第1号 2006 pp.45-56.
2) R.マリー・シェーファー；鳥越けい子・小川博司・庄野泰子・田中直子・若尾裕訳『世界の調律－サウンドスケープとはなにか－』平凡社 1986 pp.37-38.
3) 志村洋子・甲斐正夫「保育室内の音環境を考える（1）」；『埼玉大学紀要 教育学部』第47巻第1号 1998 pp.69-77.
4) 岩宮眞一郎・永幡幸司「俳句の中の音とその音が聞かれた状況の関係」；『騒音制御』第20巻3号 1996 pp.161-165.
5) R.マリー・シェーファー；鳥越けい子・若尾裕・今田匡彦訳『サウンド・エデュケーション』春秋社 1992.
6) P.オリヴェロス；若尾裕・津田広志訳『ソニック・メディテーション－音の瞑想－』新水社 1998 p.48.
7) 苧阪直行編著『感性のことばを研究する－擬音語・擬態語に読む心のありか』新曜社 1999 p2, p.69.
8) 黒川伊保子『怪獣の名はなぜガギグゲゴなのか』新潮社 2004 pp.80-89, pp.96-115.
9) 「たくさんの白いきのこが，どってこどってこと，変な楽隊をやってゐました。（やまなし）」，「みんなうらうら支度をしている。（柳沢）」，「クラムボンはかぷかぷわらったよ。（やまなし）」など。
10) 小松正史『サウンドスケープの技法－音風景とまちづくり－』昭和堂 2008 p.48.
11) 同上書 2008 p.49.
12) 今川恭子「環境を通した表現教育の試み－子どもたちの姿から保育者養成へ」；『音楽教育実践ジャーナル』第4巻第2号 2007 pp.31-38.
13) 長谷川有機子「心の耳を育てる－音からの教育「イヤーゲーム」－」音楽之友社 1998.
14) 藤枝守『響きの生態系－ディープ・リスニングのために－』フィルムアート社 2000 pp.8-9.
15) 佐野清彦『音の原風景－日本から世界へ－』雄山閣出版 1996 p.15.
16) R.マリー・シェーファー 前掲書5) 1992 pp.31-32.
17) 東海林恵理子「音の聴取・表現と造形表現の相関関係に関する研究－「音の日記」及び「音のノート」の実践を通して－」；『音楽教育実践ジャーナル』第9巻第1号 2011 pp.54-65.
18) 谷村晃レビュー：安本義正著『音感内観－自分さがしの音日記』；『サウンドスケープ』第4巻 2002 pp.122-125.
19) 三宮麻由子『目を閉じて心開いて－ほんとうの幸せって何だろう－』岩波書店 2002 p.151.
20) エヴリン・グレニー『Touch the Sound』（DVD）ポニーキャニオン 2007.
21) 中村雄二郎『共通感覚論－知の組みかえのために－』岩波書店 1979 pp.7-9.
22) R.マリー・シェーファー；高橋悠治訳『教室の犀』全音楽譜出版社 1980 p.73.
23) R.マリー・シェーファー 前掲書5) 1992 p.53.
24) 田中直子「環境音楽のコト的・道具的存在－日本の音文化から－」；小川博司・庄野泰子・田中直子・鳥越けい子編『波の記譜法－環境音楽とはなにか－』時事通信社 1986 p.140.
25) 藤枝 前掲書14) 2000 pp.8-9.
26) 谷村 前掲書18) 2002 p.122.

27) 中村雄二郎『臨床の知とは何か』岩波新書　1992　pp.106-107.　中村は，「想起的記憶とは，経験を表象として喚起する自発的な記憶」であり，「すぐれて社会的な行為であり，言語と密接な関係」をもっており，「過去の行動について構成された新しい行為であり，物語が喚起するのは，過去の行為そのものではない。むしろ，そうした行為が生み出された状況である」と述べている。
28) アメリカの女性作曲家。彼女が「ディープ・リスニング」と呼ぶ「聴く」行為について，藤枝（前掲書14）2000　pp.8-9）は「聴くことをとおして自分が周りの環境の中に浸透していくような体験であり，自ら聴いていると同時に，環境も自らを聴いているような相互作用的な意識の交換」と述べている。

本書を書くにあたり，とくに以下の論文を参照したことをお断りする。

・吉永早苗・奥山清子・稲森義雄「子どもの音環境に関する研究（Ⅰ）―幼稚園・保育園の室内における望ましい音環境について―」：『ノートルダム清心女子大学紀要』第28巻第1号　2004　pp.55-63.
・吉永早苗・西隆太朗・奥山清子「保育実践における音声コミュニケーションの機能について（Ⅰ）―子守唄の歌唱実験をとおして―」：『ノートルダム清心女子大学紀要』第30巻第1号　2006　pp.63-68.
・吉永早苗「幼児のマーチング・バンド活動に関する考察―その是非を問う―」：『音楽教育実践ジャーナル』Vol.3　No.2　2006　pp.6-15.
・吉永早苗「子どもの音環境に関する研究（Ⅱ）―音との感性的な出会いを演出する―」：『ノートルダム清心女子大学紀要』第32巻第1号　2008　pp.59-67.
・吉永早苗「子どもの音環境に関する研究（Ⅲ）―「サウンドスケープ」の知見から―」：『ノートルダム清心女子大学紀要』第33巻第1号　2009　pp.88-100.
・吉永早苗「保育室の音環境と子ども―音の物理的調査と観察から―」：代表：岡本拡子　文部科学省科学研究費補助金研究（基盤研究C）成果報告書『音・声・音楽を中心とした表現教育の構築』2009　pp.19-30.
・吉永早苗・石原金由・稲森義雄「幼稚園教諭・保育士の声に関するイメージの調査」：『ノートルダム清心女子大学CCI年報』第22集　2009　pp.5-12.
・吉永早苗・石原金由・稲森義雄「保育実践における音声コミュニケーションの機能について（Ⅱ）―間投詞的応答表現「ハイ」の音声評価を手掛かりとして―」：『ノートルダム清心女子大学紀要』第34巻第1号　2010　pp.101-110.
・吉永早苗「「ねらい」を明確にした幼児期の音楽表現の指導について―小学校音楽科との連携を目指して―」：『白梅学園大学大学院論叢』第2号　2011　pp.69-76.
・吉永早苗・無藤隆「育児における「語りかけ」，「歌いかけ」の大切さ―養育者・保育者と乳幼児間の相互作用の視点から―」：『思春期青年期精神医学』Vol.21　No.2　2012　pp.110-124.
・吉永早苗「大学生による「一週間の音日記」―保育・小学校教諭を目指す学生の「聴くこと」に対する意識を高める試み―」：『音楽学習学会』Vol.8　2013　pp.23-34.
・吉永早苗「保育・小学校教諭を目指す学生の「聴くこと」に対する意識を高める試み―後楽園サウンドウォークの実践から―」：『ノートルダム清心女子大学紀要』第37巻第1号　2013　pp.76-89.
・吉永早苗「幼児の音感受の状況と音感受教育の提言」：『子ども学』Vol.2　萌文書林　2014　pp.78-99.
・吉永早苗・無藤隆「異なる音響特性で発声された6種類の「おはよう」に対する大学生と幼児の音声判断」：『ノートルダム清心女子大学紀要』第39巻第1号　2015　pp.48-60.

「あとがき」

　タイトルにある「音感受（おとかんじゅ）」は，博士論文『幼児期における音感受教育—モノの音・人の声に対する感受の状況と指導法の研究—』（白梅学園大学大学院子ども学研究科博士課程）をまとめる際，それまでの私の研究内容を総括する言葉として，指導教授の無藤隆先生が名づけてくださったものです。本書では，子どもが音を聴いてそれについて何らかの印象をもち，共鳴し，何らかの感情を体験し，連想を豊かに展開している状況を報告するとともに，音感受を育む支援・教育方法について，具体的な提言を行いました。最終章では，音感受力を育成するための実践として，「音日記」や「サウンドウォーク」を紹介しましたが，保育においては，子どもの音感受に気づき，その内的過程を読みとるといった日常の子ども理解こそが，私たち大人の耳に音感受（「幼子の耳」）への扉を開く鍵となることでしょう。

　私に「幼子の耳」の存在を気づかせてくれたのは，現在高校3年生になる息子です。彼の成長とともに，その表現や仕草から多くのヒントを得てきました。また，ノートルダム清心女子大学のゼミ生をはじめとした学生の皆さん，同僚の先生，調査にご協力くださった幼稚園・保育所の皆様のおかげで，研究を継続することができました。深く御礼申し上げます。

　なお，本書を仕上げていくにあたり，文章の一つひとつをていねいに校閲してくれたのは，友人の重信雅俊氏です。そして，出版の機会を与えてくださった萌文書林の赤荻泰輔氏。お二方の適切なアドバイスと温かい言葉に励まされて，今日の日を迎えることができました。本当にありがとうございました。

　音を介してさまざまな物事と出会い，音を表現（表出）することを通じていろいろな人とつながっていく。身のまわりの音の感受とは環境とのつながりであり，人の声に思いを重ねるとは，まわりの人々に寄り添いつながってゆくことにほかなりません。音感受教育とは，「心の耳」を育むことです。

　さあ，耳を澄ませて，日常にあふれるあたりまえの音，素朴な音に聴き入ってみましょう。きっとそこには，いくつもの発見や思考を生む契機があり，私たちの生きる「今」はより豊かな時間に変わることでしょう。

　2015年12月

吉永早苗

索引

◆── アルファベット ──◆

BGM ……………………………………… 58
call-and-response song ……………… 177
keynote sounds ………………………… 61
landscape ……………………………… 59
sound event …………………………… 60
soundmarks …………………………… 61
sound object …………………………… 60
soundscape …………………………… 59
sound signal …………………………… 61
T.ナカタ ………………………………… 99

◆── あ ──◆

青柳にし紀 …………………………… 105
アクションソング …………………… 177
浅野建二 ………………………………… 98
アドルノ（Th.W.アドルノ） ………… 10
アフォーダンス ………………………… 75
阿部ヤエ ………………………………… 95
アリストテレス ………………………… 21
アン・カープ …………………… 30, 123

◆── い ──◆

育児語 …………………………………… 96
一音成仏 ………………………………… 11
今泉博 ………………………………… 211
今泉敏 …………………………………… 94
今川恭子 ………………………………… 72
意味づけられた環境 …………………… 61
イヤー・クリーニング ……………… 17, 55

◆── う ──◆

ヴィンクラー …………………………… 9

内なる耳の想像力 ……………………… 9
梅本堯夫 ……………………………… 132

◆── え ──◆

エヴリン・グレニー …………………… 12
エコーソング ………………………… 177
エントレインメント …………………… 99

◆── お ──◆

応答唱 …………………………………… 14
大橋力 ……………………………… 9, 59
岡本夏木 ………………………………… 95
小川博司 ………………………………… 23
苧阪直行 ………………………………… 68
呉東進 ………………………………… 126
音感受教育 ……………………………… 32
音感受教育における相互作用 ………… 32
音感受力 ……………………………… 210
音環境 …………………………………… 21
音事象 …………………………………… 60
音にふれる ……………………………… 12
音日記 …………………………… 210, 235
音のイベント地図 ……………………… 61
音のプロフィール地図 ………………… 61
音の軌跡 ………………………………… 68
音の質感を聴く ………………………… 11
音の地図 ………………………………… 72
音の瞑想 ………………………………… 17
オノマトペ ……………………………… 68
お耳のおすましっこ …………………… 55
オリヴェロス …………………………… 12
オルフ（カール・オルフ） ……… 12, 14
音楽表現の生成過程 …………………… 25

索引　257

音感ベル ……………………………… 16
音響体 ………………………………… 60
音高探検 …………………………… 169
音声評価 …………………………… 116
音調変化 …………………………… 103

◆── か ──◆

返る音 ………………………………… 74
楽音 …………………………………… 19
筧和彦 ………………………………… 94
金子弥生 ……………………………… 29
環境意味論 …………………………… 39
環境機械論 …………………………… 39
感情性情報 ………………………… 104
カント ………………………………… 21

◆── き ──◆

記憶としての環境 …………………… 62
擬音語 ………………………………… 68
聴き方の退化 …………………… 10, 34
擬声語 ………………………………… 68
基調音 ………………………………… 61
ギブソン（ジェームズ・ギブソン）… 75
吸音素材 ……………………………… 42
共感覚 …………………………… 11, 66
共通感覚 ………………………… 21, 66

◆── く ──◆

グリッサンド ……………………… 169
黒川伊保子 ………………………… 216

◆── け・こ ──◆

ケイト（ケイト・ターナー）………… 28
小池美知子 …………………………… 33
香曽我部琢 …………………………… 29
五感 …………………………………… 11
五感で聴く …………………………… 65
コダーイ（コダーイ・ゾルターン）… 13

子どもの部屋 ………………………… 44
小松正史 ………………………… 67, 217
子守唄 ………………………………… 98
権藤桂子 …………………………… 104
コンプリヘンシヴ・ミュージシャンシップ … 18

◆── さ ──◆

サイモンズ（J.M.サイモンズ）…… 157
サウンド・エデュケーション ……… 17
サウンドウォーク ……………… 210, 218
サウンドシリンダー ………………… 16
サウンドスケープ ………………… 9, 59
サウンドデザイン ………………… 212
サウンドマップ …………………… 220
櫻庭恭子 ……………………………… 94
雑音筒 ………………………………… 16
佐藤直樹 ……………………………… 42
佐野清彦 ……………………………… 21
澤口俊之 …………………………… 158
三宮麻由子 …………………………… 12

◆── し ──◆

志村洋子 ……………………………… 30
ジュスリン（P.N.ジュスリン）… 30, 127, 132
情操 ………………………………… 153
ジョン・ケージ ………………………… 9
白石昌子 ……………………………… 24
信号音 ………………………………… 61

◆── す ──◆

スーザン（スーザン・スナイダー）… 28
スターン（D.N.スターン）………… 98
ステロタイプ ……………………… 253
スロボダ（J.A.スロボダ）…… 132, 137

◆── せ ──◆

関沢勝一 ……………………………… 42
前音楽的表現 ………………………… 24

仙田満 ……………………………………… 73

◆── そ ──◆
騒音障害防止のためのガイドライン …… 41, 45
騒音性難聴 ……………………………… 41, 165
ソノグラフィー …………………………… 61

◆── た ──◆
体性感覚 …………………………………… 65
対乳児音声 ………………………………… 95
ダーウィン ……………………………… 30, 94
高杉自子 ………………………………… 151
武満徹 ……………………………………… 8
立本千寿子 ………………………………… 29
谷村晃 …………………………………… 252
ダルクローズ
　（エミール・ジャック＝ダルクローズ）… 12

◆── ち・つ ──◆
地と図の理論 ……………………………… 61
聴覚的な出来事 …………………………… 58
包む音 ……………………………………… 74

◆── て ──◆
手あそび歌 ……………………………… 177
ディープ・リスニング …………………… 12
ディーンズ（J.ディーンズ）……………… 28
手づくり楽器 ………………………… 70, 181

◆── と ──◆
伝統的音楽観 ……………………………… 23
等音圧地図 ………………………………… 61
届く音 ……………………………………… 74
鳥越けい子 ………………………………… 60
トレハブ（S.E.トレハブ）………… 30, 95, 136
トーンチャイム …………………………… 68

◆── な ──◆
内的聴感覚 ……………………………… 13, 14
中井孝章 …………………………………… 66
中川真 ……………………………………… 9
中村雄二郎 ………………………………… 66

◆── に・の ──◆
西村朗 ……………………………………… 11
庭野加津子 ………………………………… 98
野口紗生 …………………………………… 43

◆── は・ひ ──◆
ハーグリーブス（D.J.ハーグリーブス）… 30
長谷川有機子 …………………………… 218
バック・グラウンド・ミュージック …… 58
ハンスリック
　（エドゥアルト・ハンスリック）……… 23
引き込み ………………………………… 99
標識音 ……………………………………… 61
ビル（ビル・フリードマン）……………… 28

◆── ふ・へ ──◆
ファイアーアーベント
　（J.M.ファイアーアーベント）……… 169
フェルナンド（A.フェルナンド）………… 30
深瀬基寛 …………………………………… 66
藤枝守 …………………………………… 219
藤永保 …………………………………… 153
普通騒音計 ………………………………… 44
プロセスとしての音 ……………………… 62
ヘルムホルツ
　（H.L.F.von.ヘルムホルツ）………… 126

◆── ほ ──◆
保育者の感性 ……………………………… 32
ボディーパーカッション ………………… 15
ボトムアップ教材分析 ………………… 185
保幼小連携 ……………………………… 186

索　引　259

◆── ま ──◆

マクドナルド（D.T.マクドナルド）……… 157
正高信男 …………………………………… 126
マザリーズ ………………………………… 96
町田嘉章 …………………………………… 98
マーチングバンド ………………………… 149
マリー・シェーファー …………………… 9

◆── み ──◆

右田伊佐雄 ………………………………… 99
水野信男 …………………………………… 23
みみのオアシス …………………………… 65
耳のそうじ ……………………………… 17, 55
耳の感受性 ………………………………… 8

◆── め・も ──◆

メラビアン ………………………………… 113
本吉圓子 …………………………………… 151
モートン（J.B.モートン）…………… 30, 136
模倣唱 ……………………………………… 14
モンテッソーリ教育 ……………………… 16

◆── や・ゆ・よ ──◆

問答歌 ……………………………………… 177

山元一晃 …………………………………… 105
湯川れい子 ………………………………… 98
幼稚園教育要領 …………………………… 24
幼稚園教育要領解説 ……………………… 24

◆── ら・り ──◆

ラウッカ（P.ラウッカ）………………… 30
ランドスケープ …………………………… 59
リトミック ………………………………… 13
リトル・サウンド・エデュケーション …… 17

◆── る・れ・わ ──◆

ルソー ……………………………………… 29
レッジョ・エミリア ……………………… 89
若尾裕 ……………………………………… 17
渡辺富夫 …………………………………… 99
わらべ歌 ………………………………… 14, 95

付録データの
ダウンロード方法

付録1 音声ファイル
付録2 幼保連携型認定こども園教育・保育要領（抄），幼稚園教育要領（抄），保育所保育指針（抄）

『子どもの音感受の世界』の付録データをダウンロードしましょう。パソコンはWindows10を例に説明します。なお，ダウンロードファイルはzip形式で圧縮されているので，ダウンロード後に解凍（展開）が必要です。

1 パソコンのブラウザー（ここではEdgeを使用）のアドレスバーに次のダウンロードページのURLをキーボードから入力します。

http://houbun.com/appendix/229

＊萌文書林ホームページからはダウンロードページにアクセスできません。上記URLを直接入力してください

2 ダウンロードしたいファイルのリンクをクリックします。ここでは，付録1の音声データをダウンロードしてみます。

3 自動的にダウンロードが開始され，画面下に次のようなメッセージが表示されるので，「開く」をクリックします。保存するかどうかの確認メッセージが表示された場合は，「保存」をクリックするとダウンロードされます。

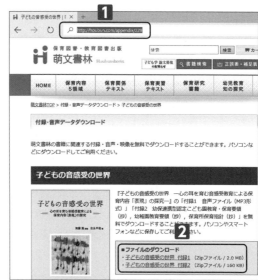

4 自動的に解凍されてファイルの内容が表示されます。目的のフォルダーを開くと音声ファイルが保存されていることが確認できます。音声ファイルをダブルクリックすると，メディアプレイヤーなどが起動して再生が行われます。

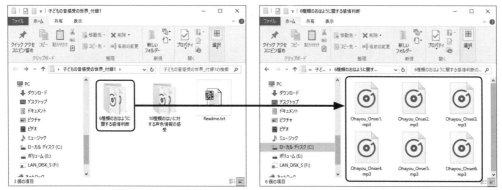

※自動的に解凍されない場合：ダウンロードしたファイルは「ダウンロード」フォルダーにzip形式で保存されています。このファイルを右クリックして，メニューから「すべて展開」や「ここに解凍」などを選択すると解凍できます。

「監修者・著者紹介」

▮監修

無藤　隆（むとう・たかし）————〈執筆〉序章

[現　職]　白梅学園大学子ども学部教授

[経　歴]　東京大学教育学部卒業。同大学院博士課程中退。お茶の水女子大学家政学部助教授，同大学附属小学校校長，同大学子ども発達教育研究センター教授，白梅学園大学学長を経て，現職。日本発達心理学会理事長，保育・幼児教育に関する政府審議会・調査研究会の座長などを歴任。

[著　書]　『現場と学問のふれあうところ』(単著，新曜社，2007)，『保育の学校（全3巻）』(単著，フレーベル館，2011)，『発達心理学（全2巻）』(共編著，東京大学出版会，2011, 2013)，『幼児教育のデザイン　—保育の生態学』(単著，東京大学出版会，2013) など，このほか著書，編著書，翻訳書多数。

▮著者

吉永　早苗（よしなが・さなえ）————〈執筆〉第1章〜第5章

[現　職]　ノートルダム清心女子大学教授

[経　歴]　岡山大学教育学部卒業。同大学院教育学研究科修士課程修了。白梅学園大学大学院子ども学研究科博士課程修了。博士（子ども学）。ノートルダム清心女子大学講師，准教授を経て，現職。

[著　書]　『音楽科教育の理論と実践　—音楽科教育法』(共著，現代教育社，1996)，『新・音楽科宣言　—音楽科は今のままでは滅びる』(共著，学事出版，1996)，『つくって触って感じて楽しい！　実習に役立つ表現遊び②』(共著，北大路書房，2007)，『青井みかんと一緒に考える乳幼児の音楽表現』(共著，大学図書出版，2008)，『保育心理学』(共著，北大路書房，2009)，『感性をひらく表現遊び　—実習に役立つ活動例と指導案』(共著，北大路書房，2013) など。

●協力（写真）
　大宮幼稚園（奈良市）
　かえで幼稚園（廿日市市）

［装　　　丁］大路浩実
［イ ラ ス ト］鳥取秀子
［本文デザイン］木村友紀
［Ｄ Ｔ Ｐ 制 作］坂本芳子，大関明美

子どもの音感受の世界
―心の耳を育む音感受教育による保育内容「表現」の探究―

2016年1月21日　初版第1刷発行

監　修　　無藤　隆
著　者　　吉永早苗
発行者　　服部直人
発行所　　㈱萌文書林
　　　　　〒113-0021　東京都文京区本駒込6-25-6
　　　　　TEL 03-3943-0576　FAX 03-3943-0567
　　　　　http://www.houbun.com

印刷製本　モリモト印刷株式会社　　　　　　　〈検印省略〉

ISBN 978-4-89347-229-8　C3037

日本音楽著作権協会(出)許諾第1514103-501　　©2016 Takashi Muto, Sanae Yoshinaga, Printed in Japan

●定価はカバーに表示されています。
●落丁・乱丁本は弊社までお送りください。送料弊社負担でお取り換えいたします。
●本書の内容の一部または全部を無断で複写（コピー）することは，法律で認められた場合を除き，著作者および出版社の権利の侵害となります。本書からの複写をご希望の際は，あらかじめ小社あてに許諾をお求めください。